「智理文化」系列宗旨

「智理」明言

中華智慧對現代的人類精神生活，漸漸已失去影響力。現代人，大多是信仰科學而成為無視中華智慧者，所以才沒有辦法正視中華智慧的本質，這也正正是現代人空虛、不安，以及心智貧乏的根源。

有見及此，我們希望透過建立「智理文化」系列，從而在「讓中華智慧恢復、積極改造人性」這使命的最基礎部分作出貢獻：「智理文化」系列必會以正智、真理的立場，深入中華智慧的各個領域，為現代人提供不可不讀的好書、中華智慧典範的著作。這樣才有辦法推動人類的進步。我們所出版的書籍，必定都是嚴謹、粹實、繼承中華智慧的作品；絕不是一時嘩眾取寵的流行性作品。

何以名為「智理文化」？

佛家說：「無漏之正『智』，能契合於所緣之真『理』，謂之證。」這正正道出中華智慧是一種「提升人類之心智以契合於真理」的實證活動。唯有實證了「以心智契合於真理」，方能顯示人的生活實能超越一己的封限而具有無限擴展延伸的意義。這種能指向無限的特質，便是中華智慧真正的價值所在。

至於「文化」二字，乃是「人文化成」一語的縮寫。《周易•賁卦•象傳》説：「剛柔交錯，天文也；文明以止，人文也。觀乎天文，以察時變，觀乎人『文』，以『化』成天下。」可見人之為人，其要旨皆在「文」、「化」二字。

《易傳》説：「文不當故，吉凶生焉！」天下國家，以文成其治。所以，「智理文化」絕對不出版與「智」、「理」、「文」、「化」無關痛癢的書籍，更不出版有害於人類，悖乎「心智契合於真理」本旨的書籍。

由於我們出版經驗之不足，唯有希望在實踐中，能夠不斷地累積行動智慧。更加希望社會各界的朋友，能夠給我們支持，多提寶貴意見。最重要的是，我們衷心期待與各界朋友能夠有不同形式的合作與互動。

「智理文化」編委會

筆者簡介

筆者溫民生先生，1978年畢業於香港大學機械工程學系。畢業後取得專業工程師資格，歷任港鐵工程項目主管，房屋署屋宇裝備工程師等職。

溫先生向來醉心玄學，2005年始先後從中州派王亭之老先生首徒蔣匡文博士、高徒葉漢良先生習玄空風水及紫微斗數，略有所悟。其後更因緣得遇覺慧居士張惠能博士於中華智慧管理學會，再拜師研習八字，距今已歷逾十餘寒暑。

溫先生曾出版作品包括《增修版八字心悟》，《增修版八字面相學》，《增修版八字百訣》，《八字十式基礎篇》及《八字十式進階篇》等。溫先生也曾於中華智慧管理學會發報2016、2017、2018、2019、2020、2021及2022流年預測，又於2017年開始在學會開講八字十式講座，並於2018年正式開授八字十式課程基礎班和進階班。此外，更於2020年開始在HKU SPACE舉辦八字應用之健康管理與生命規劃課程。又在2022年，獲得首個被香港持續進修基金認可之證書 (單元：玄空風水健康規劃)
及證書(單元：八字應用之健康管理與生命規劃)課程，並在HKUSPACE開辦。

筆者攝於2018.07.20香港會議展覽中心書展新書推介會

筆者發行玄學書籍舉隅

筆者攝於2019.12.07之2020庚子流年預測講座

(左起：岑逸飛先生，筆者溫民生先生，趙卓凡先生，覺慧居士)

自序

筆者自少便不愛讀課本，只鍾情課外讀物，讀書是這樣，興趣閱讀也是這樣。大學畢業後，一次偶然地在香港大會堂聽上了一課國學易經講座，便買回了一套高亨先生的《周易古經今注》來玩味，癡癡的自己摸索著這門深奧的陰陽預測學。後來，因為工作，迫於無奈放下了一段時間。約在2003年吧，因為搬家，家內以我久久未有翻看為理由，要我丟掉之前買下的一大堆玄學書。對愛書如命的我來說，肯定不依她。於是只好硬著頭皮，去報名學紫微斗數、八字、玄空風水等等，來保留下它們咯。

可惜，輾轉三，四年過去了，還是茫無頭緒，直到遇上老師覺慧居士（張惠能博士），自覺十分投緣，便專心跟著他學習八字命學。最初，老師是在中華智慧管理學會裡免費教授八字百訣，後來老師專注在佛學方面，便不再公開教授了，只是不定期對幾位內弟子點撥一下。在過去十年裡面，老師整理完備了一套精簡的八字批命系統，是為[八字十式]。鑒於老師已不再涉足八字領域，便交我來把[八字十式]心訣與內弟子年來研修的精彩命例匯成書冊，使流傳於世，讓有心人得此明燈引領開悟，將來自助助人，不亦善業乎？

《從《推背圖》看中國歷史真相》

吾蒙吾師　覺慧居士首允，得以用　吾師所著的《從《推背圖》看中國歷史真相》作為本書的框架，以[八字十式]來就書中前四十五圖所述的中國自唐至今千多年以來的中國政權交替大事中，牽涉到的重點人物作出詳細的命理分析，讓讀者從而對[八字十式]的運作與理解有更深入的掌握能力，此乃余之心願然。

《推背圖》簡介

目前廣為流傳的《推背圖》大概有八個版本，分別是：全真版、德國雜誌元67圖版、轉天全鎖鑰版、貞觀秘書八喜樓藏殘本、老藏本摘自《推背圖點注評析》版、明代萬曆本57圖版、臺北中央研究院歷史語言研究所傅斯年圖書館藏手寫彩繪本版和金聖歎點評版。

各版本均有殘缺或文辭粗劣之弊，唯金版比較合羅輯而較可信。查李淳風和袁天罡曾經合著過一書，名曰《太白會運逆兆通代記圖》，這可能是「推背圖」的真本，可能金聖歎在偶然機緣下獲得了這已經失傳的書吧。

在魯迅先生的《偽自由書》，該書是1933年1月底至5月中旬，魯迅先生寫給《申報》副刊《自由談》的短評合集，這本短篇合集中就有一篇就叫《推背圖》的，也就是金版的無疑。

《偽自由書》

《偽自由書》中的章節之一《推背圖》

為甚麼這樣說呢，大家看看下面這段文字，是魯迅先生在《偽自由書》中的原文：

「聽說，《推背圖》本是靈驗的，某朝某帝怕他淆惑人心，就添了些假造的在裡面，因此弄得不能豫知了，必待事實證明之後，人們這才恍然大悟。

我們也只好等著看事實，幸而大概是不很久的，總出不了今年。」

魯迅先生寫這段文字的時候是1933年，當時日本人已經入侵並佔領中國東北地區，魯迅先生對此是心急如焚，然而就在這個時候，他看到了《推背圖》中裡面的一則預言，然後寫下「我們也只好等著看事實，幸而大概是不很久的，總出不了今年」。

也就是說魯迅先生在看了《推背圖》後，認為1933年中國會出大事，不過從「幸而大概是不很久的，總出不了今年」這句話來看，應該是件大好事。

而推背圖的各個版本中除金聖歎版《推背圖》外，均沒有明確預言事件發生的時間，而金聖歎版《推背圖》預言事件發生的時間，也是用中國的農曆，而不是西曆，因此這個1933年需要換算成中國的農曆。

如果我們把西曆1933年換算成農曆，那就是雞年，也就是酉年，而在金聖歎版《推背圖》中，預言酉年的事件只有第三十九像：

讖曰：「鳥無足，山有月。旭初升，人都哭。」

頌曰：十二月中氣不和，南山有雀北山羅。一朝聽得金雞叫，大海沉沉日已過。」

金聖歎曰：「此象疑一外夷擾亂中原，必至酉年始得平定也。」

在金聖歎版《推背圖》第三十九像裡面，明確預言日本入侵中國，但這些日本人會被打敗，而金聖歎的點評更是明確指出，日本人會在酉年也就是雞年被打敗，而1933年就是酉年(也就是雞年)。

所以魯迅先生才會在1933年寫下「我們也只好等著看事實，幸而大概是不很久的，總出不了今年」這句話。可是魯迅先生以為日本人會在1933年的酉年被打敗，但其實，日本人是在12年後的酉年，也就是1945年的酉年（雞年），才宣佈無條件投降。

這除了是魯迅先生一匡愛國之心，一廂情願的美麗誤會外，還說明了一個重中之重的要點，就是一切預言均只是象，是模糊的，在事情發生後很容易突現其偶合性，但是在事發前是沒有百分百的推斷準確性的。

吾師　覺慧居士（張惠能博士）有見現今中美局勢嚴峻，特意用心把金版推背圖前四十五圖所說明的中國自唐至今千多年來來的中國政權交替之戰禍及民眾苦難大事輯錄成《推背圖之正確中國歷史觀》問世，針對著現今已然呈現出山雨欲來之象的中美爭鬥，借此書預示讀者以結果，讓大家在天地暗昧中常見光明之一線生機，實特大功德焉。

《八字十式實戰篇之推背圖名人命例》

目錄

《八字十式實戰篇之推背圖名人命例》

(一)　　武則天　　　　　　　　　（推背圖像三）

《推背圖》　第三象　丙寅　艮下乾上
（武后稱帝）

「丙寅」是六十甲子之第三，自然代表的是第三象。

第三象的卦，是「遯(遁)」，下卦艮為山；上卦乾為天。《象》曰：「陰漸長，陽漸消，小人道長，宜退避三舍。」古代儒家思想愛稱女子為「小人」，「小人道長，宜退避三舍」正合「武后稱帝」、李唐政權「遁形」之象。金聖歎云：「此象主武曌當國，廢中宗於房州，殺唐宗室殆盡。」「殺唐宗室殆盡」，李唐宗室「遁形」也。

圖中女子提刀，喻武則天把李姓皇族，從親生子女、孫兒、李氏宗親，到親屬，幾乎殺滅殆盡。但李唐根苗還在。

武則天（624年至705年），本名珝，小名華姑，為唐高宗李治的皇后（655年至683年）、唐朝第一位皇太后（683年至690年）、武周皇帝（690年至705年）和唐朝太上皇（705年），是中國歷史上唯一的女皇帝。

武則天祖籍并州文水縣（今山西省文水縣），出生於利州（今四川廣元），後遷居長安，為大唐開國功臣武士彠的第二個女兒，母親為楊氏。武則天自小性格強直，因出身官宦之家，唯喜讀書，故知書達禮，深諳政事。童年曾隨父母遍遊名山大川，閱歷深厚。武則天14歲入後宮為才人時，唐太宗因其美貌賜名媚，故人稱「武媚娘」。唐太宗死後，武則天入感業寺出家為尼。時唐高宗的王皇后與蕭淑妃內鬥，一日王皇后與高宗一同到感業寺上香，發現高宗與當時為唐太宗祈冥福而出家的太宗才人武媚娘似乎有情，心想這是反擊蕭淑妃的機會，便勸高宗召武氏回宮。高宗於是命武氏還俗，封為昭儀。武則天入宮後，蕭淑妃失寵，及後更不惜殺死自己不滿一歲的女兒而嫁禍於王皇后，最後令唐高宗廢了王皇后及蕭淑妃。655年武媚娘31歲，高宗冊封她為皇后，後加封為「天後」參與朝政，與高宗並稱「二聖」。她是唐中宗李顯、唐睿宗李旦的母親。高宗死後，武則天先後廢立中宗、睿宗，長期把持朝政，成為皇太后臨朝聽政，改名「曌」（武則天創造出來的文字），取意「日月當空」。690年，廢睿宗，自授聖神皇帝，改洛陽為神都，

國號為「周」，史稱「武周」。女皇執政期間，善治國、重視延攬人才，首創科舉考試的殿試制度。她不單止舉辦文科舉試，亦創辦武科舉試，而且知人善任，能重用狄仁傑等中興名臣。國家在武則天主政期間，政策穩當、兵略妥善、文化復興、百姓富裕，為其孫唐玄宗的開元之治打下了長治久安的基礎。由於國史學家是以儒家思想綱領，都不甘於女性（小人）主權，故歷代國史學家對她都大加鞭韃，都斥其陰險、殘忍、善弄權術，這實在是不公允。

雖然唐睿宗李旦改姓武，為皇嗣，但武則天日漸衰老，朝臣大多認為應當由盧陵王唐中宗李顯繼位，而武承嗣等武姓後人則認為應當傳位於武姓後人。武則天最終採納了李昭德、狄仁傑的諫言「那有姪兒替姑母立廟」，下旨接盧陵王李顯（即中宗）回朝，武后希望盧陵王李顯改「武」姓以繼帝位。長安五年（705年）正月，武后病重，朝臣張柬之等人乘勢迎中宗李顯復位，恢復大「唐」國號，「武周」終於結束。武則天退位後，唐室尊稱她為則天大聖皇帝，與唐高宗合葬於乾陵（今陝西省西安市）。

讖曰：「日月當空，照臨下土，撲朔迷離，不文亦武。」

「日月當空，照臨下土」，取意自《易經》之「日月得天能久照」，是武曌的「曌」（音：照）。喻武后稱帝，武后名照，自己發明了「曌」（音：照）字，死後諡號「則天」，習慣叫她武則天。

「撲朔迷離」，出自南北朝時《木蘭辭》。《木蘭辭》結尾時說：「雄兔腳撲朔，雌兔眼迷離，兩兔傍地走，安能辨我是雌雄？」意思是說如果抓住兔子的耳朵把牠提起來，那麼雄兔就會腳亂動，而雌兔就會半閉眼睛，但如果兩隻兔子一起在地上跑人們就很難分辨雌雄，本意指難辨兔的雌雄，喻花木蘭男扮女裝，後來指事情錯綜複雜，此處暗喻出了女皇帝。

「不文亦武」：一般解講為暗示本象女主角姓「武」。武則天皇帝，首創科舉考試的殿試制度，她「不」單止舉辦「文」科舉試，「亦」創辦「武」科舉試，這都可謂是開創先河！武則天實為中國起了一個歷代沿用的創舉，功在千秋，影響深遠！

頌曰：「參遍空王色相空，一朝重入帝王宮，遺枝撥盡根猶在，喔喔晨雞孰是雄？」

「參遍空王色相空」，「空王」指佛門，喻唐太宗死後，武則天入感業寺出家為尼，才有機緣看到北涼曇無讖所譯《大雲經》，佛授記會中天女，當來以女身作轉輪王，護持正法。武則天之敢於移唐祚稱帝，開中國政治史上空前絕後之奇跡，主政期間政策穩當、兵略妥善、文化復興、百姓富裕，《大雲經》與有力焉。當時僧尼為《大雲經》潤飾註釋，為武后宣傳，頌《大雲經》於天下，以示天命所在。

武后稱天冊金輪聖帝，實本於此。

「一朝重入帝王宮」，指武則天後來被唐高宗李治從感業寺接回宮中。

「遺枝撥盡根猶在」，是說武則天把親生子女、李姓皇族幾乎殺滅殆盡。「根」指恢復唐朝的中宗李顯，武則天的三兒子。

「喔喔晨雞孰是雄」，公雞在天明時的叫聲，是喻武則天將會稱帝。「孰是雄」是感歎雖然她是女性，但亦可成為一國之君、九五之尊。

金聖歎：「此象主武曌當國，廢中宗於房州，殺唐宗室殆盡。先武氏削髮為尼，故有參遍空王之句。高宗廢後王氏而立之，故有喔喔晨雞孰是雄之兆。」

坤造：武曌（624年2月25日壬寅－705年12月16日）(1)

另一說是：（624年2月17日甲午－705年12月16日）(2)

(1)								
吉時	壬寅	丙寅	甲申					
7	17	27	37	47	57	67	77	87
631	641	651	661	671	681	691	701	711
乙丑	甲子	癸亥	壬戌	辛酉	庚申	己未	戊午	丁巳
					驛馬沖如不轉工，則工作量突增：夫病，廢太子，獨攬朝政。金越弱，水相對越強，洩金太過，夫甲子月水旺相對越強，火也相對弱：廢太子。死。			

(2)								
壬	甲	丙	甲					
申	午	寅	申					
戊凶物		戊凶物	戊凶物					
3	13	23	33	43	53	63	73	83
627	637	647	657	667	677	687	697	707
乙	甲	癸	壬	辛	庚	己	戊	丁
丑	子	亥	戌	酉	申	未	午	巳

699己亥李顯復太子（土乃火之名聲）。705乙巳年戊寅月凶，又火遠大於木，被臣下逼退位。705乙巳年戊子月凶死（水火局戰）。

690庚寅稱帝，未庫使木根強。武曌當皇時是，己土運，是甲的財，是皇的人民，未未庫，所以勵政圖治之盛世。

683癸未年甲子月李治死，庚根變水洩盡亡。684甲申殺李賢，廢李顯，申寅沖金弱了，癸未木更強了，甲申局運年沖丙根，水木強火滅。

674甲戌號二聖。675乙亥李宏死，疑被毒死-辛合丙子息星，金水木太強火滅，火，子女星之根也。

649己酉出家感業寺。651辛亥入宮生李宏。655乙卯立後。

637丁酉入宮。643癸卯遇李治。

武后簡史：十四歲時，唐太宗聽聞她姿色艷美，將她納入宮中，時貞觀十一年（637年）十一月。入宮後，封為五品才人，賜號「武媚」。入宮前向寡居的母親楊氏告別時說：「侍奉聖明天子，豈知非福？為何還要哭哭啼啼、作兒女之態呢？」貞觀十七年（643年），李治見到武才人並悅之。貞觀二十三年（649年），唐太宗駕崩。武才人依唐後宮之例，入感業寺剃髮出家。永徽二年（651年）五月，唐高宗李治孝服已滿，二十七歲的武氏還俗，再度入宮。入宮前武氏已經懷孕，入宮後生下兒子李弘。次年五月，被拜為二品昭儀。永徽六年（655年）唐高宗下詔，將武昭儀立為皇后。上元元年（674年）秋八月，武后和高宗並稱天皇天後。（690年）七月改唐為周，改元天授，加尊號聖神皇帝，建國稱帝。神龍元年（705年）正月，武則天病篤，宰相張柬之率禁軍五百餘人，包圍武則天寢宮，要求武則天退位，史稱「神龍革命」。神龍元年十一月十六日（705年12月16日），武曌崩逝於洛陽上陽宮仙居殿內，享壽八十一歲。

特點：	
一級命（升降適時完成）	
讀經有得，辯經了得（偏印貼身有力）	
攻大雲經（壬），女身也可輪轉聖王，歷七世可成佛	
聰明絕頂（食神貼身有力）	
能任名臣（食神貼身有力）	
熟馬性（坐午）	
富羅輯理性（食神貼身）	

比對之下，(2)的生辰八字比較符合武后生平。

一分為二：	壬甲甲寅對丙寅午申申
干支氣勢：	甲木強：甲甲寅
	丙火強：丙寅午
	壬水可：壬申申，待下降
	申金勢：待上干
我與非我：	偏印
	食神
歲運作用，	14~33：水降完成
浮沉升降：	44~63：金升完成

十神十力， 性格論命：	偏印，感受力強，創造力強，做事能幹， 注重效率。能博覽群書，也能成就一代教主 食神，理性適應力
	自坐傷官，有創意，不受世間法規約束
生剋制化， 用神玄機：	忌子午沖，水火局戰
	忌寅申中凶物戊土上干
	忌丙辛合
	忌巳申合，水無根不能制火（合刑破， 在亥子丑年／月）破火，火不足，水乏力。
	寅申巳亥多動象
	忌寅申沖，金木水火戰。
陰陽五行， 體質屬性：	四平八穩，身體強健高壽
合沖克刑，	從簡
突變神機：	
尋龍點穴：	壬申時，水下降得時，金上干官殺上位爭 雄，均配合武后事跡。

（二）　　李顯（復位）　　　　　　（推背圖像四）

第四象　丁卯　坤下乾上　否
（逼退武皇）

「丁卯」是六十甲子之第四，自然代表的是第四象。

第四象的卦，是「否」，下卦坤為地；上卦乾為天。卦象為「天氣上升，地氣下降」，天地之氣不交，主閉塞不通。正是本象所述的正是神龍元年（705年）政變，李唐復辟再興前後的時局。

神龍元年（705年），82歲的武則天大病，男寵張氏兄弟禍亂。張柬之、敬暉、崔玄暐（音偉）、桓彥範、袁恕己五位大臣政變，入宮殺張氏兄弟，在病榻前逼武則天退位，武則天開始極其強硬，張柬之等人深知武則天言出不二、於是毫不退讓，強逼武皇退位。最後來武則天女皇只好罷休，五人才退去。次日武則天在女兒太平公主的勸說下退位，曾經被她廢掉的李顯重新當了皇上，恢復了大唐國號。故此像是預言武后讓位，李唐復辟再興。

圖中鸚鵡不飛，五猴不走 —— 當面逼武則天退位。「鵡」鳥，即指「武」氏。「猴」跟「候」同音。五位大臣，何以是用猴來比喻？是因為五人擁立李顯復位後，功成名就，政變時雖抓殺了一些異己，但留下了武三思這個隱患，武三思設計給五人封王封侯，明昇實降奪了五人的實權，後武三思又以五人誣陷韋後為由，將五人治罪，流放，敬暉、桓彥範、袁恕己被殺。

讖曰：「飛者不飛，走者不走，振羽高岡，乃克有後。」

「飛者不飛，走者不走」，鸚鵡不飛，五猴就不走，象徵張柬之、敬暉、崔玄暐、桓彥範、袁恕己五位大臣政變，——當面逼武則天退位。

「振羽高岡，乃克有後」，是說鸚鳥飛掉後，就有了後面的李唐朝相續。

頌曰：「威行青女實權奇，極目蕭條十八枝，賴有猴兒齊著力，已傾大樹仗扶持。」

「威行青女實權奇」，說青衣尼姑奇女掌權威行天下，這道出了曾被迫出家的武則天當了女皇。

「極目蕭條十八枝」，「十八枝」即是「十八子(諧音)」，是「李」字；「極目蕭條十八枝」指李氏皇族幾被殺盡。

「賴有猴兒齊著力，已傾大樹仗扶持」，指張柬之等五人齊心政變，匡扶了傾頹的李唐王朝。

金聖嘆：「此象主狄仁傑薦張柬之等五人反周為唐。武后嘗夢鸚鵡兩翼俱折，狄仁傑曰：武者陸下之姓也，起二子則兩翼折矣。五猴指張柬之等五人。」

乾：唐中宗李顯(656年11月26日－710年7月3日)，後改名李哲，是唐朝的第四和第六任皇帝，兩次在位：第一次在位時間為684年1月3日－684年2月26日，第二次在位時間為705年2月23日－710年7月3日。唐中宗前後兩次當政，共在位五年半，公元710年病逝，終年55歲，諡號大和大聖大昭孝皇帝(初諡孝和皇帝)，葬於定陵。李顯是自商朝太甲後的第一位兩朝天子，第一個復辟的「皇帝」。特點是他昏庸無能，親小人遠賢臣，受制於母、妻、女，無法控制宗室、權臣與

皇后間的爭鬥，是一位評價中下的中國歷史人物。然而武功方面，他派張仁願修建三受降城，鞏固了河套，嫁金城公主給吐蕃贊普尺帶珠丹，在鞏固邊疆有一定貢獻。

李顯八字656年陽曆11月26日

正印		偏財	
壬	乙	己	丙
午	丑	亥	辰
食神	七殺，偏印，偏財	劫財，正印	

歲數：	54	44	34	24	14	4
大運	丁巳	丙辰	乙卯	甲寅	癸丑	壬子

54（丁巳）	44（丙辰）	34（乙卯）	24（甲寅）
唐中宗李顯是被毒死。公元710年（庚戌）病逝，終年55歲。按照兩《唐書》和《資治通鑑》的記載，	705年（乙巳）2月22日神龍革命，武則天被軍隊包圍，被迫下詔禪讓帝位給李顯。2月23日，李顯復辟，同年3月3日，復國號為唐。705年（乙巳）2月23日－710年（庚戌）第二次在位。	698年（戊戌），武則天將李顯重新立為太子。	永隆元年（680年），兄長李賢的太子地位被廢黜，李顯繼立為太子。684年（癸未）1月3日－684年（甲申）2月第一次在位（繼唐高宗）。嗣聖元年（684年），武太后廢李顯，改立李旦為帝。

大運簡述：

壬子運	母后武則天當運中。母強子弱
癸丑運	
甲寅運	永隆元年（680年），兄長李賢的太子地位被廢黜，李顯繼立為太子。684年（癸未）1月3日－684年（甲申）2月第一次在位（繼唐高宗）。嗣聖元年（684年），武太后廢李顯，改立李旦為帝。
乙卯運	698年（戊戌），武則天將李顯重新立為太子。
丙辰運	705年（乙巳）2月22日神龍革命，武則天被軍隊包圍，被迫下詔禪讓帝位給李顯。2月23日，李顯復辟，同年3月3日，復國號為唐。705年（乙巳）2月23日－710年（庚戌）第二次在位。
丁巳運	公元710年（庚戌）病逝，終年55歲。按照兩《唐書》和《資治通鑑》的記載，唐中宗李顯是被毒死。

（三）　唐玄宗　　　　　　　　（推背圖像五）

（四）　楊玉環　　　　　　　　（推背圖像五）

第五象 戊辰坤下巽上 觀
（安史之亂，馬嵬之變）

「戊辰」是六十甲子之第五，自然代表的是第五象。

第五象的卦，是「觀」，下卦坤為地；上卦巽為風。《卦辭》：「觀：盥而不薦，有孚顒若。」「盥而不薦」就是洗淨祈福用的瓶盥卻不獻上祭品，像徵現處境可讓人喪失壯志，放棄努力，暗喻玄宗逃難到西安以西百里外的馬嵬驛被逼賜死楊貴妃之事。「有孚顒若」，「有孚」信也，「顒若」就是一直戰鬥直至勝利的意思，暗喻肅宗即位而最終安史之亂平。

（五）　　圖中女子倒地，喻楊貴妃之死。馬鞍指安祿山，史書指史思明。「安史之亂」是755年至763年所發生的一場叛亂，亦是唐朝由盛而衰的轉折點。

唐玄宗開元之治晚期，盛平日久，唐玄宗漸漸喪失了向上求治的精神。唐玄宗改元天寶後，更終日只顧與楊貴妃遊樂，國政先後由李林甫、楊國忠把持，又重用胡人為鎮守邊界的節度使，任由他們擁兵自重。當時安祿山一人便任三鎮節度使（平盧、范陽、河東），軍權在握。天寶十四年十一月（755年），安祿山趁唐朝內部空虛，聯合契丹、同羅、奚、室韋、突厥等民族組成共十五萬士兵，號稱二十萬，在范陽發動兵變。當時唐代承平日久，民不知戰，河北州縣立即望風瓦解，大軍翌年就攻入東都洛陽，自稱「大燕皇帝」。安西節度使封常清、高仙芝、哥舒翰皆採以守勢，堅守潼關不出，但被楊國忠所逼迫出戰，最後以敗戰收場。潼關一破，都城長安失陷，唐玄宗逃入四川，到了馬嵬坡（今陝西興平），途中將士飢疲，六軍不發，龍武大將軍陳玄禮請殺楊國忠父子及楊貴妃。楊國忠後被亂刀砍死，唐玄宗命令高力士處死楊貴妃，後玄宗入蜀。太子李亨在靈州（在今寧夏吳忠市區）登基，是為唐肅宗，封郭子儀為朔方節度使奉詔討伐，次年郭子儀上表推薦李光弼擔任河東節度使，聯合李光弼分兵進軍河北，會師常山（河北正定），擊敗史思明，收復河北一帶。唐肅宗至德二年（757年）正月，安慶緒殺父安祿山自立為帝，命史思明回守范陽，留蔡希德等繼續圍

太原。同年，長安為唐軍收復，安慶緒自洛陽敗逃退據鄴（今河南安陽），其部將李歸仁率精銳及胡兵數萬人，潰歸范陽史思明。因契丹、同羅等族組成的精兵大部歸史思明，安慶緒欲除去史思明，史思明遂以所領十三郡及兵八萬降唐，唐封他為歸義王，任范陽節度使。唐廷始終對史思明不放心，又策劃消滅他，不料計劃外洩，史思明復叛，與安慶緒遙相聲援。乾元元年（758年），安慶緒為郭子儀等統兵二十餘萬所圍困，後增至六十萬。次年，安慶緒得史思明之助，大敗唐九節度使之六十萬軍，其圍遂解。宦官魚朝恩讒毀，郭子儀被召還長安，解除兵權，處於閒官。不久安慶緒被史思明所殺，史思明接收了安慶緒的部隊，兵返范陽，稱「大燕皇帝」。761年，史思明為其子史朝義所殺，內部離心，屢為唐軍所敗。寶應元年（762年）十月，唐代宗繼位，並借回紇李克用之兵力收復洛陽，史朝義奔莫州（今河北任丘北）。寶應二年（763年）春天，史朝義又逃往范陽，史朝義最後因無路可走而自殺，歷時七年又兩個月的「安史之亂」結束。唐朝進入藩鎮割據的局面，安史舊將田承嗣據魏博（今河北南部，河南北部）、張忠志（後改名李寶臣）據成德（仿河北中部）、李懷仙據幽州（今河北北部），皆領節度使之職，即河朔三鎮。吐蕃對唐的侵擾日益頻繁，唐朝

國力削弱，全盛時期結束。故司馬光《資治通鑒》曰：「安史之亂爆發之後，由是禍亂繼起，兵革不息，民墜塗炭，無所控訴，凡二百於年。」

讖曰：「楊花飛，蜀道難，截斷竹簫方見日，更無一吏乃平安。」

「楊花飛、蜀道難」，是指唐玄宗帶楊貴妃等人逃往四川。

「截斷竹簫方見日」，簫字截去竹字頭是「肅」字，指肅宗；肅宗即位，戰局方才看到希望。

「更無一吏乃平安」，「更」是更替；「無一吏」是「史」字；「更無一吏」就是更替了姓史的，喻意史思明被其子所殺。「平安」，即平定「安史之亂」的意思。

頌曰：「漁陽鼙鼓過潼關，此日君王幸劍山，木易
若逢山下鬼，定於此處葬金環。」

「漁陽鼙鼓過潼關」，是說指安祿山在漁陽造反攻克
潼關後，兵馬通過潼關攻向長安。「漁陽」，即天津
薊縣，是安祿山軍隊的大本營，更是其造反誓師地。
「鼙鼓」是古代軍中用的小鼓，象徵擂響了戰鼓。白
居易《長恨歌》中有「漁陽鼙鼓動地來，驚破霓裳羽
衣曲」，便是以《推背圖》這句為藍本。

「此日君王幸劍山」，指唐玄宗向四川劍山逃去，在
四川劍閣縣北，劍門關兩側是直如刀削的大小劍山
七十二峰，峰峰如劍，是川陜交界通往巴蜀的天險。
李白《蜀道難》中的「劍閣崢嶸而崔嵬，一夫當關，
萬夫莫開」就是說這裏。

「木易若逢山下鬼，定於此處葬金環」，「木易」是
「楊」字，指楊貴妃。「山下鬼」是「嵬」字，指馬嵬
驛，今陝西興平縣。「金環」暗喻楊玉環，即楊貴妃。
古代金、玉常並稱，這裏以金代玉。「葬金環」，指
楊貴妃當時就埋在了馬嵬驛。

金聖歎：「一馬鞍指安祿山，一史書指史思明。一婦人死臥地上，乃貴妃死於馬嵬坡。截斷竹蕭者肅宗即位，而安史之亂平。」

乾：唐玄宗八字685年陽曆9月8日

辛	戊	乙	乙
酉	寅	酉	酉

土弱時要火，所以中意楊貴妃，天作之合。

特點：	在位最長：	先天元年712~天寶十五756共44年（一紀為12年）號四紀天子。
	最長壽：	78歲。
	生日訂節：	每年八月初五為千秋節。
	東封泰山：	725乙丑。
	建慶興宮：	長安政治中心。
	子女最多：	30兒，29女兒。
	最美寵妃：	比自己小34歲楊玉環。
	改東宮例：	不讓太子居東宮，遷於別院。
	幼愛歌舞：	大力提倡歌舞，選梨園為歌舞訓練場。
	好女色享樂	後宮四萬多。（桃花，傷官：感情星，局中八字有六個）
一分為二：		戊寅對辛酉酉酉乙乙寅（火土對木金）

干支氣勢：	金強一級
	木次一等
	土弱
	火待上干（寅中丙火乃凶物）
我與非我：	正官自律，有要求傷官，反叛， 不依規距
歲運作用： 浮沉升降：	根本完成，身弱走火地運勢佳。
十神十力， 性格論命：	正官管治力
	傷官感性適應力
	夫妻宮七殺要勝力
生剋制化， 用神玄機：	忌癸合戊，庚合乙，丙合辛
	忌卯酉沖，申寅沖
陰陽五行： 體質屬性：	身弱運就，仍得高壽。
合沖克刑， 突變神機：	細論流年從簡

尋龍點穴：						
吉時：	壬子	癸丑	甲寅	乙卯	丙辰	丁巳
	偏財且弱	坊間流傳時辰，合正財不反叛	七殺不合	太自律	印，又不強	正印保守
	戊午	己未	庚申	辛酉	壬戌	癸亥
	團隊，官相對弱，欠貴氣	老二	食神正派，太理性	傷官，演藝，音律，風流，反叛	偏財且太弱	合正財不反叛

公元年：	765	755	745	735	725	715	705	695	685
歲數：	80	70	60	50	40	30	20	10	0
大	丙	丁	戊	己	庚	辛	壬	癸	甲
運	子	丑	寅	卯	辰	巳	午	未	申

710庚戌武照死，與太平公主政變殺韋後。712壬子睿宗退位他當皇帝，但大權旁落太平。713癸丑平定太平公主之亂。714甲寅開元初年勵政圖治。玄宗自幼喜愛歌舞。大力提倡歌舞，選梨園為歌舞訓練場。

724甲子慶王皇后立惠妃。

庚運，合乙正官無王管！725乙丑王皇后死。

己劫財享受：卯運一桃花，和貴妃重新再談情。735乙亥～741辛巳開元大治。737丁丑惠妃死。740庚辰看中兒子壽王妻楊玉環，先安排她出家，道號太真。742壬午天寶元年始政治走下坡，人渾噩，貪享樂，不理朝政，任人不當，後宮四萬，百姓甚苦。

745乙酉（桃花），楊玉環還俗為妃，時年27，玄宗已61歲。754甲午，自稱開元天地大寶聖文神武正孝德皇帝。政治腐敗頂點，動拙對少數民族動武。

金太過了！天寶十四載（公元756丙申年7月乙未15日）求自保賜死楊貴妃於馬嵬驛。丙申年沖寅（火，土無根（沖，丕泰每經年），公元762壬寅年（壬合丁火熄）被四禁於太極宮甘露殿的唐明皇去世，享年78歲。

楊玉環八字坤造開元七年(公元719年)六月初一生，5歲入運

	乙	戊	庚	己	
	卯	午	午	未	
公元年：	764	754	744	734	724
歲數：	45	35	25	15	5
大	乙	甲	癸	壬	辛
運	亥	戌	酉	申	未

736丙子年受封為壽王妃。740庚辰年被玄宗看上(乙庚合，換畫)。

酉運沖時支卯。745乙酉年受封玄宗貴妃。

746丙戌，750庚寅被遣出宮(火太勁拋官)。

756丙申年7月乙未月15日被賜死馬嵬驛。

火太猛土焦。

特點：	楊氏家族出於唐朝弘農楊氏（可稱弘農郡華陰縣人），家族徙籍蒲州，逐為永樂（今山西永濟）人。
	但具體出生地和出生日期沒有記載。據《新唐書》所記逝世時三十八歲（虛歲），倒推為719年。
	開元二十三年十二月二十四日（736年2月10日），楊氏以「楊玄璬長女」的身份受封為壽王妃。
	天寶四年七月（745年）李瑁新娶韋氏。一個月後，楊太真受玄宗冊封為貴妃。
	楊貴妃備受寵幸，其宗族因此繁盛，很多人都獲授官爵或賞賜，姐妹皆為妃。
	天寶五年乙酉、九年己丑，貴妃曾兩次得罪玄宗，被遣出皇宮。但都被玄宗召回，更為寵愛。
	善舞蹈。身材豐滿，膚如凝脂，相傳乃中國古代四大美人的「羞花」756年被唐玄宗賜死馬嵬驛（今陝西興平市西）。兄楊國忠被寸斬。
	楊貴妃愛吃荔枝，唐玄宗「乃置騎傳送，走數十里，味未變已至京師」。據說荔枝從產地嶺南送到長安時表面尚有露水。此品種亦稱為「妃子笑」。

一分為二：	戊己午午未對乙卯未庚 (火土對木金)
干支氣勢：	土強一級
	木也一級
	金要降
我與非我：	食神才華表現
	正官保守，規矩
歲運作用， 浮沉升降：	
十神十力， 性格論命：	
生剋制化， 用神玄機：	忌乙庚合
合沖克刑，	細論 流年 從簡
突變神機：	

尋龍點穴：

楊玉環生時分析：

吉時：	壬子	癸丑	甲寅	乙卯	丙辰	丁巳
	偏財，子午沖不合	合正財不反叛	七殺強不合	正官，桃花	印，火太多為忌	印，火太多為忌
	戊午	己未	庚申	辛酉	壬戌	癸亥
	比肩，火土過強	劫才，火土過強	食神太保守	傷官太強不利得寵	偏財，且太弱，克父	合正財不反叛

火多要金，與唐玄宗相互吸引，天作之合。

（五）　乾：郭子儀：698年1月29日（推背圖像六、七）

第六象　己巳　坤下艮上　剝
（再造唐朝）

「己巳」是六十甲子之第六，自然代表的是第六象。

第六象的卦，是「剝」，下卦坤為地；上卦艮為山，大象為
「山石崩而落於地，五陰迫一陽，正義被損，防被女子及小
人所累」。

第六像圖中，畫著一個城門，代表都城長安。前面兩人手
執儀仗，為皇帝開道，後面車上坐著一個人，一人推車，
為太上皇唐玄宗返回長安之象。

安祿山叛亂，唐玄宗因寵信楊國忠，不聽郭子儀之言，結果丟了潼關，皇室逃離長安，玄宗逃往蜀中。太子李亨在靈武繼位，暫以靈武為京都，把玄宗尊為太上皇，並封郭子儀為朔方節度使奉詔討伐安祿山，於次年（757年）長安為唐軍收復，太上皇唐玄宗返回長安，可惜只有一兩年的太平（這就是《推背圖》的第六像圖）。因為肅宗寵信宦官，及後罷黜了郭子儀，等到759年史思明再次攻下了洛陽，761年史思明被其子史朝義所殺，史朝義即位。762年肅宗去世，代宗即位，十月，唐代宗向回紇借兵，又再次啟用郭子儀收復了洛陽，史朝義奔逃莫州（今河北任丘北），763年正月自縊，安史之亂歷經7年3個月，至此徹底平息。代宗又聽信宦官魚朝恩，收了郭子儀的兵權。這正是「剝」卦「群陰剝陽」之象，於是招來了《推背圖》下一象的大難。

讖曰：「非都是都，非皇是皇，陰霾既去，日月復光。」

「非都是都，非皇是皇」是說不是國都的靈武成了京都，太子成了皇帝。都城為皇帝所居，既然靈武有新皇帝（唐肅宗）在，自然是「非都是都」。

「陰霾既去，日月復光」是說安史之亂於肅宗去世那年終得到平定，天下亦可重見太平。「肅」字本身就有「肅清」、「陰霾既去」的意思。

頌曰：「大幟巍巍樹兩京，輦輿今日又東行，乾坤再造人民樂，一二年來見太平。」

「大幟巍巍樹兩京，輦輿今日又東行」，當中「大幟」即是旗幟；「兩京」唐朝稱長安為西京，洛陽為東京；「輦輿」就是皇上的車駕鑾儀。唐朝大旗又在兩京升起，唐玄宗又坐著車由四川返回。這與圖中相應。

「乾坤再造人民樂，一二年來見太平」，太上皇唐玄宗返回長安，唐朝再次穩定也是人民的幸福，可惜只有一兩年的太平。因為肅宗寵信宦官，及後罷黜了郭子儀，次年史思明再次攻下了洛陽。

金聖歎：「此象主明皇還西京，至德二載九月，廣平王俶、郭子儀收復西京，十月收復東京，安史之亂盡弭。十二月迎上皇還西京，故雲再造。」

郭子儀八字698年陽曆1月29日

	丁	甲	癸	丁
	卯	辰	丑	酉

公元年：	785	775	765	755	745	735	725	715	705
歲數：	87	77	67	57	47	37	27	17	7
大運	甲辰	乙巳	丙午	丁未	戊申	己酉	庚戌	辛亥	壬子

702年始推武舉考試，一般三年一度。開元是713~741，715是乙卯，717丁巳沖運亥，主變動。721辛酉，正官年應取武魁。721屬開元初年內。

木弱，未受重用。

749己丑年任左武衛大將軍。

傷官得用，755乙未年安史之亂掘起。759己亥年鄴城之戰大敗（按：未運，亥卯未三合木局至使木太強，火熄）。（762壬寅年，合去丁）

遭宦官程元振離間，解除兵權。

丙午運，雖奪丁光，但午火護丁，仍有作為。

曆十四年（780乙巳運，庚申年），印星動象，轉皇帝。（781辛酉年7月9日），郭子儀去世，享年83（年邁，官星成局克身太過）。

特點：	出身官吏之家，父親是壽州刺史郭子儀早年正是盛唐時期，並未受重用早年參加武舉，以「異等」的成績補任左衛長上（從九品下）（按：年未詳，辛亥正官運中）天寶八載（749戊申運，己丑年）（按：戊雖合癸印，但申癸辰暗三合水局仍猛，故戊添為我財矣，仍加官進財）三月，郭子儀升任左武衛大將軍（從三品上）、橫塞軍使、安北副都護，又改橫塞軍使為天德軍使。 天寶十三載（754甲午年）春，郭子儀兼任九原郡（豐州）都督、西受降城使、九原郡太守、朔方節度右廂兵馬使。 天寶十四載（755年丁未運，傷官得用，乙未年）安史之亂時，被封為朔方節度使（靈武，在今寧夏靈武西），奉詔討伐，聯合朔方軍李光弼分兵進軍河北，會師常山（河北正定）， 擊敗史思明，收復河北。 天寶十五載（756丙申年）與回紇聯軍平定河曲，次年春天收復河東（今山西永濟）、馮翊（今陝西大荔），並進攻潼關，大敗崔乾祐。唐肅宗即位（756年8月12日）後，拜郭子儀為兵部尚書、同中書門下平章事。

至德二載（757丁酉年），收復首都長安（今陝西西安），唐軍威儀再度得以重現長安。以功加司徒，封代國公。

鄴城之戰大敗（按：759己亥年，未運，亥卯未三合木局至使木太強，火熄，傷官名聲也）。此場戰役的主要指揮者宦官魚朝恩，其並無領導才能，並將戰役失敗之責歸於郭子儀。

郭子儀被召還長安，解除兵權，處於閒官。

寶應元年（762壬寅年，合去丁），太原（今太原西南）、絳州（今山西新絳）軍兵叛亂，朝廷恐懼，封子儀為汾陽郡王，出鎮絳州。又遭宦官程元振離間，解除兵權。

廣德元年（763癸卯年，有印護了），吐蕃、回紇入侵，渡渭水，迫唐代宗棄長安東奔陝州，循秦嶺至商州（陝西商州）收集散兵數千人，以智取勝，白天擊鼓張旗，夜間多處燃火，吐蕃不解其意，乃撤兵西去，於是長安光復。十二月，代宗回長安，郭子儀到滻水迎接。代宗羞愧説：「用卿不早，故及於此。」

永泰元年 (765乙巳年，丙午運，雖奪丁光，但午火護丁，仍有作為) 七月[1]，唐代宗的女兒昇平公主下嫁郭子儀第六子郭曖。十月，吐蕃、回紇再度聯兵內侵，子儀在涇陽 (今屬陝西) 被回紇所圍。子儀在回紇素有威望，親率數十騎到前線，親自說服回紇大帥藥葛羅與唐結盟，反將吐蕃擊潰，穩住關中，長安之危遂解。

大曆元年 (766丙午年)，屯軍於河中，使軍糧充裕。大曆八年，吐蕃十萬之眾強攻涇、邠 (今彬縣)，子儀遣兵馬使渾瑊出兵宜祿 (今長武)，結果首戰失利，遂召諸將檢討戰敗原因，再兵分三路，連克百城 (今甘肅靈台西南)、潘原 (平涼東) 等地，吐蕃敗退。

曆十四年 (780乙巳運，庚申年)，唐德宗繼位，子儀被尊為「尚父」，進位太尉、中書令。建中二年六月十四 (781辛酉年7月9日)，郭子儀去世，享年83。

歷代狀元中，唯一由武狀元而位至宰相者，即身為唐代開元初年武舉高等（狀元）的郭子儀，一生歷仕玄宗、肅宗、代宗、德宗四朝，曾兩度擔任宰相。同時，也是歷代武狀元中軍功最為顯著者。

己酉運（合甲沖卯）、戊申運（合癸，轉老闆—皇帝）、丙午運（奪丁光），都非最得意之時。丁壬合，功用神去，罷官。辰戌沖又影響印，皇帝受壓。

一分為二：	癸甲辰卯對丁丁酉丑（水木對火金）
干支氣勢：	金待上干 木有氣有力一等 水次之 火待運走巳午未地
我與非我：	正印守法自律，應是文武兼備之才。
	傷官，反叛，不依規距，多點子，感性適應力強。
歲運作用，浮沉升降：	根本完成，走火地運勢成就功名。

十神十力，	正印掌權，位至宰相
性格論命：	傷官感性適應力，掌兵抗外侮。兵詭道也，亂世英雄夫妻宮財印劫財，夫妻關係良好。
生剋制化，	忌癸合戊，丁合壬，丙奪丁光
用神玄機：	忌卯酉沖，辰戌沖
陰陽五行，	身強運就，乃得高壽。
體質屬性：	
合沖克刑，	看上所述
突變神機：	

尋龍點穴：

吉時：	甲子	乙丑	丙寅	丁卯	戊辰	己巳
	水太強甲無根	甲乙無根	食神(食神制殺為理性外交手段)	傷官，反叛，統兵抗敵，陽刃合武人	偏財且弱	合正財保守
	庚午	辛未	壬申	癸酉	甲戌	乙亥
	七殺，合開拓侵略武形	正官不合	偏印不合	正印，但甲太弱	辰戌沖，卯盾形不合	劫財不合

（六）　乾：朱溫：852年12月5日（推背圖像八、九、十）

第八象 「辛未」 是六十甲子之第八，自然代表的是第八象。

第八象的卦，是「晉」，下卦坤為地、上卦離為火。象曰：「日出地面，普照大地，有光明上進之象。」配合圖像、讖、頌，正好在描述「建中之亂」。其主因是因為藩鎮的繼承問題。平定「安史之亂」時，肅、代二宗因為想盡快平息亂，便答允投降者皆安撫為節度使，唐德宗即位初，勵精圖治，確是「光明上進之象」之象。因為當時全國藩鎮林立幾近失控，所以德宗有意開始削藩，利用忠實的藩鎮剿滅不法藩鎮。當時三位降將李正己、田承嗣及李寶臣私下自組聯盟，承諾自他們開始子子孫孫都要互相幫助，務求使每人所管轄的土地都能世代相傳。而世襲的做法在代宗時已被默認，如魏博田悅襲田承嗣之位，盧龍之朱希彩、朱泚等。當李寶臣死，其子李惟岳便請求唐室正式任他為節度使，但唐德宗有意將藩鎮的任勉權收歸中央，因此堅持不允。於是田悅、李正己聯合李惟岳共謀起兵帶來長達6年的動亂，即建中二年（781年）至貞元二年（786年），牽連在內的有成德李惟岳、王武俊，魏博的田悅，淄青的李納，山南東道梁崇義，*淮西的李希烈（於781年稱王）*，盧龍的朱滔，涇原姚令言，河北李惟、李納，朔方的李懷光等。當時宰相盧

杞因急於籌備軍費，向民間徵稅迫借，又乘機中飽私囊，引致民怨沸騰。其中姚令言的涇原兵攻入長安城，大搶大略，迫使唐德宗愴惶出逃奉天。朱泚作亂圍攻奉天，大將軍李懷光（邠寧、朔方節度使）救駕，把朱泚打回長安。但唐德宗竟誤信盧杞的讒言，置勞苦功高的李懷光不顧，李懷光因此大怒，反與朱泚結盟，朱泚更親率軍隊圍攻奉天，李一氣之下反叛，德宗又逃往梁州（今陝西漢中）。而朱滔、王武俊、田悅、李納四人更相約稱王，建中三年（783年）十一月，朱滔稱冀王，王武俊稱趙王，田悅稱魏王，李納稱齊王，並以朱滔為盟主。德宗興元元年（784年）*朱泚更自稱大秦皇帝，改元應天*。次年正月，又改國號為漢，改元天皇。後來唐德宗聽從翰林學士陸贄之建議，於貞元元年（785年）下罪己詔，並答允興兵叛變者只要投降則既往不咎，又免除若干稅項以收納賊心。朱泚於784年被殺，其弟朱滔於785年病死，李懷光于于785年兵敗自盡，李希烈於786年被殺。餘下三王包括田悅、王武俊、李納見赦令，皆除去王號，又賴留下來護衛的忠貞名將李晟攻克長安，這場大動亂終於貞元二年（786年）告平定。

（七）　唐德宗時的「藩鎮之亂」，四鎮稱王，二藩稱帝，中原陷於戰火。最後德宗聽從翰林學士陸贄之建議於貞元元年（785年）下罪己詔，並答允興兵叛變者只要投降則既往不咎，又賴李晟、渾瑊、馬燧等忠貞名將軍力的支持，這場大動亂終於貞元二年（786年）告平定。圖中三名將軍，金聖歎說是「李希烈、朱泚、李懷光」。

李希烈是淮西節度使，治蔡州，即今河南汝南縣。783年十二月，李希烈攻陷汴州（今開封），784年正月以汴州為大梁府，稱楚帝。

朱泚，幽州盧龍節度使，轄區在河北盧龍縣一帶，782年其弟朱滔反，朱泚被軟禁在京城，783年十月開赴淮西打李希烈的涇原兵在長安嘩變，德宗倉皇逃往奉天，涇原兵擁立被軟禁的朱泚，朱泚在長安自立大秦皇帝，隨後圍攻奉天。

李懷光，邠寧、朔方節度使，管轄靈州（今寧夏靈武）。德宗被朱泚困在奉天，李懷光救駕，把朱泚打回長安。因奸相盧杞挑撥，德宗不讓李懷光入朝覲見，李一氣之下反叛，德宗又逃往梁州（今陝西漢中）。785年，李懷光兵敗自盡。

讖曰：「攪槍血中土，破賊還為賊，朵朵李花飛，帝曰遷大吉。」

「攪槍血中土」，「攪槍」即喻示手持兵器、手握重兵的將令。這班將令將會血洗「血」洗「中土」。

「破賊還為賊」：李懷光率軍大破叛賊朱泚，救了德宗之圍，但隨後也因奸相盧杞挑撥，德宗不讓李懷光入朝覲見，一氣之下反叛，做了反賊。

「朵朵李花飛，帝曰遷大吉」:「涇師之變」朱泚稱帝，殺了京城未及逃脫姓「李」的郡王、王子、王孫共77人，故說「朵朵李花飛」。德宗因及時逃跑倖免。「大吉」在這裡是慶倖、倖免的意思。

頌曰:「天子蒙塵馬首東，居然三傑踞關中，孤軍一駐安社稷，內外能收手臂功。」

「天子蒙塵馬首東」是說783年十月，涇原兵在長安嘩變，德宗西逃奉天(今陝西乾縣)。「馬首東」，即避開戰場、逃亡的意思，乃出自成語「馬首欲東」，始見於《左傳?襄公十四年》，當時晉國伐秦國，秦兵在西，欒屬「馬首欲東」，是避開戰場、東歸之意。「馬首東」後來成為詩歌韻腳，例如憑弔岳飛的一首古詩說:「十二金牌馬首東，鄆城憔悴哭相叢。千年宋社孤墳在，百戰金兵寸鐵空。」這裏的「馬首東」也就是從戰場上撤回的意思。

「居然三傑踞關中」是建中之亂中三人，即李希烈、朱泚、李懷光。三人先後犯闕，德宗乘輿播遷。

「孤軍一駐安社稷」建中之亂中大將中可以任用和依靠的都反叛了，唯一留下來護衛的只有李晟一人。興元元年（784年）李晟以孤軍收復長安，腹背受敵，以少勝多，匡扶社稷；同時李晟直搗皇城的戰術保全了長安的民生，宗廟無損，也是「安社稷」。

「內外能收手臂功」是說李晟匡扶唐朝，他對內嚴明治軍、執政有法，對外能攻善戰、秋毫無犯，堪稱唐朝的股肱之臣。

金聖歎：「此象主建中之亂，三人者李希烈、朱泚、李懷光也。李懷光以破朱功，為盧杞所忌，遂反，故曰破賊還為賊。三人先後犯闕，德宗乘輿播遷，賴李晟以孤軍收復京城，而社稷重安矣。」

第九象　壬申　乾下離上　大有（黃巢之亂）

「壬申」是六十甲子之第九，自然代表的是第九象。

第九象的卦，是「大有」，下卦乾為天、上卦離為火。《象傳》：「火在天上，大有，君子以遏惡揚善，順天休命。」大有本是一個大吉之卦，何以用作象徵黃巢之亂呢？

黃巢（835年－884年），曹州冤句（今山東菏澤西南）人，唐末時人。初為鹽幫首領，售私鹽為業，後成民變軍首領，曾自立為帝，尊號為「承天應運」啟聖睿文宣武皇帝，國號大齊，年號金統，史稱黃巢之亂。黃巢退敗時死於部下之手。

乾符五年（878年），王仙芝在黃梅（今湖北黃梅西北）兵敗被殺，餘部奔亳州（治今安徽亳州）投靠黃巢，推黃巢為黃王，自稱「沖天大將軍」，年號王霸（878年－880年）。原來「大有」，就是「沖天（如日中天）」的意思。而「承天應運」則有《象傳》所說「順天休命」之義。是年，黃巢入江西，經江浙，從山東轉戰廣東，再由廣州回攻洛邑，破潼關，攻下帝都長安，禍延半壁江山，今日的十餘行省，切斷唐室江南大運河的經濟命脈，沉重地打擊唐朝的統治，黃巢死後，唐朝已是名存實亡了，只再苟延殘喘二十餘年，就由黃巢降將朱溫篡奪唐朝帝位，故史家曰：唐室實亡於黃巢起兵。

《周易》緊接在大有卦之後為謙卦，以告戒如日中天之人，不要為富不仁，多行不義。黃巢得勝進京稱帝，本來自交「如日中天」之大吉運，但他塗炭生靈，多行不義，終於物極必反，兩年就敗出了長安。

黃巢濫殺無度，879年五月黃巢包圍廣州，向朝廷求做天平節度使，未果，又求做廣州節度使，唐僖宗僅授黃巢率府率之職，黃巢大怒攻下廣州，屠殺外商十二萬人，隨後砍盡桑樹，禁止養蠶，杜絕海外貿易。黃巢所過之地，萬民遭殃，赤地千里。《舊唐書》記載：黃巢率領全軍圍陳州近一年，做數百巨碓，稱「搗磨寨」，將鄉民、俘虜，無論男女，不分老幼，悉數納入巨春，頃刻磨成肉糜，作為軍中食物，流水作業，日夜不輟。吃光了陳州四周的百姓，就「縱兵四掠，自河南、許、汝、唐、鄧、孟、鄭、汴、曹、徐、兗等數十州，咸被其毒。」

其實，黃巢進長安時，市民是夾道歡迎，可沒想到黃巢不但全面繼承了晚唐腐敗，還恐怖治國。他上場就搞「一刀切」：唐官三品以上全部罷黜，盡殺皇族公卿。黃巢不治國、不搞民生，士兵公然在長安街頭殺人越貨、爭搶民女。因見譏諷黃巢的詩，查不出作者，便殺尚書省門前全部守軍，

又殺了長安會寫詩的三千多儒生。待官兵反攻，全城百姓都站到官軍一面，黃巢反撲得勝後血洗長安，《新唐書》記載：「巢怒民迎王師，縱擊殺八萬人，血流於路可涉也，謂之洗城。」

黃巢之亂是唐末民變中，歷時最久，遍及最大，影響最深遠的，造成的死亡人數難以估計，導致唐末國力大衰，加速唐朝滅亡。黃巢之亂後，唐朝勉強維持了二十三年的國運。

上圖畫的是一棵李樹，按頌中「一樹李花」，知其為李樹。滿樹飄花，顯現出敗落的景象，樹上還有一個鳥巢，暗喻李唐天下出了黃巢。但巢中空空，暗喻黃巢美夢終成空。樹下有幾具屍體，表明黃巢之亂導致很多人喪命。

讖曰：「非白非黑，草頭人出，借得一枝，滿天飛血。」

「非白非黑，草頭人出」是黃巢的「黃」字。古代五色：紅、黃、青、黑、白，不是白，不是黑，又有草字頭，只有黃。

「借得一枝」，黃巢借得王仙芝的勢力發展起來，「一枝」指王仙芝。875年五月，黃巢起義，投入王仙芝義軍，黃巢成了王仙芝的副手。876年因反對招安，黃巢帶2000人分兵，王仙芝有數十萬人。878年王仙芝在黃梅戰死，其部投歸黃巢，是為「借得一枝」。

「滿天飛血」，黃巢起義，濫殺無度，塗炭生靈，如烈日焦灼萬物，萬民遭殃，赤地千里。

頌曰：「萬人頭上起英雄，血染河山日色紅，一樹李花都慘澹，可憐巢覆亦成空。」

「萬人頭上起英雄」，「萬人頭上」喻「黃」字，「英雄」，指黃巢起義。

「血染河山日色紅」，黃巢殺人太多，血染山河。

「一樹李花都慘澹」，僖宗逃亡四川，長安的李姓皇族被黃巢殺盡。

「可憐巢覆亦成空」語帶雙關，既點出881年長安被黃巢佔領，李唐王朝「巢覆」，又點出黃巢最終兵敗，帝王美夢已「成空」。

金聖歎：「此象主黃巢作亂。唐祚至昭宗，朱溫弒之以自立，改國號梁溫，為黃巢舊黨，故曰覆巢亦成空。」

第十象　癸酉　坎上坎下　坎
朱溫篡唐　後梁國運

「癸酉」是六十甲子之第十，自然代表的是第十象。

第十象的卦，是「坎」，下卦坎為水、上卦也是坎為水，指
險象橫生。大象為「兩水重疊，坎水為險，進固險，退亦
險」，危機重重，乃是凶象。本卦正合朱溫篡唐，以及後梁
從立國開始就陷於邊境戰爭且十六年後被《推背圖》下一象
的主角李克用之子李存勗所滅之國運。

梁太祖朱溫（852年12月5日－912年7月18日）五代時期後梁
開國皇帝，曾參與黃巢之亂，後降唐為將，唐僖宗賜名朱
全忠。但又密謀殺害唐昭宗，立唐哀帝，後廢哀帝自立，
於西元907年篡位建立後梁，稱帝后改名朱晃。

朱溫生性殘暴，殺人如草芥，只有他的妻子能制止。朱溫
在妻子死後卻大肆淫亂，兒媳婦都得入宮侍寢。912年乾化
二年被三子朱友珪刺殺，享年59歲，在位6年。

後梁自朱溫開國，歷十六年即被《推背圖》下一象的主角李
克用之子李存勗所滅。話說朱溫建立後梁以來，由於唐朝
的大藩鎮節度使基本不買他的帳，特別是「興唐滅黃」的第

一功臣河東節度使李克用。故後梁從立國開始就陷於邊境戰爭。908年沙陀李克用病死，李存勗繼承其父李克用遺志，不但打敗契丹，攻破燕地，並且於923年消滅「後梁」，統一北方，在魏州個河北稱帝，國號為唐，史稱「後唐」。

圖中河水流向南方，隱喻黃河以南，似喻風水流向河南。朱溫起家的基地、後梁的都城、以及絕大部分領土都在「黃河以南」。卦、圖與讖中都有水，既象徵唐朝政權易主以及「後梁」快速滅亡之「險」，也隱喻了朱氏後梁的所在地。自本象開始，古中國進入了五代十國的分裂混戰局面。

讖曰：「蕩蕩中原，莫禦八牛，泗水不滌，有血無頭。」

「蕩蕩中原，莫禦八牛，泗水不滌，有血無頭」，是說中原大地沒人能制伏朱溫。「八牛」是「朱」；「血無頭」是「皿」字，與「泗水」合為「溫」字。「有血無頭」也可喻指朱溫殘暴，濫殺成性。

頌曰：「一後二主盡升遐，四海茫茫總一家，不但我生還殺我，回頭還有李兒花。」

「一後二主盡升遐」中，「升遐」即升天，代表死去；「一後二主」道出西元904年八月朱溫殺唐昭宗，西元905年十二月朱溫殺哀帝生母何太后，西元907年朱溫「受禪」建立後梁，第二年又鴆殺了哀帝。

「四海茫茫總一家」，是指後梁建立，李克用等藩鎮不予承認，軍閥割據，中國四分五裂，但是大家又都原本是大唐一家。

「不但我生還殺我，回頭還有李兒花」，指出朱溫被兒子所殺，不久後梁被李克用之子李存勗所滅，歷史就翻到了《推背圖》的下一象「後唐」。

金聖歎：「此象主朱溫弒何皇后、昭宣、昭宗而自立，所謂一後二主也。未幾為三子友圭所弒，是頌中第三句意。李克用之子存勖代父復仇，百戰滅梁，改稱後唐，是頌中第四句意。」

乾：朱溫：852年陽曆12月5日

	丁巳	癸未	辛亥	壬申			
公元年：	913	903	893	883	873	863	853
歲數：	61	51	41	31	21	11	1
大運	戊午	丁巳	丙辰	乙卯	甲寅	癸丑	壬子

開平元年（907丁卯年）慶唐哀帝，自行稱帝；開平四年（910庚午年）發生柏鄉之戰並戰敗；乾化二年（912壬申年）被三子朱友珪刺殺，終年61歲，在位6年。

天復元年（901辛亥年）封為梁王。

中和三年（883年癸卯）又被授以宣武節度使，隨後擊敗黃巢。龍紀元年（889年己酉）斬黃巢餘部蔡州節度使秦宗權，被封為東平王。

乾符四年（877丁酉年）朱溫參加黃巢軍，反抗朝廷，屢立戰功，很快升為大將。

年幼喪父，年少時是一個游手好閒、不務正業的無賴。

年幼喪父，年少時是一個游手好閒、不務正業的無賴。

特點：	壬子運	丁財被合	年幼喪父，年少時是一個游手好閒、不務正業的無賴。
	癸丑運		
	甲寅運	寅申沖動印，改老闆	乾符四年(877丁酉年)朱溫參加黃巢軍，反抗朝廷，屢立戰功，很快升為大將。 後屢打敗仗，遂改投降唐。
	乙卯運	木火通明，扶搖直上	中和三年(883年癸卯)又被授以宣武節度使，隨後擊敗黃巢。 龍紀元年(889年己酉)斬黃巢餘部蔡州節度使秦宗權，被封為東平王。
	丙辰運	丙本奪丁，但合辛；自身勁強(水三合)	天復元年(901辛亥年)封為梁王。 辛印被合，唐皇有難。

	丁巳運	壬丁合，巳申合，火氣全無，水太重，貪淫殘暴。壬申復吟年柱，又功用全無（被合盡，巳申合刑破），財盡人亡。	開平元年(907丁卯年)廢唐哀帝，自行稱帝，改名為晃，建都開封，國號為「梁」，史稱「後梁」，後人稱為後梁太祖。 朱溫生性殘暴，殺人如草芥。夫人在世時尚能勸止，死後卻大肆淫亂，甚至亂倫，包括兒媳都得入宮侍寢。 朱全忠在位時頗重視農業發展。 開平四年(910庚午年)發生柏鄉之戰並戰敗，與晉王李存勖矛盾加劇。 乾化二年(912壬申年)被三子朱友珪刺殺，終年61歲，在位6年。

一分為二：	金水對木火 辛癸壬申亥對丁巳未
干支氣勢：	金有勢有力 水得令有黨 火有勢有力 木待上干
我與非我：	偏印，有條件的關照 偏財，投機取巧 夫妻宮七殺爭雄，食神理智聰明，偏財投機。月令藏陽刃好武。
歲運作用，	如左所述
浮沉升降：	
十神十力，	偏印，感受力強，創造力強，做事能幹，注重效率。
性格論命：	偏財，投資力。 夫妻宮七殺，要勝力；食神，理性適應力；偏財，投資力。

生剋制化，	忌丁壬合，丙辛合，戊癸合；丑未沖，巳亥沖。
用神玄機：	
陰陽五行，體質屬性：	五行平衡，身體強健。
合沖克刑，突變神機：	如左所述
尋龍點穴：	看上所述

吉時：	壬子	癸丑	甲寅	乙卯	丙辰	丁巳
	老二命	丑未沖，金水從旺，克洩運忌，不符合事實	金水木三行成象，傷官為用，但不符事實	金水木三行成象，食神保守，不符事實	正財無力，勞力掙財	偏財投機，癸水機靈，水重淫貪，火弱不仁
	戊午	己未	庚申	辛酉	壬戌	癸亥
	戊癸正官合，當吏人	七殺，亂世可爭雄，但木運不符事實	金水從旺，忌克洩，不符事實	金水從旺，忌克洩，不符事實	老二命	金水從旺，克洩運忌，不符合事實

（七）　　石敬瑭：892年3月30日（推背圖像十一、十二）

第十一象　甲戌　兌下坎上　節（後唐之亡）

「甲戌」是六十甲子之第十一，自然代表的是第十一象。

第十一象的卦，是「節」，下卦兌為澤、上卦是坎為水，指
險象橫生。大象「澤為池沼，坎水在上，喻蓄積及約束水份
不使流失。若水位過高，則成氾濫」。

後唐（923年－937年）是中國五代時期的政權之一。923年唐
朝的賜姓宗室李存勖消滅後梁，重建唐朝，在魏州（河北大
名縣西）稱帝，不久遷都洛陽。史學家為了區別由李淵所建
立的唐朝，因而稱之為後唐，歷時十四年，後為石敬瑭勾
結契丹入侵而滅亡。

事緣908年，二十四歲的李存勖承襲晉王之後，浴血百戰：
913年奪幽州、922年擊退契丹、923年滅梁統一北方，建立
後唐。此後，李存勖日漸驕惰，熱衷於和伶人同台唱戲，
寵信伶人，招納宦官，對伶人和宦官委以高官重任，對舊
臣卻非常苛刻，朝政昏暗。李存勖昏庸誤國，登基四年亡身。

926年後唐明宗李嗣源即位，也有相當治績，朝政漸為安定，但軍人安重誨專權，未能處理好與孟知祥、董璋的關係，兩人發生內鬥，孟知祥取勝，結果為後來後蜀脫離後唐獨立埋下了禍根。明宗晚年病倒在床時，秦王李從榮以為明宗已死，起兵企圖攻入皇宮，結果事敗被殺。明宗得知秦王被殺，震驚之下駕崩，大臣妃子擁立宋王李從厚，是為後唐閔帝。933年閔帝即位後，採用削藩政策，引起潞王李從珂的叛亂，叛軍攻入京師，而閔帝夫婦逃往河北，被姐夫石敬瑭設計除去其手下將士，為從珂軍士擒殺，934年從珂即帝位，是為後唐末帝。末帝與鎮守太原的河東節度使石敬瑭不和，936年末帝下詔把石敬瑭調任，引來石敬瑭的叛亂，末帝發兵攻太原，石敬瑭向契丹借兵，遼太宗耶律德光親率大軍南下，唐軍大敗，937年契丹與石敬瑭的大軍攻入洛陽，1月11日末帝自焚而死，後唐滅亡。歷四帝共十四年。

後唐開國皇帝李存勗正是過分苛政，連皇家侍衛軍都飢寒交迫；他壓制、約束、濫殺功臣，全國軍民怨聲載道。所以叛亂一呼而起。本卦告誡「諸事須節制，更要戒酒色」，莊宗熱衷唱戲，沉迷酒色無所節制，正犯了大錯。本卦的「蓄水成塘之象」，亦似隱喻後唐的終結者石敬瑭，他就是下一象的主角。

圖中有一男子臥地，喻中箭身亡的後唐莊宗李存勗。身邊
三棵樹，喻指他死後，後唐還有三個李姓皇帝。

讖曰：「五人同卜，非祿非福，兼而言之，喜怒哀樂。」

「五人同卜」是「從」字。「兼而言之」是「謙」字，指後唐作亂
的伶人郭從謙。郭從謙是個沒有正當官祿職位的得勢戲子。
李存勗昏庸誤國，熱衷於和伶人同台唱戲，寵信伶人，招
納宦官，對伶人和宦官委以高官重任，對舊臣卻非常苛刻，
朝政昏暗，故登基四年亡身。「喜怒哀樂」指優伶唱戲的表演。

頌曰：「龍蛇相鬥三十年，一日同光直上天，上得天堂好遊戲，東兵百萬入秦川。」

「龍蛇相鬥三十年」，「蛇」是指割據的各節度使，「龍」是喻後唐莊宗李存勖，因是真龍天子，所以其登基前也是龍。「三十年」：李存勖少年就隨父作戰，從其十一歲隨父到長安報功，到925年四十一歲時派兵滅了前蜀政權，整整三十年的「龍蛇相鬥」。

「一日同光直上天」，「同光」是莊宗李存勖的年號；「上天」即升天，死亡的意思。莊宗的苛政和濫殺功臣使得侍衛軍都躍躍欲反。926年四月初一，出身伶人的侍衛軍首領郭從謙趁著李嗣源兵變，也兵變入宮，莊宗在混亂中中流箭身亡，一個服侍他的伶人找來樂器堆在屍體上將其焚化。李存勖昏庸誤國，登基四年亡身。

「上得天堂好遊戲」諷刺升天了再去遊戲、唱戲去吧。

「東兵百萬入秦川」，石敬瑭是河東節度使，管轄山西一帶，他引契丹兵大軍進犯西面的「秦川」，故曰「東兵」。「秦川」即八百里秦川，陝西關中平原，後唐首都洛陽所在地。

金聖歎：「此象主伶人郭從謙作亂，唐主為流矢所中。」

第十二象 乙亥 震下坎上 屯(後晉之亡)

「乙亥」是六十甲子之第十二,自然代表的是第十二象。

第十二象的卦,是「屯」,下卦震為雷、上卦是坎為水,是「剛柔始交而難生」之象。喻艱難險阻之意。後晉立國,朝代更新,很是艱難。大象是「屯者難也,萬事欲進不得進」,與「頌」之「出入皆無主」一致。

後晉(936年–947年)是中國歷史上五代十國時期的一個朝代,從後晉高祖石敬瑭936年滅後唐開國到契丹947年滅後晉一共經歷了兩個皇帝,總計12年。後晉的開國皇帝沙陀人石敬瑭是後唐開國的功臣,他曾經多次在危難中救護後唐開國皇帝李存勖和明宗李嗣源。李存勖和李嗣源都十分器重他,李嗣源甚至將自己的女兒嫁給了他。後唐建立後石敬瑭任河東節度使(今山西),石敬瑭成為當地軍民最高指揮官。石敬瑭在河東政績很高,而且生活清廉,很受當地人的歡迎。但李嗣源死後後唐內部互相傾軋,石敬瑭受李從珂的猜忌,因此漸漸產生了反唐的計劃。當李從珂決定將石敬瑭調離河東時,石敬瑭決定反唐。

石敬瑭在河東的兵力不足以抵擋後唐的進攻,因此石敬瑭決定求救於契丹。作為條件,他同意割讓燕雲十六州(此十六個州,屬今河北和山西)給契丹,並對遼太宗耶律德光

稱「兒」。在這種情況下，耶律德光決定幫助石敬瑭。契丹和石敬瑭的聯軍打敗了後唐，攻入後唐首都洛陽。後唐滅亡，石敬瑭稱帝，國號晉，史稱後晉。後晉移都開封，並按約將16州讓給契丹。並向契丹稱兒皇帝，契丹封其為「晉帝」。石敬瑭割讓燕雲十六州為遼國和金國後來對宋朝長江以北地區的威脅打開了門戶。後晉建國後一直處於動盪中，石敬瑭割地稱兒的做法受到許多人的反對，包括他自己過去的親信。石敬瑭本人到死沒有改變依附契丹的政策，但國家多處發生叛亂，石敬瑭的兩個兒子在這些叛亂中被殺，種種事情給他帶來了極大的打擊。為了對付叛亂，石敬瑭加重嚴刑峻法，同時非常猜忌自己的手下。石敬瑭死時，立石重貴為繼承人。石重貴是他的侄子，因為在戰場上立戰功獲得石敬瑭的賞識。但石重貴僅是一勇之夫，根本無法在國家面對困境下應付各種政治問題。石重貴登基後決定漸漸脫離對契丹的依附，他首先宣稱對耶律德光稱孫，但不稱臣。契丹對此當然不能坐視。944年契丹伐晉，雙方在澶州（今河南濮陽南）交戰，互有勝負。945年契丹再次南征，石重貴親征，再次戰敗契丹。947年，契丹第三次南下，後晉重臣杜重威、李守貞和張彥澤率軍向契丹投降，後晉喪失主力，契丹派張彥澤率先部入開封。石重貴被迫投降，全家被俘虜到契丹，後晉滅亡。

947年後晉亡後，河東節度使北平王劉知遠在太原稱帝，建立後漢。劉知遠在短短的一年時間了，重用酷吏，草菅人

命，是五代時期最為暴虐的君主。劉知遠死後由他十八歲的兒子劉承祐繼位，是為漢隱帝。劉承祐上台之後，啟用外戚及其親信李業、聶文進、後匡贊、郭允明等人，以對付老爹留下的蘇逢吉、史弘肇、楊邠、郭威四個顧命，兩派鬥得的不可開交。不久河中李守貞、鳳翔王景崇、永興趙思綰三地聯兵叛亂，漢隱帝派大將郭威率軍平定叛。而此時後漢的朝廷新舊兩派的矛盾終於爆發了，元老派史弘肇、楊邠、王章三人被漢隱帝殺死，同時誅滅了郭威在京的所有家屬，並打算誘殺郭威等人。在外帶兵平定了三地叛亂的郭威此時在防守契丹，他得知噩耗令養子郭榮守鄴都，自己親率大軍殺向開封。漢隱帝派軍抵禦被郭威打敗，連他本人也死於亂兵之中，劉知遠建立的後漢政權到此結束。948年劉知遠死，劉承佑即位，951年被郭威兵變所滅。這「剛柔始交而難生」之象，除了比喻後晉「父亡子亦亡」之滅亡，也隱喻下一象後漢相同的結果。

圖中石頭，象徵石敬瑭，而石頭形似哈巴狗，跟在胡人之後邊，諷刺石敬瑭甘願認比自己小十歲的契丹王耶律德光稱父皇，自稱「兒皇帝」臣服奴媚於胡人，是狗不是人。而圖中人面向西南方，正是契丹相對於後晉的方位。

讖曰：「塊然一石，謂他人父，統二八州，已非唐土。」

「塊然一石」指石敬瑭的「石」字。

「謂他人父」是說石敬瑭對比自己小十歲的契丹王耶律德光稱父皇，自稱「兒皇帝」，割讓燕雲十六州，歲供30萬布帛、以父禮侍契丹。

「統二八州，已非唐土」，是說燕雲十六州已非吾土。燕雲十六州東西寬約600公里，南北長約200公里，總面積約120,000平方公里。幽、薊、瀛、莫、涿、檀、順七州位於太行山北支的東南方，其餘的雲、儒、媯、武、新、蔚、應、寰、朔九州在山的西北。所處地勢居高臨下，易守難攻，自秦漢以來，此地區自古為抵禦北方遊牧民族南下的戰略要地，歷朝皆派有重兵駐守。石敬瑭把燕雲十六州割讓給契丹。之後中國數個王朝都未能將燕雲十六州完全收復，直到明太祖朱元璋命徐達、常遇春以「驅逐胡虜，恢復中華」為號召，北伐中原，結束蒙元在中國的統治，丟失四百年的燕雲十六州才被收回。

頌曰：「反兆先多口，出入皆無主，繫鈴自解鈴，父亡子亦死。」

「反兆先多口」中「反兆」說是「父」字，這最難猜。兆字上部看似「＞＜」，父字上看似「＜＞」，兩字下部形狀相近，上部則相反，故「反兆」為「父」字。「反兆先多」，就是「父」加上「多」，是「爹」字。故「反兆先多口」，是說石敬瑭向契丹王口口聲聲地叫「爹」。

「出入皆無主」，後晉聽從契丹的擺佈，大事難以自主。

「繫鈴自解鈴，父亡子亦死」，喻指後晉建於契丹，亦亡於契丹。

「父亡子亦死」，喻指後晉一共經歷了兩個皇帝，即亡於契丹。

金聖歎：「此象主石敬瑭求救於契丹。唐主遣張敬達討石敬瑭，敬瑭不得已，求救於契丹，事之以父禮，賄以幽薊十六州。晉帝之立國契丹功也，然卒以契丹亡，故有繫鈴解鈴之兆。」

石敬瑭：892年3月30日

逝世：西元942壬寅年7丁未月28乙卯日

己	癸	癸	壬		
未	卯	卯	子		
甲午	甲申	甲戌	甲子	甲寅	
934	924	914	904	894	
42	32	22	12	2	
戊	丁	丙	乙	甲	大
申	未	午	巳	辰	運
己土從水木戊奪己堅建國及死亡。	己不從，穀強身強財弱賣主官至節度使。	己不從，穀強火土夠平衡水少年出色。	巳運己不從食傷，土強少年出色。	己土從水木食傷，身強家運佳。	

《新五代史》指石敬瑭的祖先為中亞人，從沙陀移居太原，但發挖出土的石重貴墓誌銘則指他是後趙石勒之後裔。

父石紹雍，母何氏。石紹雍從李克用父子征戰，官至洺州刺史。

石敬瑭自少為李嗣源（日後的唐明宗）賞識，為其親兵將領，被招為女婿。後唐莊宗同光四年（926年），鄴都之變，石敬瑭力勸李嗣源入汴京，轉攻洛陽。李嗣源即位後，石敬瑭歷任保義、宣武、河東諸鎮節度使。

934年，閔帝李從厚徙石敬瑭為成德節度使。閔帝討伐潞王李從珂失敗，逃到衛州向石敬瑭求援，可是石敬瑭的部下把閔帝隨從殺盡，石敬瑭把閔帝安置在衛州，最後閔帝被李從珂派人殺死。

建國

末帝李從珂繼位後，任石敬瑭為河東節度使，後來開始對石敬瑭起疑，石敬瑭也暗中謀自保。石敬瑭以多病為理由，上表請求朝廷調他往其它藩鎮，藉此試探朝廷對他的態度。末帝在清泰三年（936年）五月改授石敬瑭為天平節度使，並降旨催促赴任。石敬瑭懷疑末帝對他起疑心，便舉兵叛變。後唐派兵討伐，石敬瑭被圍，向契丹求援。九月契丹軍南下，擊敗唐軍。

石敬瑭的岳父是唐明宗李嗣源。李嗣源的義父是李克用。李克用曾和遼太宗耶律阿保機結為兄弟，故石敬瑭按輩份稱比他小10歲的耶律阿寶機的兒子耶律德光為亞父，並在國書中稱自己為「兒皇帝」，耶律德光為「父皇帝」。

石敬瑭在十一月受契丹冊封為大晉皇帝，然後向洛陽進軍，後唐末帝在閏十一月（937年1月）自焚，後唐遂亡。

石敬瑭滅後唐後，按約定將燕雲十六州獻給契丹，其結果使中原地區喪失了北方屏障。另外晉國向遼國每歲奉絹三十萬匹。

後期

石敬瑭在位期間，各地將領魏博節度使范延光、西京留守張從賓、成德節度使安重榮、山南東道節度使安從進等引發的叛變事件不斷，他的兒子石重信和石重乂亦遭叛軍殺害。後因成德節度使安重榮及河東節度使劉知遠先後接受吐谷渾部族投降，石敬瑭屢遭契丹責問，乃憂憤而死。

後世評價

《舊五代史》稱讚石敬瑭的謙虛、節儉；「旰食宵衣，禮賢從諫」、「以絁為衣，以麻為履」，後又責怪他向契丹乞兵，反而使得百姓陷入連年戰火；「強鄰來援，契丹自茲而孔熾，黔黎由是以瘝殃。」「兵連禍結、舉族為俘」，這無疑是決鯨海以救焚，結果自己溺死了、飲鴆漿而止渴，結果毒死自己。《舊五代史》最後為他惋惜，如果他是靠自己的力量取得帝位，以他的節儉、謙卑、公正的態度，即使功德不超過前人，亦可謂仁慈恭儉之主。

（八）　周太祖郭威（904年9月10日－954年2月21日）
　　　（推背圖像十三）

第十三象　丙子　（離下坎上既濟）
後漢亡、後周立*

「丙子」是六十甲子之第十三，自然代表的是第十三象。

第十三象的卦，是「既濟」，下卦離為火、上卦是坎為水，
大象是「水性下注，火勢上炎，上下相通」，象徵水火相濟；
「水在火上，似煮成食物，謂既濟」，也象徵事已成、完成
（Game Over)之意。這是對後周最好描述：郭威開國立業，
崇尚節儉，開一朝節儉之風，令世人稱頌，且其治國有方，
朝政清明，懲治貪官，百姓安樂，正是「既濟」的「上下相通」
水火相濟之象。可惜，郭威登基3年即逝、其養子（內侄）柴
榮即位5年後又早逝，後周乃亡，正合「既濟」所象徵「事已
成、完成(Game Over)」之意。

後周（951年－960年）是中國歷史上五代十國時期的最後一
個朝代，它從951年正月後周太祖郭威滅後漢開國，到960
年北宋太祖趙匡胤陳橋兵變被取代共經歷了九年、三個皇帝。

後周的開國皇帝郭威。郭威是後晉時順州刺史郭簡之子，
自幼喪父，家境窮困。從軍後自學兵書，憑著英勇善戰和

品行才幹成了後漢高祖劉知遠的股肱之臣。劉知遠臨死時郭威是他指定的顧命大臣之一，後漢隱帝劉承祐即位不久，發生了三鎮叛亂，朝廷久討無功，郭威出馬平定了兵變。但郭威不貪功，替眾將、大臣邀功，在全國樹立了威望。隱帝到自己受顧命大臣的控制太多，因此開始殺這些大臣。郭威當時領兵在外，聞訊後以清君側的名義起兵。隱帝為此將郭威在開封的所有親屬殺害，並與慕容彥超帶兵迎敵，慕容大敗，士兵紛紛投降，隱帝沒有露面就逃跑了，躲進農家被亂兵所殺。郭威軍隊進京，太后臨朝立高祖姪子劉贇為帝，並派人去接他登基。緊接著就發生了契丹入侵（950年十二月），內丘、饒陽淪陷，邊境告急，太后命郭威總領兵權，出兵拒敵，走了近400裏到了澶州。劉贇派人慰勞軍隊，諸將不拜謝，擔心劉贇登基後清算他們，於是數千軍士嘩變，擁立郭威，郭威插門阻止，軍士越牆進入，有人扯下黃旗批在郭威身上，將士山呼萬歲，其中就有郭威的大將趙匡胤。郭威率兵回師，成為「監國」，不到一個月就稱帝了，建立周朝，史稱後周。劉贇在宋州被囚禁，貶為「湘陰公」，次年被殺。契丹侵略損兵折將，又聽說郭威登基，而且遇到了月食的天象，就退兵了。

郭威登基後著手進行一系列的改革，首先他減輕和免除了許多徭役，同時也整頓軍紀和管理機構內部的腐敗和賄賂。郭威登基三年即逝，郭威死後由其養子（本身是其內姪）柴榮繼位，是為後周世宗。柴榮繼續郭威的政策，使得後周

所控制的地區的經濟得到了很大的發展，同時也使得後周的軍事得到了強大的發展，基本上後周統一了長江以北的中原地區，向北收復了許多被後晉讓給契丹的地區，其統治地區恢復和發展了經濟生產，為日後北宋統一中國打下了基礎。可惜郭威登基三年即逝，柴榮即位六年後又英年早逝，後周乃亡，於是招來了《推背圖》下一象「革」卦所代表之「五代運終，北宋立國」中國統一之革新氣象。

周太祖郭威，乳名「雀兒」。圖中以城郭隱喻「郭」，鳥就是「雀」，以水（漢水）喻後漢。「郭雀兒」在漢水之上，比喻郭威滅後漢，建立後周。

讖曰:「漢水竭,雀高飛,飛來飛去何所止,高山不及城郭低。」

「漢水竭」,指後漢亡。947年1月契丹滅後晉之後,河東節度使劉知遠在太原稱帝建立後漢,但948年劉知遠死,劉承佑即位,951年即被郭威兵變所滅。

「雀高飛,飛來飛去何所止,高山不及城郭低」,指郭威(乳名雀兒)飛到了皇位上(高山,比喻權力高峰),建立了後周。

頌曰:「百個雀兒水上飛,九十九個過山西,惟有一個踏破足,高棲獨自理毛衣。」

「百個雀兒水上飛,九十九個過山西」:歷史上有很多大將像郭威一樣過黃河北上抗擊過契丹,甚至到了太行山以西(「山西」即太行山以西)。

「惟有一個踏破足,高棲獨自理毛衣」,「踏破足」指停止不前,「毛衣」指鳥雀的羽毛。接上句頌詞,一百個雀兒從黃河上飛過,九十九個都飛到太行山以西去了,只有一隻雀兒沒有飛過太行山,而是回頭飛到了高高的宮殿上棲息,並整理自己的羽毛。一百個將軍從黃河上渡過,九十九個都是到太行山以西地區駐守,只有一個將軍郭威在太行山

上停止不前，發動了澶州軍變，揮師南下，進入開封府後，自皋門入宮，即皇帝位於崇元殿，隨後下制，革除五代積弊。

金聖歎：「此象主周主郭威奪漢自立。郭威少賤，世稱之曰郭雀兒。」

周太祖郭威

丙	庚	癸	甲		
子	寅	酉	子		
癸丑	癸卯	癸巳	癸未	癸酉	
953	943	933	923	913	
49	39	29	19	9	
戊	丁	丙	乙	甲	大
寅	丑	子	亥	戌	運
戊合癸功用神，成金木大戰，身死。	身強，947丁正官升樞密副使，948戊偏印建軍功。950庚戌寅丁戌殺強自立後周。	運與時柱復吟，可能此運爭執，醉酒殺人。水大誤事，雖非一定，但可因酒。	可婚。	成長發育期火旺，而且甲主筋絡，故身材魁梧。	

羊刃七殺並傷官-->亂世梟雄	
一分為二：	金對其他 庚酉對甲寅丙癸子子
此處：	水木火均洩庚金，加上子時更是。 當身邊全是食傷才當是自己。 全看平衡點，此命水火俱弱故。 有丙在身邊，水也只是洩金（金生水也弱火也）。
干支氣勢：	庚得令最強。次為水。木，火較弱。火運得時，一級命。
我與非我：	傷官，任性而行，能帶兵，抗敵。 七殺，爭雄，用武。 夫妻宮偏財，投機取巧。
歲運作用，	如上。
浮沉升降：	
十神十力，	傷官，靈性適應力。
性格論命：	七殺，要勝力。
生剋制化，	夫妻宮偏財，投資，投機力。 忌丙辛合，戊癸合；卯酉沖，子午沖，寅申沖。
用神玄機：	
陰陽五行，	五行平衡，身體強健。
體質屬性：	
合沖克刑，	如左所述
突變神機：	
尋龍點穴：	看上所述

幼隨母改嫁後晉順州刺史郭簡

3歲時（907丁卯年）徙家太原，不久郭簡被殺，郭威成為孤兒，由姨母韓氏撫養。

身材魁梧，習武好鬥。在鬧市與一名欺壓市場的屠戶爭執，醉酒而殺之，原應斬首。李繼韜憐其才勇，暗中將其釋放，而後又召之，任為幕僚。

947丁未年契丹滅後晉，沙陀人劉知遠起兵太原，建國後漢，郭威為鄴都（今河北大名縣）留守。劉知遠稱帝不到一年即死去，其子劉承祐繼位隱帝，拜郭威為樞密副使。

乾祐元年（948戊申年）三月河中（今山西永濟）李守貞、永興（今陝西西安）趙思綰及鳳翔（今陝西鳳翔）王景崇相繼反漢，郭威相繼平定亂事，李守貞自焚，趙思綰投降，王景崇自焚。

乾祐三年（950庚戌年）四月，隱帝疑忌大臣，乘郭威在外時下詔將開封城內郭威（當時郭威已有成年的兒子）、柴榮和王峻的全家屠殺殆盡。

樞密使院吏魏仁浦勸郭威先發制人。同年十一月，郭威發動兵變，隱帝死於亂軍之中。

郭威假意迎宗室劉贇為帝，又派部下在路上刺殺劉贇，再演出一番戲碼，讓士兵擁護自己稱帝，建立後周他廣招人才、勵精圖治，得魏仁浦、李穀、王溥、范質等輔臣。廣順三年(953年)，封義子柴榮為晉王。

廣順四年(954甲寅年)，周太祖郭威去世，享年50歲。因親生兒子全都被劉承祐殺害，妻侄柴榮繼位。

（九）　周世宗柴榮（921年10月27日－959年7月27日）
（推背圖像十四）

第十四象　丁丑　離下兌上　革
（五代運終、北宋立國）

「丁丑」是六十甲子之第十四，自然代表的是第十四象。

第十四象的卦，是「革」，下卦離為火、上卦是兌為澤。本卦大象為「兌為金，被離火所燒，變革之象」。正是象徵周世宗柴榮勵精圖治，文治武功，後周欣欣向榮，大有「革」新之象；而柴榮登基5年半就病逝了，他7歲的兒子即位半年，後周就被宋朝和平取代了，故「革」卦更代表著「五代運終，北宋立國」之中國統一偉大「革」新氣象。

從歷史來說，周太祖郭威死後，由其養子（本身是其內侄）柴榮繼位，是為後周世宗。柴榮繼續郭威的政策，使得後周所控制的地區的經濟得到了很大的發展，同時也使得後周的軍事得到了強大的發展。後周的兩位皇帝也是中國歷史上少有的非常節儉的皇帝，比如郭威死後陵前僅立石碑一塊，其陵寢本身也非常簡單，連守陵的宦官都沒有。

柴榮繼位後不久北漢就聯合遼朝乘機攻打後周，打算乘後周內部未穩打擊其力量，柴榮決定親征抵禦進攻，他在高

平之戰中親臨戰場，在戰役開初不利，己方右翼潰退的情況下扭轉戰勢，擊潰北漢，戰後後周軍隊乘勝追擊，一直攻到太原。此後柴榮開始南征，從955年到958年三次親征南唐，迫使南唐取消皇帝稱號，並割讓幾乎所有長江以北的地區予後周。959年柴榮在解除後顧之憂之後再次北上攻遼，在兩個月內幾乎攻到幽州，但就在此時他突然患病故不得不中止北伐。柴榮此後不久病逝，後周在這八年內基本上統一了長江以北的中原地區，向北收復了許多被後晉讓給契丹的地區。其統治地區恢復和發展了經濟生產，為日後北宋統一中國打下了基礎。

後周世宗柴榮文治武功，可惜在位僅六年就病死了，由七歲的柴宗訓即位，這就給了柴榮手下的大將趙匡胤可乘之機。960年正月初一趙匡胤假報契丹和北漢發兵侵入，朝廷讓趙匡胤出征，把全國軍權都交給了趙。正月初三趙匡胤率大軍離開都城汴京（今開封）走了40里駐在了陳橋驛（今河南封丘陳橋鎮），當晚兵變計劃就實施了，趙普和趙匡胤的弟弟趙匡義（後改名光義，即宋太宗）散佈煽動，軍士嘩變，將黃袍披在趙匡胤身上，三呼萬歲，趙匡胤便奪取了後周帝位，史稱「陳橋兵變，黃袍加身」，由於汴京禁軍的主要守領都是趙匡胤的「結社兄弟」，開門接應。初四趙匡胤受禪登基，建立宋朝。

革卦説明「凡事均在變動之中，宜去舊立新，以應革新之象」，這正合五代最後變革為宋朝，國家由分裂變為統一，由亂而治之象。

圖中枯木（柴）發芽（榮），只有一株，喻五代亂局結束之前出現了一個「一枝獨秀」的偉大明君：周世宗「柴榮」。周世宗柴榮在位期間文治武功，基本上統一了長江以北的中原地區，向北收復了許多被後晉讓給契丹的地區，其統治地區恢復和發展了經濟生產，實在為日後北宋統一中國打下了基礎。

讖曰：「李樹得根芽，石榴漫放花，枯木逢春只一瞬，讓他天下競榮華。」

「李樹得根芽，石榴漫放花」隱喻五代的三朝三姓。「李」，後唐皇帝姓李；「石」，後晉皇帝姓石；「榴」，同「劉」音，後漢皇帝姓「劉」。

「枯木逢春只一瞬」，「枯木」為「柴」，「逢春」即向「榮」，隱喻後周世宗「柴榮」。柴榮勵精圖治，文治武功，可惜後周的欣欣向榮只是一瞬間。柴榮登基六年就病逝了，他7歲的兒子即位半年，後周就被宋朝和平取代了。

「讓他天下競榮華」指五代時期群雄割據，競相謀求極品的榮華，一 稱帝稱王。由907到960年，是中國歷史上的五代十國時期，中原相繼出現了梁、唐、晉、漢、周五個朝代，史稱後梁、後唐、後晉、後漢、後周。在這五朝之外，還相繼出現了前蜀、後蜀、吳、南唐、吳越、閩、楚、南漢、南平（荊南）、北漢10個自稱國家的割據政權。好一個「讓他天下競榮華」之群雄割據景象！

頌曰：「金木水火土已終，十三童子五王公，英明重見太平日，五十三參運不通。」

「金木水火土已終」，是用五行比喻五個朝代，五代以後，群雄割據的情況便終結了。

「十三童子五王公」，五代共：「十三」位皇帝、「五」位開國君主、以及一位「童子」七歲即位的柴宗訓。柴宗訓當皇帝不到半年，就禪讓給「陳橋兵變」的趙匡胤了。

「英明重見太平日」，人民終於迎來了英明治世的皇帝宋太祖，可以安享太平了。

「五十三參運不通」五代歷經53年運勢就不通了，陳橋兵變後宋朝開篇了。

金聖歎：「此象主周世宗承郭威受命為五代之終，世宗姓柴名榮，英明武斷，勤於為治，惜功業未竟而殂。五代共五十三年，凡八姓十三主，頌意顯然。」

周世宗柴榮

壬	丙	戊	辛	
辰	午	戌	巳	
957	947	937	927	
36	26	16	6	
甲	乙	丙	丁	大
午	未	申	酉	運
水火戰木不通關。辰中木是凶物。壬是腦，懷疑死於爆血管中風(木為風)。	強木通關，水木火土金五行成象。即帝位辛金正財為我子民。	身強能任殺，可隨郭威立軍功。	丁壬合，爭勝心尚未發育。丁合無章顯丙奪光象，非同儕老大。	

羊刃七殺並食神-->亂世梟雄但有理智	
一分為二：	火土對金水 丙戌午戌巳對辛壬辰巳
此處：	身越旺要洩則食傷可作自體助平衡舒服 土越多時丙火也OK。
干支氣勢：	丙，土得火局最強。次為水。金也不差，一級 命。
我與非我：	食神，理性而行，能帶兵，抗敵，有條理，有 跡可循。 七殺，爭雄，用武。 夫妻宮羊刃，動武，衝動，衝勁（力排勸阻親 征收燕雲16州）。
歲運作用，	如上。
浮沉升降：	
十神十力，	食神，理性適應力。
性格論命：	七殺，要勝力。 夫妻宮羊刃，衝力。
生剋制化，	忌丁壬合，戊癸合，辰戌沖，子午沖，
用神玄機：	巳亥沖。丙辛合不忌，原局隔開。
陰陽五行，	五行平衡，身體強健。
體質屬性：	
合沖克刑，	如左所述
突變神機：	
尋龍點穴：	看上所述

柴榮自幼過繼姑父郭威為子，故又名郭榮。

郭威親子被後漢隱帝劉承祐殺害，郭榮作為養子就有了繼位的可能。

廣順元年（951辛亥年），周太祖郭威即位，郭榮授澶州節度使、檢校太保，封太原郡侯。

史載其境「為政清肅，盜不犯境」。二年，檢校太傅為相。又一年，封晉王。

顯德元年（954甲寅年）正月，判內外兵馬事，總攬兵權。同月太祖崩，郭榮即帝位。

郭榮即位後，立刻下令招撫流亡，減少賦稅，恢復中原經濟。

顯德二年（955乙卯年）推行顯德毀佛，以佛寺銅材鑄行「周元通寶」，錢質與鑄量均居五代之冠。

司馬光評述周世宗「毀佛」：「不愛己身而愛民，不以無益廢有益，周世宗算得是仁愛明理之人。」

郭榮對內進行改革，對外則積極開拓疆土。顯德元年 (954 甲寅年) 二月，北漢主劉崇乘其新立，勾結遼兵4萬攻後周，郭榮力排馮道勸阻，率軍迎戰，於高平 (今山西) 南大破北漢軍，穩定政局。戰後整軍練卒，裁汰冗弱，於是軍威大振。

顯德六年三月，圖舉收復燕雲十六州，一連攻陷瀛洲、莫州二州 (今河北)，莫州刺史劉楚信、瀛洲刺史高彥暉投降，再向北挺進，又連陷益津關、瓦橋關、高陽關三關。五月在議取幽州 (今北京) 時，郭榮病倒，只好撤退[註1]。

後周顯德六年 (959己未年) 六月，郭榮去世，年僅39歲。

郭榮是五代十國時期最英明的君主，為北宋之疆土奠定了基礎。

（十） 宋太祖趙匡胤（927年3月21日－976年11月14日）
（推背圖像十五、十六）

第十五象　戊寅　離下震上　豐
（宋太祖掃蕩群雄）

「戊寅」是六十甲子之第十五，自然代表的是第十五象。

第十五象的卦，是「豐」，下卦離為火、上卦是震為雷，本卦大象為「雷電皆至之象，雷以震之、電以照之，雷電相濟，威明並行」，乃極其豐盛之象。正合宋太祖「掃盡群妖見日頭」，各國請降，掃平天下之象。又「雷電相濟，威明並行」，正象徵宋太祖平定各國而不殺各國舊主，小有封賞。宋太祖先後兩次「杯酒釋兵權」以解除禁軍將領及地方藩鎮的兵權，解決自唐朝中葉以來藩鎮割據的局面，這也是「雷電相濟，威明並行」之象。

宋太祖趙匡胤（927年3月21日－976年11月14日），字元朗，小名香孩兒、趙九重，是宋朝開國皇帝。唐明宗天成年間（927年3月21日）生於後唐洛陽夾馬營（今河南省洛陽市瀍河回族區東關），祖籍涿郡保州保塞縣（今河北省保定市清苑區），父親趙弘殷，母親杜氏。後漢時，趙匡胤於後漢隱帝在位期間投奔郭威，之後郭威篡漢建立後周，是為周太祖；而趙匡胤則得任東西班行首，始入宦途。959年，後周世宗

於北征回京後不久駕崩，逝世前任命趙匡胤為殿前都點檢，執掌殿前司諸軍。隔年（960年）元月初一，北漢及契丹聯兵犯邊，趙匡胤受命防禦。初三夜晚，大軍於京城開封府（今河南省開封市）東北二十公里的陳橋驛（今河南省封丘縣陳橋鎮）發生政變，將士於隔日清晨擁立趙匡胤為帝，史稱「陳橋兵變」。大軍隨即回師京城，後周恭帝禪位，趙匡胤登基，建國號「宋」，是為「宋太祖」，年號為建隆，建立長達319年的宋朝，史稱「北宋」。太祖在位期間，致力於統一全國。依據宰相趙普的「先南後北」策略，先後滅荊南、湖南、後蜀、南漢及南唐等南方割據政權；設立「封樁庫」貯藏錢帛布匹，期能贖回被後晉高祖石敬瑭獻給契丹的卜燕雲十六州，但事未成而逝世。宋太祖於961年及969年先後兩次「杯酒釋兵權」，解除禁軍將領及地方藩鎮的兵權，解決自唐朝中葉以來藩鎮割據的局面。及後太祖逝世後，太宗逼迫吳越王錢俶、清源軍節度使（閩南）陳洪進於978年納土歸降，並於隔年（979年）發兵滅亡北漢，宋朝至此統一了除燕雲十六州以外之中國本部。

宋太祖立國時候的中原大地局勢，宋的北方是立國三代的契丹遼國，並且與盤踞在山西的北漢結盟，南方更是一片混亂，有四川的後蜀，兩廣南漢，長江中下游的南唐，浙江福建一帶的吳越，除了這些明確建國的，還有一些割據藩鎮，如湖南的南平、武平的節度使，福建的清源節度使，而大宋的太祖，卻恰恰在正中間自唐以後，全國的經濟中

心已經發生了變化，東南地區的經濟地位在全國凸顯，當時的產糧區也集中在長江中下游、四川等地，所以宋人說「國之根本，仰給東南」，不管是周世宗還是宋太祖，如果想進行統一戰爭，必須有強大的經濟後盾，特別糧食補給，而北攻燕雲不僅不能得到糧食產區，還要死磕契丹，這樣對統一百害而無一利。從整個宋朝的統一戰爭來看，宋太祖要想贏得戰爭，唯一的心病就是糧食，也就是經濟基礎，而解決這一矛盾的方法只有一個，先取西蜀（後蜀孟氏）或者南方富庶（吳越錢氏和南唐李氏）之地，有了基礎以後，才能發動全國的統一戰爭，這就是為什麼宋太祖先南後北，放棄攻打燕雲的根本所在。

圖中一小孩兒手執掃帚，橫掃群蜂，與頌中「掃盡群妖見日頭」相通。宋太祖，小名「香孩兒」，故圖中以小孩兒作為暗喻。

讖曰：「天有日月，地有山川，海內紛紛，父後子前。」

「天有日月，地有山川」，天有日月規律地運行，地有山川跌宕起伏，隱喻歷史迂迴曲折如山川，但發展也有規律，與天象相應。

「海內紛紛，父後子前」，是說五代十國時中原紛亂，皇帝短命，父子先後登基的事頻頻發生。

頌曰：「戰事中原迄未休，幾人高枕臥金戈，寰中自有真天子，掃盡群妖見日頭。」

「戰事中原迄未休」，是指五代十國分立割據，戰亂不休。

「幾人高枕臥金戈」，是指枕戈待旦，比喻戰事很緊，沒有安生之時。

「寰中自有真天子，掃盡群妖見日頭」，寰宇之中自有真命天子出世，掃除群雄戰亂，重見天日。指宋太祖趙匡胤建立宋朝，中國終於亂極而治。

金聖歎：「此象主五代末造，割據者星羅棋佈，惟吳越錢氏＜錢鏐四世＞稍圖治安，南唐李氏〈李忭三世〉略知文物，餘悉淫亂昏虐。大祖崛起，拯民水火。太祖小名香孩兒，手執帚著，掃除群雄也。」

第十六象　己卯　離下坤上　明夷
（宋太祖一統江山）

「己卯」是六十甲子之第十六，自然代表的是第十六象。

第十六象的卦，是「明夷」，下卦離為火、上卦是坤為地，本卦大象為「太陽掩沒在坤地之下，天下黑暗，而後見光明」，正合太祖統一天下前，自晚唐以來的地方割據、征戰、戰亂，是英明未顯之象。《卦辭》：「明夷，利艱貞。」宋太祖久歷艱貞，先後滅荊南、湖南、後蜀、南漢及南唐等南方割據政權，掃平中原，統一了分裂的國家。而對於來投降臣服之各國來說，國滅亡了，正合「明夷」之象。

五代時，10國有4國亡於五代時，即趙匡胤建立北宋前。趙匡胤登基後，960~976年在位期間，平定5國。統一了分裂的國家。第一南平（荊南）：924年高季興受後樑朱溫封為南平王，963年高繼沖歸順宋朝，不久全族遷到東京（今河南開封）。第二後蜀：934年孟知祥稱帝，965年孟昶降宋，押赴東京。第三南漢：911年劉巖即位，917年稱帝，971年劉繼興被宋敗降，押東京。第四南唐：937年徐知誥廢吳帝自立，國號大齊，939年徐改名李忭，改國號為唐，史稱南唐，958年降於後周。975年李煜兵敗投降，被押往東京，被押往東京，南唐亡。第五吳越：907年錢鏐受後樑朱溫封為吳

越王，一直臣服中原，960年向宋稱臣。978年錢弘俶舉家遷東京，吳越國消亡。

960年，趙匡胤建立北宋，鑒於晚唐以來的地方割據，推行中央集權政策，這政策可分為「強幹弱枝」和「重文輕武」兩部分，既以中央為本位，削弱地方，又以文人制衡武人，雖然國內沒有了軍閥征戰，但是軍力薄弱，地方貧弱，使宋朝屢遭外辱。第一次經受的侵略就是下一象的「澶淵之役」。

圖中正座天子是趙匡胤，前面5人朝拜，分別代表吳越、南平、後蜀、南漢、南唐五國之主，預示五主都是面向宋太祖臣服。

雖然吳越是978年消失的（宋太祖死於976年），但是吳越國王錢弘俶卻是在974年助宋滅南唐之後，即被趙匡胤詔到東京面君的。為此，吳越國上下惶恐，因為錢氏幾代使國內安居樂業，百姓在西湖邊建「保俶塔」，祈求保佑錢弘俶平安，不久錢弘俶返回吳越，978年錢家被太宗遷往東京。

圖中只畫了五人，沒有北漢。因為剩下的北漢是宋太宗趙光義奪位後，979年親征平定的。

讖曰：「天一生水，姿稟聖武，順天應人，無今無古。」

「天一生水」者，《易經》曰「天一生水，地六成之」，隱喻「地六成之」，指宋太祖統一了五國領土，加上太祖自己一國，是六國統一，故為「地六成之」。

「姿稟聖武」，是說宋太祖英武聖明，統一了分裂的國家。

「順天應人，無今無古」，指趙匡胤統一天下，是上應天道、下快民心。建國後懷柔治國，不殺功臣，在古至今中國之各開國領袖當中，宋太祖確是前無古人，後無來者。

頌曰：「納土姓錢並姓李，其餘相次朝天子，天將一統付真人，不殺人民更全嗣。」

「納土姓錢並姓李」，指吳越國錢弘俶主動臣服，及南唐後主李煜兵敗投降。他們都繳納上自己的國土。

「其餘相次朝天子」，是指其他各個餘下的小國相繼歸順，被押帶往京城面聖。

「天將一統付真人，不殺人民更全嗣」，這裡「真人」指有修為的人，說明宋太祖是一位有修為的真人：「陳橋兵變」得天下而兵不血刃，不殺降王，藉「杯酒釋兵權」不殺功臣，統一天下後仁愛治國重文輕武不濫殺伐，故宋朝文風鼎盛文人輩出，天下安樂。

金聖歎：「此象主宋太祖受禪汴都，天下大定，錢李二氏相率歸化，此一治也。」

宋太祖趙匡胤

字元朗，小名香孩兒、趙九重。

甲午	丙申	癸卯	丁亥		
972	962	952	942	932	
45	35	25	15	5	
戊戌	己亥	庚子	辛丑	壬寅	大運
樞紐用神癸被合，流年丙子水火大戰亡。	傷官合甲印，收權歸中央。	偏財運，申子令癸更增貴氣。960庚申財最強，登基大寶。	正財合，財生官，官有貴氣。		

壬寅運： 932~941	
辛丑運： 942~951	年長後離家遊歷，投奔復州防禦使王彥超，不被接納。 繼而往依隨州刺史董宗本，卻遭其子董遵誨憑勢欺侮，趙匡胤於是辭別北上。 948年戊申，趙匡胤投奔後漢樞密使郭威帳下，隨軍征討李守貞。 951年辛亥，郭威稱帝，國號「周」，是為「周太祖，趙匡胤得補任東西班行首，加拜滑州(今河南省安陽市)副指揮使。
庚子運： 952~961	953年癸丑，郭威養子柴榮擔任開封府尹，調趙匡胤至京師(今河南省開封市)任開封府馬直軍使。 954年甲寅初，周太祖逝世，外戚柴榮繼位為周世宗，趙匡胤調任中央禁軍。 956年丙辰初，周世宗親征南唐，戰後趙匡胤因功受封殿前都指揮使，不久又加封定國軍節度使。 957年丁巳初，世宗再度親征南唐，後三征南唐，962年趙匡胤因功改封忠武軍節度使。

	959年己未3月，世宗北征契丹，趙匡胤任水陸都部署，先期抵達瓦橋關（今河北省保定市雄縣），守將姚內斌投降。[21]6月，世宗染病不適，命車駕回京。7月23日，世宗任命趙匡胤為殿前司都點檢，為殿前禁軍最高統帥。[22]27日，世宗因病駕崩，年僅七歲的梁王柴宗訓繼位為周恭帝，改歸德軍節度使，檢校太尉。 960年庚申，陳橋兵變，黃袍加身，趙匡胤於是登崇元殿行禪讓禮，登基稱帝，建國號「大宋」，改元建隆，大赦天下。 960年5月，昭義節度使李筠據潞州（今山西省長治市）叛變，親征平亂。 961年辛酉7月，太祖與石守信、王審琦等禁軍將領宴飲，杯酒釋兵權。 961年母親杜太后病危，召趙普入宮接受遺命，是為金匱之盟。
己亥運： 962~971	962年壬戌4月，太祖下詔各地死刑案件須上報中央，由刑部複審，964年甲子，太祖下詔令州、郡所收稅賦，除地方日常行政經費外，其餘上繳中央，不得私留。 969年己巳12月，撤藩鎮。

戊戌運：	976年丙子11月己亥14日，燭影斧聲，趙匡胤於皇宮萬歲殿逝世，享年五十歲，在位十六年。
972~981	申子辰，寅午戌衝力重！

(十一)　　宋太宗趙光義（939年11月20日997年5月8日）
　　　　（推背圖像十五、十六）

宋太宗趙光義字廷宜，宋朝第二位皇帝（976年11月15日—997年5月8日在位）。

壬	甲	乙	己			
申	辰	亥	亥			
991	981	971	961	951	941	
52	42	32	22	12	2	
己	庚	辛	壬	癸	甲	大
巳	午	未	申	酉	戌	運
992年壬辰死太子，995年乙未再立皇儲，997年丁酉死。	七殺合，985年乙酉，慶立太子。越南、北發遼，西夏均敗。	木強登帝位，979年己卯滅北漢，統一全國。				

傷官傷盡(年干)日課，早年喪父。壬申似過癸酉，申辰亥地支夠濕才夠貪(水主貪)。印夠力，權力夠，權力慾超高。

毛澤東：1此人不知兵，非契丹敵手。爾後屢敗，契丹均以誘敵深入、聚而殲之的辦法，宋人終不省。2不擇手段，急於登台。3趙匡義小人之言。

癸酉運：951~960	後周顯德七年(960年庚申)，趙光義參加陳橋驛兵變，擁立其兄趙匡胤為帝。趙匡胤即位之後，封封晉王，位列宰相之上。
壬申運：961~970	密謀早日逼兄長兌現金櫃之盟。
辛未運：971~980 己財從得帝位	開寶九年(976年丙子)，宋太祖趙匡胤駕崩，趙光義繼位。 開寶九年(976年丙子)十月十九日夜，趙匡胤召趙光義入宮飲酒，當晚共宿宮中。 二十日清晨，趙匡胤忽然駕崩。二十一日，晉王趙光義即位，是為宋太宗。 趙光義繼位後首先改年號為「太平興國」，表示要成就一番新的事業。一些宋太祖在世時曾加處罰或想處罰的人，趙光義都予以赦免。 趙光義注重培養和提拔自己的親信。 使用政治壓力，迫使吳越王錢俶和割據漳、泉二州的陳洪進於978年戊寅納土歸附。

	次年979年己卯親征太原，滅北漢，結束了五代十國的分裂割據局面。再次形式上一統全國。 兩次攻遼，企圖收復燕雲十六州，都遭到失敗，從此對遼採取守勢。 進一步加強中央集權，在位期間，改變唐末以來重武輕文的國策。 從小聰穎而不群，與別的孩子遊戲，都畏服於他。 趙光義在位期間，大建佛寺 (980年庚辰)，在五台山、峨嵋山、天台山等地建造了為數不少的寺院，積極贊助佛經翻譯事業。
庚午運： 981~990	太平興國六年 (981年辛卯)，白籐江之戰中先勝後敗，統一交趾 (越南) 的計劃最終成為泡影，交趾 (越南) 得以保持獨立地位。 雍熙二年 (985年乙酉) 重陽節，儲君趙元佐被廢為庶人。改立趙元僖。 雍熙三年 (986年丙戌)，北伐失敗。
己巳運： 991~1000	淳化三年 (992年壬辰) 十一月，皇儲趙元僖早朝回府，覺得身體不適，不久便去世了。 淳化四年 (993年癸巳) 二月，四川爆發王小波和李順發動的農民起義。

| 巳亥沖 | 道元年 (995年乙未)，趙光義三子壽王趙元侃被立為皇太子，改名趙恆。
起義軍終於至道二年 (996年丙申) 徹底失敗。
冊立太子，大赦天下，京師之人見到太子都歡呼，趙光義卻聞而不悅。
至道三年 (997年丁酉) 三月二十九日，趙光義駕崩於東京宮中之萬歲殿，時年五十九歲。
皇太子趙恆登基為帝，是為宋真宗。 |

趙光義即位後，發展農業生產，擴大科舉取士規模，編纂大型類書，設考課院、審官院，加強對官員的考察與選拔，進一步限制節度使權力，力圖改變武人當政的局面，確立文官政治。

為了更好地控制與駕馭出征將帥，宋太宗開始實行「將從中御」的政策，授予出征將帥應對謀略、攻守計劃，或授以陣圖以指揮前線將帥作戰。但由於各種主客觀原因的限制，宋太宗朝「將從中御」政策施行效果並不盡理想。

幾次邊陲防線的失利、後方起義的爆發遏制了北宋進一步開闢疆土，太宗的施政也不得不轉為重內虛外。

（十二） 宋仁宗趙禎（1010年5月30日－1063年4月30日）
（推背圖像十七、十八）

第十七象　庚辰　坎下坤上　師
（澶州之戰、澶淵之盟）

「庚辰」是六十甲子之第十七，自然代表的是第十七象。

第十七象的卦，是「師」，下卦坎為水、上卦是坤為地，本卦大象為「養兵聚眾，出師攻伐之象」，正好象徵著「澶淵之戰」。本卦對於爭端是說「宜進不宜退，內心雖憂，但得貴人之助」，這與真宗親征相符。

「澶州之戰」，也叫「澶淵之戰」，是屬於景德之役的一部分，遼國發動這場戰役的目的，從一開始就是以戰迫和。

自從宋太宗發動高梁河戰役揭開了宋遼全面戰爭的序幕，戰爭已經進行了25年。幾乎每一場大戰，往往都要使宋遼雙方付出上萬人的傷亡。於是到了宋景德元年，遼國統治者蕭后與遼聖宗御駕親征，發動了孤注一擲的南下戰役，史稱景德之役。景德之役分成幾個階段，而最終決定了「澶淵之盟」結果的，是宋遼二帝直接對峙的「澶州之戰」。在此階段，河北戰場上超過十萬人的重兵集團有三支：一、遼聖宗主力二十至三十萬人。二、宋真宗主力十餘萬人。三、

宋將王超的定州軍十萬人。從戰役的發展來看,當時遼軍的攻城能力堪憂,先是頓兵於瀛州城下,然後又繞開了堅城天雄軍,而本來第一個要攻的定州,由於重兵集結,故又沒有去碰。而定州的王超集團十萬人始終未動,成為遼主心頭的懸頂之劍,使他始終不敢下全力進攻澶州。所以,遼軍推進到澶州時已為強弩之末,即使面對兵力少於遼軍且又背靠黃河堅城嚴陣以待的十餘萬宋真宗主力軍,顯然也不敢再向前突破了。僅從澶州戰場上看:遼軍兵力佔優勢,宋軍則佔據地利。及後在一場戰鬥中寇準在北城督戰,宋軍張環用床子弩射殺了遼軍先鋒蕭撻覽(擒獲名將楊業之人),遼軍士氣低落,但宋軍卻並沒有取得任何決定性的勝利。

這時的戰局從各種意義上都陷入了膠著,最終能形成澶淵之盟。無論從宋方還是遼方的角度看,王超所部不動如山都可算是背景之一。其實在景德之役中王超所率定州軍本是宋方戰役規劃中的一個重兵集團,承擔著主要的作戰任務,但在實際的戰役行動中,王超部隊卻只按兵下動,無所作為,致使宋朝中樞被迫反覆修改用兵計劃,最終在澶淵勉強以維持和局告終。這大概是戰爭開始前宋真宗和中樞諸臣做夢也沒想到的。(締結澶淵之盟後的景德二年(1005)正月,王超因之前按兵不動落軍職,貶崇信軍節度使。)

由此可見，宋主與遼主在澶淵會盟前，其實都是相當心虛的，雙方都怕對方一個瘋起來和自己同歸於盡，而且都認準了對方比自己佔有更大優勢。於是才會裝作若無其事，但實際都非常迫切地促成儘快達成停戰協議的舉動。在這個背景下，宋遼雙方在澶州的談判開始了。只有瞭解了這個背景，才能為之後談判的一系列看似不正常的結果，才能有一個合理的解釋。

具體到談判內容，圍繞談判的有幾個核心問題：一、如何有面子地停戰？二、關南十縣的歸屬。三、對遼賠款問題。其中，關南十縣是後周柴榮北伐時搶回來的燕雲十六州部分領土，當時主政的遼王雖然無所謂並從沒有提及主權問題。但到了澶淵談判時，遼方首次主張其本屬遼國領土，應回到與後周開戰前的國境；而宋方丞相寇準則主張直接向遼國索要失地。但宋真宗在己方心虛的狀況下，寇準的方案在宋方內部討論時就被否決了，而遼方也沒有對關南歸屬問題做過多的糾纏，於是問題直接過渡到了所有糾紛的最終解決方案：賠錢。遼主想的是回國有個停戰的交待就好，宋主想的是關南一定不能給，早點給點錢打發了事，底線是一百萬兩銀。最後在「拿錢了事」上雙方代表達成了一致。在寇準的壓力下，一百萬兩銀被壓到了三十萬，而且名義上是關南十縣的稅賦，不是賠款。換句話說宋遼雙方就關南十縣問題充分交換了意見，最後達成了一致，決定擱置爭議，共同開發。

盟約規定宋、遼為兄弟之國，兩國皇帝以年齡定兄弟的稱呼。宋朝每年向遼提供「助軍旅之費」十萬兩銀，二十萬匹絹。雙方發展邊境貿易。遼就此承認了宋對幽薊16州中瀛、莫二州的主權。澶淵議和後，遼、宋結盟，保持了120年的邊境和平。

圖中皇者面南背北，喻指宋真宗，水指黃河，外族人喻指契丹。契丹拱手主動請和。

讖曰：「聲赫赫，干戈息，掃邊氛，莫邦邑。」

「聲赫赫，干戈息」，話說為擊退契丹，宋真宗親征渡黃河，將士見後歡呼萬歲，聲震數十里，赫赫呼聲聲震數十里的，契丹氣餒，不久停戰議和。

「掃邊氛，奠邦邑」，是指掃平了邊境戰火，奠定了邊疆的安寧。澶淵議和後，遼、宋結盟，保持了120年的二邊境和平。

頌曰：「天子親征乍渡河，歡聲百里起謳歌，運籌幸有完全女，奏得奇功在議和。」

「天子親征乍渡河，歡聲百里起謳歌」，是說為了擊退契丹，宋真宗御駕親征渡黃河，將士見後歡呼萬歲，聲震數十里。

「運籌幸有完全女，奏得奇功在議和」，「完全女」就是「寇準」的「寇」字，指在宰相寇準的運籌下取得澶州守衛戰的勝利，在真宗力主議和時，寇準最大限度減少了損失，立下奇功。

金聖歎：「此象主宋真宗澶淵之役。景德元年，契丹大舉入寇，寇準勸帝親征，乃幸澶淵。既渡河，遠近望見卸蓋皆踴躍呼萬歲，聲聞數十里，契丹奪氣，遂議和。」

第十八象 辛巳 艮下艮上 艮
（劉太后主政）

「辛巳」是六十甲子之第十八，自然代表的是第十八象。

第十八象的卦，是「艮」，下卦艮為山、上卦也是艮為山，本卦大象為「重山相疊」，一山連著一山，無限的山延伸出去，象徵「山外有山，人外有人」，即所謂「高人」，就是具備精神修養，智慧超越者。本象暗喻兩個高人：劉太后「有呂武之才，無呂武之惡」是其一；她栽培出來的宋仁宗個性仁愛、勤儉、行忠義仁厚之政，是其二。

劉太后是宋朝歷史中第一位攝政的皇太后，號令嚴明，賞罰有度，廣開言論，功績赫赫，與漢之呂太后、唐之武則天並稱，史書稱其「有呂武之才，無呂武之惡」。

劉太后，原名劉娥，生於宋太祖開寶元年（968年），祖籍太原，祖父是後晉、後漢的右驍衛大將軍劉延慶，父親劉通是宋太祖時的虎捷都指揮使、領嘉州（今四川樂山）刺史。劉娥自幼喪父，家道中落，十三歲嫁給青年銀匠龔美，隨龔到京城謀生。她「善播鞀」（撥浪鼓），賣藝謀生，因美色被引薦給15歲的趙恆（後來的真宗）。趙情竇初開，對劉一見鍾情，欲把這個川妹子納為侍妾，但趙恆的乳母秦國夫人認為劉娥出身寒微，勸趙恆不要親近劉娥未果，秦國

夫人只好告知宋太宗。太宗大怒，命逐劉娥出京，並為趙恆選婚，賜忠武軍節度使潘美的八女潘氏為莒國夫人。趙恆雖迫於皇命將劉娥送出王府，卻將劉娥偷偷藏在王宮指揮使張耆家中，不時與劉娥私會。至道三年三月癸巳日，五十九歲的宋太宗病逝，遺詔傳位於已立為太子兩年的趙恆。趙恆登基為宋真宗後冊立郭氏為皇后，又追封早逝的莒國夫人潘氏為莊懷皇后（後來宋仁宗改為章懷皇后），未幾，又將劉娥迎入後宮，景德元年（1004年）正月封劉娥為美人。及後郭皇后早逝，真宗欲立劉娥為後，在以「出身」決定命運的封建時代，劉娥遭到了以宰相李迪、寇準為首的士大夫的反對，他們尤其反感劉娥參政，真宗在大臣不斷的反對中，1012年立出身卑微的劉娥為皇后。

劉娥是賢德之人，通曉古今，性情機敏，熟知朝政，成了真宗的賢內助。她以身作則，樹立簡樸的風範，把皇宮內務治理得井井有條，每日還要幫真宗參謀朝政。宋真宗每每在退朝批閱奏章至深夜，多次參考她的意見。

天禧四年二月（1020年），真宗患病，難以處理政事，政務及群臣的奏章實際上都由劉皇后處理。後來真宗病篤，下詔由皇太子趙禎在資善堂聽政，劉皇后從旁輔助。乾興元年（1022年）二月甲寅，宋真宗病逝於延慶殿，真宗死前「遺詔尊后為皇太后，軍國重事，權取處分」，而小皇帝趙禎此

時只有十一歲，實際上就是由劉太后處理政務。宰相丁謂想獨攬大權，後被劉太后所貶。丁謂罷相貶黜後，劉太后開始和仁宗一起聽政決事，正式垂簾聽政。

劉太后號令嚴明，賞罰有度，雖然難免有些偏袒家人，但並不縱容他們插手朝政。在大是大非面前，她更尊重士大夫們的意見，王曾、張知白、呂夷簡、魯宗道都得到了她的重用，劉氏姻族也沒有做出為害國家的禍事。劉太后性格簡樸，為皇后時服飾簡樸，當了太后依然未改習性。劉太后雖掌了權，但依然是個慈母，仁宗少時體弱多病，劉太后忙於政務，讓楊淑妃照顧，仁宗稱劉太后為「大娘娘」，楊妃為「小娘娘」。

明道二年（1033年）二月舉朝要行祭太廟大典，劉太后自覺天命已不久，便提出自己要著皇帝袞冕祭祀太廟。明道二年二月乙巳這天，皇太后劉氏穿著天子袞衣、頭戴儀天冠，在近侍引導下步入太廟行祭典初獻之禮，由楊太妃擔任亞獻。儀式結束後，劉太后在太廟文德殿接受了群臣給自己上的尊號「應天齊聖顯功崇德慈仁保壽皇太后」，自此劉太后徹底還政於仁宗。仁宗當時二十四歲，成為了真正的統治者。

有一件重要事情要説清楚：劉太后（與李妃），是民間流傳《三俠五義》小説中《狸貓換太子》的主角，大家切莫把小説當歷史！歷史事實是，包拯（包青天）是劉太后去世4年後才守孝完畢出任縣令的。歷史真相是怎樣的？話説宋真宗四十多歲時，五個兒子都夭折了。劉妃讓自己的侍女李氏侍寢而孕，真宗向群臣説劉妃有孕，並在孩子出生前晉封劉妃為「修儀」，仁宗一直認劉妃為親母，可見李氏是「代孕」。李氏因此得到「崇陽縣君」的封號，不久，李氏因生下一女被晉封才人，也正式成為妃嬪。但女兒又早夭，1032年李氏重病，當時已經垂簾聽政的劉娥太后封李氏為「宸妃」，但李氏當日命終，劉太后採納了宰相呂夷簡之諫，以皇后禮安葬李氏。

話説回來，明道二年三月劉太后病重，甲午日劉太后病逝於寶慈殿，享年六十五歲。劉太后故去，仁宗知道了自己的身世，有人借此説劉太后害死了李妃。仁宗派李妃的弟弟開棺驗屍，見被水銀浸藏李氏身著皇后服飾，顏面如生，遂明白了真相，向劉太后的牌位哭拜謝罪。同年九月仁宗下詔，劉太后和李妃同時遷葬永定陵。靈柩起駕這天，仁宗先為劉太后發引，不但執孝子禮，還不顧宰相們的勸阻親自執紼之禮，一直步行送出皇儀殿。隨後他才再去往李宸妃停棺的洪福院為生母起靈，伏在棺木上痛哭道：「劬勞之恩，終身何所報乎！」

劉太后死後，劉氏家族受尊崇更勝昔日。劉太后曾有遺詔，命仁宗尊養母楊太妃為皇太后，仁宗遵其旨意，尊封楊氏為保慶皇太后，克盡孝道奉養。

宋仁宗在位四十一年，《宋史》評價宋仁宗個性仁愛、勤儉，一時朝野上下充滿惻隱善心、行忠義仁厚之政。要不是後代子孫的作為，是可為宋朝三百年的未來奠基。

一代仁君之養成，劉太后確是功不可抹！

圖中婦人顯然喻指劉太后，旁邊的犬，當指仁宗。因仁宗生於1010年，生肖屬狗。加上，古時稱兒為「犬子」。並非金聖歎所猜的「狄青」，因為劉太后去世時，狄青才二十六歲，尚未建立大功業。

讖曰:「天下之母,金刀伏兔,三八之年,治安鞏固。」

「天下之母」,指劉太后垂簾聽政,輔佐仁宗。

「金刀伏兔」,「兔」為卯,與「金刀」合成「劉」字。

「三八之年,治安鞏固」,3乘8為24,劉太后去世,仁宗親政時二十四歲,國家治理安定,江山鞏固。

頌曰:「水旱頻仍不是災,力扶幼主坐靈台,朝中又見釵光照,宇內承平氣象開。」

「水旱頻仍不是災」指劉太后興修水利,使水旱都不是大災了。

「力扶幼主坐靈台」,指劉太后全力輔佐十四歲的宋仁宗即位,沒有發生權臣欺主、陳橋兵變之類的事。

「朝中又見釵光照」,是說劉太后1022~1033年垂簾聽政。

「宇內承平氣象開」,劉太后治國,承平無戰事,朝政清明,廣開言論。

金聖歎:「此象主仁宗嗣立,劉太后垂簾聽政。旁有一犬,其惟狄青乎?」

宋仁宗趙禎北宋第四代皇帝（1022年3月23日－1063年4月30日在位）。

食神	日元	偏印	正印
乙	癸	辛	庚
卯	亥	巳	戌
食神	劫財	正財	正官

（中間標註「沖」）

大運：

壬寅	壬辰	壬午	壬申	壬戌	壬子
1062	1052	1042	1032	1022	1012
52	42	32	22	12	2
丁	丙	乙	甲	癸	壬
亥	戌	酉	申	未	午

特色：	「仁」。故八字中應有木，木主仁。 木在癸水日元又為食傷，有力。主有能之臣輔助。宋仁宗下屬名臣輩出。 以此，生時選定「乙卯」時。（甲寅偏星，丁巳不貴氣（天克地沖日柱），兩個地支沖日支太動，不聚氣，爛命一條）
一分為二：	金水對木火 金水木有氣有力，火蓄勢待發。

壬午運：	大中祥符三年四月十四日（1010年5月30日）出生 養母劉氏在大中祥符五年（1012年壬子）被立為皇后 大中祥符七年（1014年甲寅），趙受益受封為慶國公。 八年（1015年乙卯），封壽春郡王，講學於資善堂。 天禧元年（1017年丁巳），兼中書令。 天禧二年（1018年戊午）二月丁卯，趙受益進封升王。九月壬戌丁卯，趙受益正式被冊立為皇太子，賜名趙禎。
癸未運：	木強，癸水靠印支撐。 乾興元年（1022年壬戌），二月十九日，真宗趙恆逝世，趙禎即位，十二歲時由養母劉太后垂簾聽政。 由於仁宗年幼，劉太后對他管教嚴厲，司馬光形容為「動以禮法禁約之，未嘗假以顏色」。在劉太后的主導下，他放棄了自己寵愛的後宮張氏，於天聖二年（1024年甲子）立郭氏為皇后。 1029年己巳，1029年屬未運，金乏力。氾仲淹請劉太后歸政，未強辛乏力，想飛起辛印自己話事，印主權。從來不用辛金，只用未，不逆臣子之意。

甲申運：	由理性（食神）到非理性（傷官）的思維轉變。 甲乙並，思想混亂，懷疑其母。 明道二年（1033年癸酉，金木戰動印。）太后聽政十一年後病卒，23歲的仁宗始親政。
乙酉運：	食神理性行事。 遼重熙十一年（1042年壬午）要求宋沿澶淵之盟而增加歲幣「重熙增幣」，宋仁宗求和心切許「納」，史稱「慶曆和議」。
丙戌運：	木火通明。丙財合印，民反奪權。 皇佑四年（1052年壬辰，壬年癸失色），儂智高反宋，軍隊席捲廣西、廣東各地。仁宗任用狄青、余靖率兵南征。 皇佑五年（1053年癸巳，水火戰火敗），狄青夜襲崑崙關，大敗儂智高于歸仁鋪之戰。次年，儂智高死於大理國，亂平。
丁亥運：	嘉祐八年（1063年癸卯，巳亥沖，卯戌合，丁火無靠，可能心臟出事），三月二十九日，於汴梁皇宮駕崩，年五十四歲，死後葬於永昭陵。 仁宗在位41年，是宋朝皇帝中執政最長的一位，生性恭儉仁恕，故廟號「仁宗」，為中國歷史上第一位獲得此廟號的皇帝。

(十三)　　歐陽修：景德4年1007年丁未，丁未月，庚戌日，吉時（推背圖像十九）

1072年9月22日死於家中

正財	日元	正官	正官
乙	庚	丁	丁
酉	戌	未	未
羊刃	偏印	正印	正印

孤星太多！
很易三刑！

大運：

乙巳	乙未	乙酉	乙亥	乙丑	乙卯
1065	1055	1045	1035	1025	1015
58	48	38	28	18	8
辛	壬	癸	甲	乙	丙
丑	寅	卯	辰	巳	午
上表求外調不准，多次請辭又不准。1072年9月22日死於家中。謚號「文忠」。	仕途順。	多番貶官。	因范仲淹被貶。	1030庚午進士及第。	

（十四）　　　　　（北宋思想家、政治家、文學家、改革家）：天
禧5年1021辛酉年12月庚子18日癸未吉時（推背
圖像十九）

第十九象　壬午　離下艮上　賁
（王安石變法，誤用《平戎策》）

「壬午」是六十甲子之第十九，自然代表的是第十九象。

第十九象的卦，是「賁」，下為離為火；上為艮為山。「賁」
卦為「夕陽無限好，只是近黃昏」之象。山下的太踢，就是
落日，落日的黃昏很美，所絹謂「蒼山如海，殘陽如血」，
這當然是極美、極嫵媚之大自然景象。「山火賁」亦可引伸
為「一種修飾」，這裡則暗喻「王安石變法」誤用王韶「華而
不實」的《平戎策》。金聖嘆：「王韶上《平戎》三策，安石驚
為奇謀，力薦於神宗，致肇此禍。」

王安石變法，又作熙寧變法，指北宋著名的改革家王安石
於宋神宗熙寧二年（1069年）至宋哲宗元祐元年（1086年）年
間推行的新政，旨在消除北宋建國以來積弊的一場改革，
內容包括政府機構、稅賦、軍隊、科舉等十分全面之改革，
主要以富國強兵為目的；最先從農業入手，逐步推行至軍
事政治方面，提出「因天下之力以生天下之財，取天下之財
以供天下之費」的財政策略。

事實上當時不改革是不成的：北宋中葉以後，政府官員數目持續膨脹，真宗景德年間（1004年－1007年）內外官已達一萬多人，仁宗皇祐年間（1049年－1053年）達兩萬多人，「十倍於國初」，導致冗官、冗費激增。而仁宗慶曆年間（1041年－1048年）軍隊人數是一百二十五萬九千人，使得軍事費用增加，「養兵之費，在天下據七八」。將不專兵和軍紀不明，使宋軍嚴重缺乏訓練，終日「遊戲於廛市間，以鬻巧誘畫為業，衣服舉措不類軍兵」，「衛兵入宿，不自持被，而使人持之；禁兵給糧，不自荷，而催人荷之。」。英宗治平二年（1065年）歲入雖達一億一千六百一十三萬之巨，但官費、軍費等支出卻達一億二千零三十四萬，很明顯是入不敷出；使得國庫空虛，人民生活壓力更加沉重。

大家再從另一角度來看當時歷史背景：西夏是黨項族人之地，唐朝末年黨項族首領拓跋思恭平黃巢有功，賜墜姓李，封為夏國公，成了當地的藩鎮。960年北宋建立後削減藩鎮的兵權，李氏不滿，1038年夏國公李元昊稱帝，國號大夏，疆域在今陝、甘、寧、新、青、蒙的部分地帶。初期西夏聯遼抗宋，屢犯宋境：1040年，延州之戰（延州：今陝西延安），宋軍大敗，喪兵近萬人。1041年，好水川之戰（在今寧夏隆德西北），宋先後喪兵數萬。1042年，定川寨之戰（今寧夏固原西北），宋軍又敗，喪兵萬餘人。1044年，迫使宋承認西夏獨立，每年賜給西夏銀絹22萬兩／匹。

1067年，20歲的神宗即位後，啟用王安石變法，欲改變北宋積貧積弱的局面。1068年二月，王安石開始推行新法。變法初期，新政策對於增加稅收及施行精兵策略起到了積極作用。《宋史》載：「熙寧、元豐之間，中外府庫，無不充衍，小邑歲積錢米，亦不減二十萬。」

在對西夏問題上，由於王安石變法初期，文人王韶上表《平戎策》三篇，是漸次剿滅西夏的戰略戰術，得到王安石的極力推薦，神宗接納了王韶的建議，派王韶出兵西北，授予全權處理前線軍務。《平戎策》提出收復河湟（今甘肅西部、青海東部和東北部一帶）等地，招撫沿邊羌族，以孤立西夏。

1071~1073年，王韶實踐了《平戎策》的前期戰略。收復5州（今甘肅境內），招撫吐蕃部落30餘萬人，開拓邊疆二千餘里，恢復了安史之亂前由中原控制該地區的局面，形成了對西夏的戰略包圍。這是北宋開國結束割據以後，八十年來最大一次勝利。宋神宗雖堅定了剿滅西夏的決心，但當王韶要求進兵西夏，神宗卻拒絕了，並收了王韶的兵權，不久就徹底貶了王韶。神宗不願王韶擁兵自重，或許「澶州兵變」、「陳橋兵變」的教訓，令宋朝的皇帝都心有餘悸。

1081年，神宗趁西夏政變內亂，發動西北五路大軍會攻西夏靈州：宦官王中正率河東6萬兵及6萬餘民夫出麟州（今陝西神木縣北）；種諤率9萬餘兵出鄜延；宦官李憲總領熙秦7

軍共3.9萬出熙河；神宗的外叔祖高遵裕率蕃漢步騎兵8.7萬及民夫9.5萬出環州；劉昌祚率兵5萬出涇原路；另詔吐蕃兵3萬側擊涼州（今甘肅武威）。五路軍不設主帥，實際由皇帝遙控，做總指揮。神宗本想憑藉這五十多萬軍民一舉蕩平西夏。當時西夏垂簾聽政的梁太后採用一老將軍之計：「堅壁清野，縱敵深入，集精兵守要地，遣輕騎抄絕其糧道，待其糧草不濟，不攻自敗」。宋軍長驅疾進，不到一月就被西夏斷了糧道。十一月十九日，夏軍決黃河七級渠水淹灌涇原、環慶宋兵營壘，宋軍凍溺餓死者甚眾。朝廷下令撤兵後，途中又遭到西夏軍隊襲擊，大敗而歸，共約四十萬人喪生。

1082年，神宗派徐禧在橫山一帶築城。這也是《平戎策》中的戰略方案，是利用「進築」之法作為蠶食西夏的橋頭堡。徐禧選定了永樂（今陝西米脂西北），當時沈括等認為永樂易攻難守，不宜築城。但徐禧不聽，築城畢，神宗賜名「銀川寨」。十餘日後，西夏發兵30萬攻永樂，沈括等人的戰策都被否決，結果城被圍，水源被斷，「鑿井不得泉，渴死者大半」，沈括等「援兵及饋運皆為夏大兵所隔」。九月二十日，永樂城被攻破。此戰，宋軍將校、兵卒、役夫，及與宋並肩作戰的外族軍士喪生約20萬人。

兩番大敗，確實直接導致王安石變法以失敗告終，北宋從此元氣大傷，而北宋皇帝數目共九位，與唐朝的二十一位皇帝相比，確顯得單薄。

歸根究底，王韶的《平戎策》雖然理論上沒一有問題，但是在當時的政治現實中（如神宗總怕將帥擁兵自重、文臣內鬥、神宗五路發兵伐西夏時五路大帥內部不合、將士養尊處優沒有戰鬥力等），根本是不切實際的，行不通的。

1085年神宗去世，十歲的哲宗即位後，太皇太后攝政，重新啟用司馬光，新法被全部廢止。然而好景不到一年，司馬光去世了，宋朝邁進了《推背圖》下一象的大難，究其緣由，是王安石奠定的黨爭的必然結果。

圖中亭子暗喻「宋」字，亭蓋代表「宀」，下面木柱代表「木」，「宀」與「木」合為「宋」。圖中藩籬，喻指邊境。「宋」在西北境外成了空亭，喻指宋軍進攻西夏，全軍覆沒。

讖曰：「眾人囂囂，盡入其室，百萬雄師，頭上一石。」

「眾人囂囂，盡入其室」，「囂」音銀，即蠢而頑固，是指王安石變法一黨，多是臭名昭著的小人。王安石由於急功近利，故清洗反對者不遺餘力，對支持他的人大力提拔，很多說實話的賢臣被肅整，提拔了不少投機鑽營的小人。如：蔡卞（王安石女婿，巨奸蔡京的堂弟），蔡確（繼王安石的變法宰相，以權術害人），呂惠卿（聲名狼藉，投機鑽營，害王安石），曾布（曾鞏之弟，謀權陷害別人，當上了宰相），章惇（著名的弄權害人的奸相），以文字獄誣陷蘇東坡的鄧綰、何正臣、舒亶、李定，以及後來的巨奸蔡京，這些人都入了《宋史 奸臣傳》。還有王雱（王安石之子）、謝景溫（王安石姻親，刑部尚書，誣陷蘇東坡）、呂嘉問等，都是口碑差的權術之人。

「百萬雄師，頭上一石」，是指王安石向宋神宗力薦王韶的「平戎策」，神宗後來平戎（滅西夏）時，號稱的「百萬雄師」幾乎盡沒。

頌曰：「朝用奇謀夕喪師，人民西北盡流離，韶華雖好春光老，悔不深居坐殿墀。」

「朝用奇謀夕喪師」，是指王韶的《平戎策》三篇被王安石稱為奇謀，「夕喪師」是指宋神宗攻伐西夏，軍兵損失共50餘萬人。

「人民西北盡流離」，北宋攻取西夏，西北人民因戰亂流離失所。

「韶華雖好春光老」，「韶」指王韶，「韶華」是美好的時光，多指美麗的春光。「春光老」，春天將盡喻意臨近夏天，即「臨夏」，喻指兵臨西夏。

「悔不深居坐殿墀」「墀」是漆過的地面，臺階之地，亦指臺階。本句指後悔出兵西北，要是在國內鎮守宮廷就好了。

金聖歎：「此象主神宗誤用安石，引用群邪，致啟邊釁，用兵西北，喪帥百萬。熙寧初，王韶上《平戎》三策，安石驚為奇謀，力薦於神宗，致肇此禍。」

王安石天禧5年1021辛酉年12月庚子18日吉時

食神	日元	正印	偏印
乙	癸	庚	辛
卯	未	子	酉
食神	七殺	比肩	偏印

大運：

甲子	甲寅	甲辰	甲午	甲申	甲戌	甲子
1084	1074	1064	1054	1044	1034	1024
63	53	43	33	23	13	3
癸	甲	乙	丙	丁	戊	己
巳	午	未	申	酉	戌	亥
1085乙丑神宗去世，宋哲宗趙煦即位，太皇太后高氏垂簾聽政。哲宗即位加王安石為司空。高太后神宗時就強烈反對變法，到自己聽政，立起用司馬光為相。1086丙寅四月，王安石病逝，獲贈太傅。1094甲戌謚號「文」。	1074甲寅，高太后向神宗哭訴「王安石亂天下」罷相。1075乙卯二月，王安石再次拜相。1076丙辰多次托病請求離職。同年長子王雱病故，王安石極度悲痛。十月，辭去宰相，外調鎮南軍節度使、同平章事、判江寧府。次年1077丁巳，改任集禧觀使，封舒國公。1079己未，再次被任命為左僕射、觀文殿大學士，改封荊國公。	1068戊申上《本朝百年無事札子》神宗器重1070庚戌任同中書門下平章事，位同宰相。在全國推行新法，旋即引起新舊黨爭。	1058戊戌《上仁宗皇帝言事書》系統地提出變法主張。1063癸卯王安石因母親病逝，遂辭官回江寧守喪。1063~1066丙午期間多次被詔都懇辭入朝。		1942壬午進士4名。	

第二十象　癸未　離下乾上　同人
（蔡京父子亂政）

「癸未」是六十甲子之第二十，自然代表的是第二十象。

第二十象的卦，是「同人」，下為離為火；上為乾為天。「同人」卦為「同心」合作共事」之意。正合蔡京任相後，立刻把「元祐黨人」（司馬光一派）貶謫誅殺殆盡，還把「祐派」姓名刻在碑上，立於文德殿門，並自書大碑按照「同己為正，異己為邪」的劃分標準，遍頒全國。這正合「同人」卦之象。

《金瓶梅》與《水滸傳》小說中的大奸臣
蔡京，是中國歷史上最著名的貪官之一，窮奢無度，禍國殃民，導致北宋王朝的衰敗。蔡京（1047年2月14日－1126年8月11日），字元長，北宋興化仙遊（今屬福建）人，是北宋時期書法家、政治家，先後四次任宰相，掌權共達十七年之久。蔡京生於慶曆七年正月十七日（丁亥年壬寅月壬辰日辛亥時），其生日天下郡國皆有貢獻，號「生辰綱」，《水滸傳》小說裡有一個膾炙人口的故事名叫「智取生辰綱」，就是在說這件事。

蔡京年美丰姿，器量宏遠，早年任地方官、中書舍人，因投機於掌權的王安石「變法派」故任開封府知府。1086年司馬光復相後，他成了「保守派」的急先鋒，因在五日內在轄區盡廢募役法而受到司馬光的稱讚。1093年哲宗親政後重新起用「變法派」，蔡京又力助宰相章惇重行新法。1100年徽宗即位後，蔡京被彈劾罷官。蔡京閒居杭州，遇到宦官童貫來杭州為徽宗訪求書畫奇巧，蔡京巴結童貫，以書畫達於禁中，得以重新起用。1102年，蔡京排擠了宰相韓忠彥、曾布，升任右僕射兼門下侍郎（右相），後又官至太師，先後四次任相達17年。蔡京任相後，立刻把「元祐黨人」（司馬光一派）貶謫誅殺殆盡，還把「祐派」姓名刻在碑上，立於文德殿門，並自書大碑遍頒全國。隨後按照「同己為正，異己為邪」的劃分標準，把哲宗的舊臣分為六類，五百多人被他「一刀切」為邪黨。蔡京積極安插親信，廣佈黨羽。他提拔宦官童貫、梁師成、李彥，勾結權臣王黼、朱勉，他們與蔡京被後世稱為六賊。他的三個兒子一個孫子都成了大學士，兒子蔡攸後來成了宰相、國公，兒子蔡絛成了駙馬。他提拔徽宗的親信楊戩、高俅，都是有名的奸臣。朝中從侍從至執政，從監司到帥臣，蔡京都安排了他的門人、親舊，使本來就臃腫不堪的北宋機構更加腐敗。他還向宋徽宗進「豐亨豫大」之言，竭全國之財供其揮霍，大興花石綱、窮奢極侈，恢復當年王安石的方田法大刮民財，為補虧空大改鹽法、茶法，又搞出折納法、和糴法，還鑄以一當十的大錢盡坑百姓。

蔡京兒子蔡攸在徽宗還是端王時就開始巴結，徽宗登基後對蔡攸寵信更勝過其父。蔡攸做宰相不理政事，專事諂媚。宋徽宗被蔡京等人哄惑得昏聵驕奢，熱衷於吃喝玩樂，宮中佳麗以萬計，是歷史上有名的昏君。朝廷對百姓橫征暴斂，導致了1119年宋江起義和1120年方臘起義。北宋雖然三年內平息了叛亂，但卻無力妨止政治腐敗和蔡氏父子專權。

1115年大金建國後，宋金使者在海上往來，簽定「海上盟約」共同滅遼，滅遼後宋把給遼的歲幣給金國，金把燕雲地區歸宋。後來宋出兵即敗，金滅遼後，宋不得不以重金贖回燕雲，蔡攸因此成為英國公。1125年二月，金滅大遼，當年深秋，金國的完顏宗望與完顏宗翰分兩路南下攻宋，宋軍連連投降。1126陰曆十二月二十三日，徽宗把皇位讓給27歲的趙桓（欽宗）。欽宗即位不久，按太學生陳東上書之請，先後除了六賊（期間因金兵南下，徽宗逃亡南方數月）。六賊除蔡京被貶嶺南外，五賊被先後處死，又殺了蔡攸、蔡絛。但主戰派和投降黨依舊內鬥不止。八十歲的蔡京被貶，沿途百姓無人肯賣食物給他，無人肯讓他住宿，到了潭州（今長沙），餓死在城南一座破廟裏。

腐敗、黨爭不住，割地獻銀也換不來安定，一場深重的亡國大難，中國歷史上的奇恥大辱，已經「定」在下一象裏了。

圖中草露頭，指草字頭「艸」，暗喻蔡京的「蔡」字。兩株草，喻禍亂朝廷的蔡京父子。

讖曰：「朝無光，日月盲，莫與京，終旁皇。」

「朝無光，日月盲」，指司馬光去世後，統治者茫然，宋室天下昏暗無光。「光」指司馬光；「日」指皇帝宋哲宗；「月」指高太后。1085年宋神宗去世，十歲的哲宗即位，其祖母高太后垂簾聽政，啟用司馬光為相。可惜十個月後，司馬光就去世了，朝政又被奸佞所亂。

「莫與京，終旁皇」，「京」指本象的主角巨奸蔡京。「旁皇」亦即彷徨，就是徘徊不知往哪方向走的意思。這二句是指到了徽宗時期，指本來不應起用的蔡京，被宋徽宗重新起用，大權旁落，徽宗荒淫昏庸，治國沒有方向，故定然走向衰亡。

頌曰：「父子同心並同道，中天日月手中物，奇雲翻過北海頭，鳳闕龍廷生怛惻。」

「父子同心並同道」指蔡京父子狼狽為奸，同取寵於徽宗而禍亂朝綱。

「中天日月手中物」，「中天日月」顯然不是識中「盲」了的「日月」。「日」這裡應指徽宗，「月」是指徽宗時被再度廢掉封號的哲宗的元祐皇后。這頌是說蔡京權勢甚重，玩弄徽宗於股掌之間，再廢元祐皇后。

「奇雲翻過北海頭」，「奇雲」指異軍突起的金國，「北海」指貝加爾湖古稱北海，是遼國的北疆。本句是指金國徹底滅了遼國盡佔遼國疆土之後，從北面揮兵南下，準備進攻北宋。

「鳳闕龍廷生怛惻」：北宋知金兵南下，朝廷、後宮很害怕，大難臨頭。「怛惻」即指驚恐憂傷。

金聖歎：「此象主司馬光卒，蔡京父子弄權，群小朋興，賢良受錮，有日月晦盲之象。」

第二十一象　甲申　兌下艮上　損
（靖康恥，猶未雪）

「甲申」是六十甲子之第二十一，自然代表的是第二十一象。

第二十一象的卦，是「損」，下卦兌為澤，上卦艮為山，為「山高水深」之象。艮為山，象徵東北地區女真族的強勢崛起；兌為鬥爭、捐失，象徵北宋面臨滅頂之災。又兌為金，也暗喻金國。

靖康之恥，是中國歷史上的一件大事，發生於北宋皇帝宋欽宗靖康年間（公元1126－1127年）。靖康二年四月金軍攻破北宋首都東京汴梁（今河南開封），除了燒殺搶掠之外，更俘虜了宋徽宗、宋欽宗父子，以及大量趙氏皇族、後宮妃嬪與貴卿、朝臣等共三千餘人，往北押至金國，導致北宋王朝滅亡。

宋徽宗時期，重用奸相蔡京、宦官童貫等，弄得朝政忠奸不分，以致天下大亂，其在位時期是北宋王朝最腐朽黑暗的時期。當時眾多的農民傾家蕩產無以為生，紛紛起事反抗暴政。其間以方臘、宋江先後領導的農民起義影響最大。宋徽宗雖然鎮壓和瓦解了這兩次農民起義，渡過農民造反帶來的統治危機，但是東北地區女真族的強勢崛起，卻使北宋王朝面臨滅頂之災。

公元1125年10月，金兵由完顏宗望、完顏宗翰率領向北宋發起大舉進攻。至1126年1月，於白河和古北口大敗宋軍；兩天後，宋將郭藥師降，宋燕山府防衛崩潰。不久金兵打敗了宋朝從中山（今河北定州）派來的援軍三萬人。1月14日又破宋兵五千於真定府（今河北正定），1月22日克信德府（今河北邢台），一路勢如破竹。當金兵侵入中山府，距北宋首都東京只有十日路程，情勢緊迫時，宋徽宗想棄國南逃，朝中一片混亂，有大臣建議徽宗宣佈退位「收將士心」。徽宗於是任大臣吳敏為門下侍郎，輔佐太子。金兵越來越逼近，徽宗驚慌懊惱一度氣塞昏迷，跌倒在床前。群臣趕忙灌藥急救，徽宗甦醒後索要紙筆，寫道：「皇太子可即皇帝位，予以教主道君退處龍德宮。」十二月太子趙桓（欽宗）即位，（1126年）年號為靖康。徽宗退位，被尊為「太上皇」。

金兵第一次大規模侵宋取得戰果後，曾短暫收兵。1126年9月仍由完顏宗望、完顏宗翰統帥諸將第二次發起大規模入侵，在攻下東京（開封）外城後，金軍將帥並未立即攻城，只是佔領外城四壁，並假稱議和退兵。宋欽宗居然信以為真，命大臣何栗和齊王趙栩到金營求和，完顏宗翰見到宋朝使臣後説：「自古就有南北之分，今之所議，在割地而已。」又「請求」北宋太上皇徽宗到金營談判。宋徽宗不敢去，宋欽宗不得已，以太上皇受驚過度、痼疾纏身為由，由自己代為前往議和。怎知宋欽宗率大臣多人前往金營，恰恰中了金軍的圈套。宋欽宗到金營後，金軍統帥卻不見他，只

是派人索要降表。宋欽宗不敢違背，慌忙令人寫降表獻上。而金軍卻不滿意，並命令須用四六對偶句寫降表。宋欽宗迫於無奈，說事已至此，其他就不必計較了。大臣孫覿反覆斟酌，改易四遍，方才令金人滿意。降表大意不過就是向金俯首稱臣，乞求寬恕。呈上降表後，完顏宗翰等人又提出要北宋太上皇前來，宋欽宗苦苦懇求，金軍方面方才不再堅持。接著，金軍將領在齋宮裏向北設香案，令宋朝君臣面北而拜，以盡臣禮，宣讀降表。當時風雪交加，宋欽宗君臣受此凌辱，皆暗自垂淚。投降儀式進行完畢，金軍覺得心滿意足，這才放宋欽宗返回城裏。

宋欽宗自入金營被迫俯首稱臣，歷盡劫波和屈辱，三日後歸來，恍如隔世。剛回朝廷還沒緩過神來，城外金兵就派人來索要黃金一千萬錠、白銀二千萬錠、帛一千萬匹。軟弱的宋欽宗毫無鬥志，只能一意屈辱退讓，於是下令大刮金銀滿足金人的索求。金人索要騾馬，宋欽宗用重典獎勵揭發，方才搜得七千餘匹，使京城內的騾馬為之一空，朝中的官員只好徒步上朝；金兵又索要少女一千五百人，宋欽宗不敢怠慢，甚至讓自己的妃嬪抵數，少女不甘受辱，死者甚眾。對方索要的金銀布帛數量巨大，宋欽宗深感府庫不足，遂令權貴、富室、商民出資犒軍。所謂出資，其實就是搶奪，對於反抗的一律治罪，連宮中鄭皇后娘家也未倖免，即便如此金銀仍不足數，負責搜刮金銀四位大臣也因此被處死，居民百姓被逼自盡的也相當多，京城內一片狼藉蕭條的亡國景象。

儘管以宋欽宗為首的北宋朝廷如此屈膝奉迎入侵金軍，但金人的要求仍沒有得到滿足。他們揚言要縱兵入城搶劫，並要求宋欽宗再次到金營商談。宋欽宗雖然嚇得魂不附體，終究不敢違背強者的意願，不得不再赴金營。這次宋欽宗到達金營後，受到比第一次更差的冷遇，完顏宗望、宗翰根本不與他見面，還把這位堂堂的大宋皇帝安置到軍營齋宮西廂房的三間小屋內。此時正值寒冬臘月，京城一帶雨雪連綿，天氣冷得出奇。小屋內陳設極其簡陋，除桌椅外，只有可供睡覺的一個土炕，毛氈兩席。屋外有金兵嚴密把守，黃昏時屋門也被金兵用鐵鏈鎖住，宋欽宗君臣完全失去了活動自由。軟禁中的宋欽宗度日如年，宋朝官員多次請求金軍放回宋欽宗，金人卻不予理睬，聲言金銀布帛數一日不齊，便一日不放還宋欽宗。宋廷聞訊，加緊各處搜刮。到正月下旬，才勉強搜集到金十六萬兩、銀二百萬兩、衣緞一百萬匹，但距離金人索要的數目還相差甚遠。

宋朝官吏到金營交割金銀時，金軍將領傲慢無禮，百般羞辱。自宋欽宗赴金營後，風雪不止，汴京百姓無以為食，將城中樹葉、貓犬吃盡後，甚至割餓殍為食。然而入侵金兵仍不罷休，改掠他物以抵金銀，凡祭天禮器、天子法駕、各種圖書典籍、大成樂器以至百戲所用服裝道具，均在搜求之列，同時又瘋狂掠奪婦女，只要稍有姿色即被官府捕捉以供金軍玩樂。

靖康二年二月六日（公元1127年3月20日），金太宗下詔宋欽宗被廢為庶人。七日，宋徽宗等人被迫前往金營，強行當眾脫去龍袍。公元1127年4月20日，金人冊封一向主和的北宋奸臣張邦昌為帝，國號「大楚」，建立了傀儡政權。此時，金軍統帥得知康王趙構在河北積極部署軍隊，欲斷金軍退路，同時擔心自身兵力不足，不能對中原廣大地區實行有效統治，因而決定撤軍，擄掠了大量金銀財寶，又放火燒燬城郊大量民房後，金兵開始分兩路撤退。一路由完顏宗望監押，包括宋徽宗、鄭皇后及親王、皇孫、駙馬、公主、妃嬪等，沿滑州北去；另一路由完顏宗翰監押，包括宋欽宗、朱皇后、太子趙諶、宗室及孫傅、張叔夜等幾個不肯屈服的官員，沿鄭州北行。被金人擄去的還有北宋朝廷各種禮器、古董文物、圖籍、宮人、內侍、倡優、工匠等等，被驅擄的百姓男女不計其數，北宋王朝府庫蓄積為之一空。靖康之難，京城無數女子被摧殘，後宮妃嬪、宮女、王室貴戚女眷數千人被掠走，少數辱死於沿途。到金國的上京除欽宗的朱皇后自盡全節外，徽宗眾妃只有七人到了他身邊，欽宗終與三妃團聚，其她皇妃、公主、王妃、女眷，有三百多人被送入「洗衣院」（官妓館），絕大多數分給各營寨，甚至賣掉。趙構的母親韋妃（徽宗之妃）、夫人邢妃、妾，甚至兩個幼女都入了「洗衣院」，韋妃、邢妃成了重點對象，趙構妻妾都被凌辱致死。

宋徽宗在被擄金國八年之後病死在五國城，時年五十四歲。宋徽宗死後，宋欽宗繼續過著囚禁生活，於1156年因中風而死。南宋名將岳飛在《滿江紅》中憤而寫到：「靖康恥，猶未雪，臣子恨，何時滅！」最遺憾的是此恥此恨最終也未能得雪！

圖中被押走的二人，是北宋徽、欽二宗；外族服飾者，喻指金人。

讖曰：「空厭宮中、雪深三尺、籲嗟元首、南轅北轍。」

「空厭宮中，雪深三尺」，喻指隆冬大雪之後，金兵攻破東京（今開封），將宮中劫掠一空。「厭」有宮門大開之意。「雪深三尺」是指1127年初，陰曆閏十一月二十五日再降大雪，酷寒，金兵猛攻，城破。

「籲嗟元首、南轅北轍」，「籲嗟」是歎息，「南轅北轍」是既指二帝被劫掠到北國。

頌曰：「妖氛未靖不康寧、北掃烽煙望帝京、異姓立朝終國位、卜世三六又南行。」

「妖氛未靖不康寧」是指出宋金戰爭發生在「靖康」年間。

「北掃烽煙望帝京」是北國大金橫掃北宋，烽煙戰火燒到了宋帝所在的東京。

「異姓立朝終國位」指金滅北宋，立「異姓」張邦昌為帝，北宋國終。

「卜世三六又南行」指占卜算卦北宋有幾「世」皇帝，「三六」九，北宋共九帝，而後宋室南遷建立南宋。

金聖歎：「此象主金兵南下，徽宗禪位。靖康元年十一月，京師陷，明年四月，金以二帝及宗室妃嬪北去，立張邦昌為帝。卜世三六者，宋自太祖至徽欽，凡九世，然則南渡以後又一世矣。」

（十五） 宋徽宗

1082年6月7日－1135年6月4日

七殺	日元	正印	正財
乙	己	丙	壬
亥	丑	午	戌
正官，正財	己比肩，辛食神，癸偏財	丁偏印	戊劫財，丁偏印，辛食神

大運：

壬午	壬申	壬戌	壬子	壬寅	壬辰	壬午	壬申
1162	1152	1142	1132	1122	1112	1102	1092
80	70	60	50	40	30	20	10
甲	癸	壬	辛	庚	己	戊	丁
寅	丑	子	亥	戌	酉	申	未
			1135乙卯年6壬午月4日52歲病死。	1127丁未被擄。	重用蔡京、童貫不務正業朝政腐朽。	重用蔡京、童貫不務正業朝政腐朽。	1100庚辰年2月戊寅23日登基。

宋徽宗

書法家（「瘦金體」），畫家（花鳥畫自成「院體」），文藝皇帝。

乙丑時太弱。乙可從。

乙亥時，木強，不從。木、火為用，算有文明象 —》符合文藝皇帝。

己土得令，殺強夠貴氣，皇帝命。

庚戌運，庚合乙殺，貴氣動了，不想做皇帝，故禪讓給欽宗，自當太上皇。

1127丁未年，亥乙未暗三合木局，七殺超強貼身，遇惡勢力逼迫，丑戌未又三刑，被俘擄。但丁印不應太差，可能丁也被合，丁年是壬寅、癸卯月，壬合去丁，寅、卯使木殺強（壬、癸水也克住火），故估計是壬寅、癸卯月出事，被擄前也不會啥好運了。

辛亥運，亥水辛凶物合丙，1135乙卯年（木重）病死。

宋欽宗

兩父子均為己土日元，均為得令，出生有貴氣，又同是乙亥時，七殺貼身，木強時同時被俘擄，不亦巧合耶？

甲申運，甲奪乙壽，動了七殺之貴氣，皇帝身份有轉變。1127丁未年，亥乙未暗三合木局，七殺超強貼身，遇惡勢力逼迫，與父同被俘擄。丁未年解釋，參看上文。

乙酉、丙戌運平穩，故能在被囚禁生活中熬過來約30年。只是被俘擄後起步點太低吧了。

丁亥運，亥水沖巳火動了根本，1156丙子年6月29日甲午月，子辰水局與火戰，中風死亡。

（十六） 宋欽宗
1100年5月23日－1156年6月29日

七殺	日元	食神	傷官
乙	己	辛	庚
亥	酉	巳	辰
正官，正財	辛食神	戊劫財，丙正印，庚傷官	戊劫財，癸偏財，乙七殺

大運：

甲午	甲申	甲戌	甲子	甲寅	甲辰	甲午	甲申
1174	1164	1154	1144	1134	1124	1114	1104
74	64	54	44	34	24	14	4
己	戊	丁	丙	乙	甲	癸	壬
丑	子	亥	戌	酉	申	未	午
		1156丙子年6甲午月29日中風。			1125乙巳登基靖康恥靖是甲木、康是庚申金。		

（十七） 蔡襄
（1012年3月7日－1067年9月27日）

偏財	日元	傷官	食神
甲	庚	癸	壬
申	戌	卯	子
比肩，食神，偏印	戊偏印，丁正官，辛羊刃	乙正財	癸傷官

大運：

壬申	壬戌	壬子	壬寅	壬辰	壬午	壬申	壬戌
1092	1082	1072	1062	1052	1042	1032	1022
80	70	60	50	40	30	20	10
辛	庚	己	戊	丁	丙	乙	甲
亥	戌	酉	申	未	午	巳	辰

簡評：八字四正平和，位尊高壽。

蔡襄字君謨。興化軍仙遊縣（今福建省仙遊縣）人。北宋名臣，書法家、文學家、茶學家。

天聖八年（1030年），蔡襄登進士第，先後任館閣校勘、知諫院、直史館、知制誥、龍圖閣直學士、樞密院直學士、翰林學士等職，在朝為諫官時，以直言著稱。後數度外出，歷知泉州、福州、開封府事。宋英宗即位後正授三司使，再以端明殿學士出知杭州。治平四年（1067年），蔡襄逝世。累贈少師，諡號「忠惠」。

蔡襄為官正直，所到之處皆有政績。在福州時，去民間蠱害；在泉州時，與盧錫共同主持建造洛陽橋；在建州時，倡植福州至漳州七百里驛道松，主持製作北苑貢茶「小龍團」。所著《茶錄》總結了古代制茶、品茶的經驗；《荔枝譜》則被稱讚為「世界上第一部果樹分類學著作」。蔡襄的詩文清妙，書法渾厚端莊，淳淡婉美，自成一體，為「宋四家」之一。有《蔡忠惠集》等傳世。

蔡襄生於宋真宗大中祥符五年二月十二日（1012年3月7日）。蔡氏家族世居福建路興化軍仙遊縣唐安鄉依仁（安）裡赤湖的蕉溪（楓亭驛以西，今福建省仙遊縣楓亭鎮九社村五星自然村，建有蔡襄故居）。蔡襄的母親盧氏，是惠安名士盧仁之女。

蔡襄童年時受到外祖父盧仁的嚴格教育。他十五歲參加鄉試，十八歲游京師，入國子監深造。宋仁宗天聖八年（1030年），參加開封鄉試，獲第一名。

天聖九年（1031年），蔡襄登進士第十名。次年，授漳州軍事判官，在職四年。後歷任西京留守推官、館閣校勘等職。

慶曆三年（1043年），大臣范仲淹、富弼、韓琦、杜衍同時執政，歐陽修、王素、余靖同為諫官，蔡襄作詩稱賀，受歐陽修等三人舉薦，被宋仁宗任命為「知諫院」。他遇事從不迴避，奏疏忠誠懇切，大都關係天下利弊、一時緩急。蔡襄認為國家安危取決於人事，君主要知人善任、辨別邪正。由於有蔡襄這樣的人直言敢諫，那些權貴心懷畏懼，多有收斂。

慶曆四年（1044年），調知福州。慶曆六年（1046年）秋，改任福建路轉運使。

蔡襄在福州時，見百姓患病不就醫而向巫覡求拜，多為蠱毒所害，撰《聖惠方後序》，刊刻於碑，勸病者就醫治療，並採取措施，取締巫覡，「禁絕甚嚴，凡破數百家，自後稍息。」蔡襄還撰《福州五戒文》，以戒除陋俗。蔡襄倡議官吏，發動百姓，從福州大義至泉州、漳州七百餘里的大道兩旁栽植松樹，蔭庇大道，故民謠歌頌道：「夾道松，夾道松，問誰栽之，我蔡公；行人六月不知暑，千古萬古搖清風」。

慶曆八年（1048年），蔡襄因父親去世而離職。

嘉祐元年（1056年），蔡襄再知福州。在任上勸學興善，傳播醫治蠱毒的藥方，教育民眾遵法為善，改變陋習，監督官吏深得民心。

宋仁宗至和、嘉祐（1054年－1063年）年間，蔡襄兩次知泉州，第一次自至和三年二月至嘉祐元年六月，第二次自嘉祐二年七月至嘉祐五年秋。蔡襄在泉州任上，首先整頓吏治。當時晉江縣令章拱之貪贓枉法，蔡襄奏疏彈劾，把他革職為民。後朝廷發現這是冤案，蔡襄因而被貶。他又修建沿海州縣城池，加強軍事防備，教習舟船熟記水勢，防備海寇。泉州城東郊有洛陽江，下游出海口江面寬五里，有渡口名萬安渡。「每風潮交作，數日不可渡」，「沉舟被溺，死者無算」。並奏請減免漳、泉、興三州身丁錢一半，大大減輕民眾負擔。

蔡襄知泉州時期，連年發生旱災，他調動民力，加強水源管理，制定《龜湖塘規》，制止用水糾紛。他任轉運使期間又在郡南小烏石山訪得一泉，通知泉州地方官好好管理，供民眾飲用和灌田。治平（1064年－1067年）年間，晉江縣令王克俊在摩崖刻「蔡公泉」三字以為紀念。

皇祐三年（1051年），蔡襄回朝修《起居注》，參預政事。次年，遷任起居舍人、知制誥兼判注內詮。

嘉祐六年（1061年），蔡襄被授為翰林學士、權理三司使，主管朝廷財政。此時，宋廷財政入不敷出，「積貧」已深。蔡襄善於理財，「較天下盈虛出入，量入以制用。劃剔蠹，簿書紀綱，纖悉皆可法」。

宋英宗繼位，正式任命蔡襄為三司使。蔡襄撰《國論要目》一文，闡述改革主張，提出擇官、任才、去冗、辨邪佞、正刑、抑兼併、富國強兵的改革方案，但未被英宗採納。蔡襄在朝廷難於容身，請求外任，於治平二年（1065年）出知杭州，在拜端明殿學士後才去上任。

治平三年（1066年）十月，盧氏去世，蔡襄護喪南歸。

治平四年（1067年）八月十六日（9月27日），蔡襄在蕉溪居所逝世，享年五十六歲。朝廷追贈吏部侍郎，後加贈少師。葬於楓亭鋪頭村蔡嶺。友人歐陽修為他撰《端明殿學士蔡公墓誌銘》。

宋孝宗淳熙三年（1176年），其曾孫蔡洸為蔡襄奏請謚於朝，孝宗賜謚「忠惠」。

宋寧宗慶元年間（1195年－1200年），在洛陽橋南街尾建蔡襄祠。後人在他墓前立柱題聯云：「四諫經邦，昔日芳型垂史冊；萬安濟眾，今朝古道肅觀瞻。」

王稱：襄於朋友重信義，聞其喪，則不御酒肉，為位而哭。……工於書，人得其字，以為珍藏，仁宗尤稱愛之。(《東都事略》)

(十八)　蔡京：1047年2月14日　（推背圖像二十）

乾造：蔡京1047年2月14，吉時

偏印	日元	比肩	正財
乙吉	壬	壬	丁
卯時	子	寅	亥
戊七殺，庚偏印，壬比肩	癸羊刃	戊七殺，甲食神，丙偏財	壬比肩，甲食神

（合、合 — 中央連接 寅 與 亥、壬 與 丁）

吉時：

劫財	比肩	正印	偏印	正官	七殺	正財	偏財	傷官	食神	劫財	比肩
癸	壬	辛	庚	己	戊	丁	丙	乙	甲	癸	壬
亥	戌	酉	申	未	午	巳	辰	卯	寅	丑	子
								✓			

大運：

庚子	庚寅	庚辰	庚午	庚申	庚戌	庚子	庚寅
1120	1110	1100	1090	1080	1070	1060	1050
73	63	53	43	33	23	13	3
甲	乙	丙	丁	戊	己	庚	辛
午	未	申	酉	戌	亥	子	丑
1120年庚子宋徽宗令他辭官退休。1124年甲辰憑借朱勔的勢力，再度起用蔡京為相。1126丙午金軍南下，宋徽宗禪位給宋欽宗，邊事日緊，蔡京舉家南下，逃避戰亂。8月丙申11乙酉日客死潭州。	1112壬辰年蔡京被召回京師，仍為宰相，改封魯國公。	1100年庚辰被貶1102年壬午宋徽宗決定重用蔡京1106年丙戌被提拔為司空、開府儀同三司、安遠軍節度使，改封魏國公。1109年己丑，諫官相繼彈劾他，於是辭官退休。	1094年甲戌任代理戶部尚書。		1070年庚戌登進士第。		

（北宋宰相、書法家，貪婪自用）

蔡京（1047年2月14日－1126年8月11日），字元長，北宋宰相、書法家，興化軍仙遊縣慈孝里赤嶺（福建省莆田市仙遊縣楓亭鎮東宅村）人。先後四次任宰相，任期達17年，四起四落堪稱古今第一人。

熙寧三年進士及第，先為地方官，後任中書舍人，改龍圖閣待制、知開封府。崇寧元年(1102)，為右僕射兼門下侍郎（右相），後又官至太師。興花石綱之役；改鹽法和茶法，鑄當十大錢。北宋末，太學生陳東上書，稱蔡京為「六賊之首」。宋欽宗即位後，蔡京被貶嶺南，途中死於潭州（湖南長沙）。

（十九）　　岳飛：1103年3月24日－1142年1月27日，癸未、乙卯、甲子、吉時（己巳）（推背圖像二十二）

第二十二象　乙酉　兌下離上　睽
（岳飛之死）

「乙酉」是六十甲子之第二十二，自然代表的是第二十二象。

第二十二象的卦，是「睽」，下卦兌為澤，上卦離為火。本卦大象是「離火向上，兌澤向下，上下相違不得正」。宋朝的皇帝最害怕的就是武將專權，釀成像唐朝藩鎮之禍那樣的危害，故從一個宋朝皇帝的角度而言，來自岳飛的威脅似乎要超過北方金人的威脅。被12道金牌召回的岳飛父子和張憲被冤殺，正是「上下相違」之象。

宋高宗趙構（1107年6月12日－1187年11月9日），字德基，是宋徽宗的九子，宋朝第十位皇帝、南宋第一代皇帝（1127年6月12日－1162年7月24日在位），也是南宋在位時間最長的皇帝，在位35年，得年81歲。史書對他的評價不高，主因他是害死岳飛的元兇，向金人乞和，任用奸臣。

宋高宗即位的時候，是危急存亡之秋。因為宋朝是在倉促之間被金人攻陷了都城汴梁，擄走了徽、欽二帝，這個時候內亂外患難心事數不勝數，趙構作為皇家後人責無旁貸，

為了鞏固地位，開始「找出」了各種證據，在均不能自圓的情況下編出一個「崔府君顯聖，泥馬渡康王」的自我神化故事，好給盡失民望的自己樹立聖上的威信。宋高宗在即位時詔書中提出「同徯二宮之復」，這就是「迎還徽、欽二帝」的口號，提出這一口號是為了建立南宋政治合法性，表明即沒忘記「孝悌」，更沒有忘記亡國之恥。所以必須要提出「恢復中原，迎還二帝」的政治主張。況且高宗即位之時，是先尊哲宗的原皇后孟氏為太后，在孟太后主持下，把皇位傳給他，並通過孟太后的手，給欽宗辦理了退位手續、儀式。遙尊欽宗為「太上皇帝」。欽宗亡國降敵，這也是宗法重罪。所以欽宗即使能回歸，即沒有復辟的合法性，也沒有復辟的群眾基礎。等待欽宗的可能就是終生軟禁了。這就像欽宗軟禁徽宗，唐朝的肅宗軟禁玄宗一樣。

話說宋高宗當初南渡時，身邊親兵僅一千餘人，然而通過各種方法，迅速調集人員防守住了淮河、長江，同時建立了南宋的根基，使宋朝的統治得以延續。

「靖康恥，猶未雪；臣子恨，何時滅？」精忠報國之民族英雄岳飛（1103年3月24日－1142年1月27日），字鵬舉，宋相州湯陰縣（今河南安陽湯陰縣）人，中國歷史上著名軍事家、戰略家。岳飛是趙構一手提拔的大將，曾率領岳家軍同金軍進行了大小數百次戰鬥，所向披靡，位至將相。1140年完顏兀朮毀盟攻宋，岳飛揮師北伐，先後收復鄭州、洛陽

等地，又於郾城、潁昌大敗金軍，進軍朱仙鎮（開封西南）。當時岳飛掌握了南宋五分之三的軍隊，而岳家軍又是勢如破竹，銳不可當。朱仙鎮大捷之後，離收復北宋首都開封之有一步之遙。但這卻不能不引起宋高宗的忌憚，因為宋朝的皇帝最害怕的就是武將專權，釀成像唐朝藩鎮之禍那樣的危害。雖然在外患重重之下，宋高宗不得已將大部分的兵權交給岳飛，並且耗費大量糧食、物資、金錢來供養軍隊，但是這時對於岳飛的確難免猜忌。於岳飛在軍中的聲望非常高，如果繼續讓他收復了開封，那到時候岳飛的擁護者就會更多。而岳飛本人又是文武雙全，上馬能治軍，下馬能治民。從一個帝王的角度而言，來自岳飛的威脅似乎要超過北方金人的威脅。要知道，他們趙氏的祖宗趙匡胤當年也是後周的肱骨之臣，後來還不是發動了陳橋兵變奪走了後周的江山，建立了宋朝。所以，經過一番權衡之後，宋高宗還是決定除去岳飛，以絕後患，便以十二道「金字牌」下令退兵，岳飛在孤立無援之下被迫班師。不過作為皇帝，宋高宗本人是不方便直接做這種事情的，於是秦檜便在此時發揮出作為一個奸臣的基本素養，迎合聖意，提出迫害岳飛的建議。一代名將岳飛，最終僅因皇帝的無端猜忌，就被以「莫須有」的罪名，在大理寺獄中被殺害（宋代史料並無「風波亭」的記載），時年39歲。

1141年殺岳飛後，南宋再次向金國稱臣割地、納貢乞和，史稱「紹興和議」，與金國正式以淮河為界，與北宋相比，割讓了近三份之一的國土，只能在屈辱中苟且偷安。南宋詩人林升《題臨安邸》詩云：「山外青山樓外樓，西湖歌舞幾時休。暖風熏得遊人醉，直把杭州作汴州！」宋高宗作為一國之君，向金國投降乞和誅殺武將岳飛，而其一生庇護秦檜政權，使其橫行南宋數十年之久，也開了南宋一代權臣秉政的先河。

睽卦，與圖意相同。下部的「兌」澤對應圖中的水，上部的「離」火對應圖中水上的馬。皇帝開國需要祥瑞和靈異之兆，特別是在開國皇帝羽翼未成的時候，趙構除了說夢中受徽宗皇袍外，最佳的瑞兆就是「泥馬渡康王」了。「泥馬渡康王」的故事版本眾多，《說岳全傳》中的流傳最廣，說趙構在金

國做人質，被金兀朮認作義子。趙構逃出金營，兀朮追出將馬射翻，趙構倉皇換馬，馬馱他躍入江中，踏水淩空橫渡，之後馬不見了。趙構逃到廟裏，見一泥馬全身濕漉、化掉，方知泥馬顯靈。可這故事是趙構登基數年後才編出來的。

讖曰：「天馬當空，否極見泰，鳳鳳淼淼，木勾大賴。」

「天馬當空」，指「泥馬渡江」的靈異故事，宋高宋構的自我神化故事，好給盡失民望的自己樹立聖上的威信。

「否極見泰」，是指1130年兀朮北撤，被韓世忠、岳飛殺敗，從此再不敢渡江。南宋才開始「否極見泰」。

「鳳鳳淼淼」，岳飛，字鵬舉。鵬是傳說中的大鳥，與百鳥之王「鳳凰」相應。「淼淼」，是淼淼洪波。《岳飛傳》云：「岳飛，字鵬舉，相州湯陰人也。生時，有大禽若鵠，飛鳴室上，因以為名。未彌月，河決內黃，水暴至，母姚氏，抱飛坐巨甕中，衝濤乘流而下。」淼淼洪波正合岳飛未彌月河決之事。

「木勾大賴」，南宋高宗趙構是個「大賴」子。「木勾」是「構」字。趙構是「大賴」的表現：國恥、家恥不雪，投降稱臣，賣國割地。

頌曰：「神京王氣滿東南，禍水汪洋把策幹，一木會支二八月，臨行馬色半平安。」

「神京王氣滿東南」，是指東南方要成為京城建立王朝了。

「禍水汪洋把策竿」：南宋再次向金國稱臣割地、納貢乞和，賣國之策如禍水，泛濫全國。「策竿」：喻國策，賣國之策。殺岳飛後，南宋再次向金國稱臣割地、納貢乞和，史稱「紹興和議」，與金國正式以淮河為界，與北宋相比，割讓了近三份之一的國土，只能在屈辱中苟且偷安。

「一木會支二八月」，「木會」是「檜」，「二八月」是陰曆二月是「春」季的一半，陰曆八月是「秋」季的一半，「春」、「秋」各半合為「秦」字。

「臨行馬色半平安」：點出「臨安」二字，南宋的京城，即今杭州。「行馬色」，指行「聲色犬馬」之道。「半平安」喻南宋在半壁江山苟且偷安，也只是半平安。

金聖歎：「此象乃康王南渡。建都臨安，秦檜專權，遂成偏安之局。當時之史實鑒之。木勾，康王名構。一木會支二八月者漢奸也，木會即合為檜，春之一半，秋之一半，可合成秦字，妙之王也。」

岳飛：1103年3月24日—1142年1月27日吉時（己巳）

正財	日主	劫財	正印
己 合	甲	乙	癸
巳	子	卯	未
丙食神、戊偏財、庚七殺	正印	羊刃	己正財、乙劫財、丁傷官

甲木人，逆運不屈易折，凶。

月令羊刃，武術中人（比較：李小龍八字）。正財合我，性格保守。

大運：

己亥	己丑	己卯	己巳	己未	己酉	己亥	己丑
1179	1169	1159	1149	1139	1129	1119	1109
76	66	56	46	36	26	16	6
丁	戊	己	庚	辛	壬	癸	甲
未	申	酉	戌	亥	子	丑	寅
				官星有貴氣，再獲加封。惜巳埋三合局戰之機，1142年辛酉1月辛丑27日癸巳，巳酉丑沖卯亥未，甲木剛而易折，金木局戰之下，被害而死。	金有水可通關。壬可直照顧（比教癸之隔開）有宋一代最年輕的建節者。1137年丁巳合壬，與宋高宗生矛盾。	正印，但隔開。水主智，行軍有智有勇易建功。	成長期木強旺，木主筋骨，發育魁梧神力過人。

甲寅運：

少年時期，為人沉厚寡言，常負氣節。武藝一縣無敵。岳飛生有神力，不滿20歲時就能挽弓三百宋斤，開腰弩八石，「時人奇之」。（甲乙主筋骨己土主肌肉）。

癸丑運：

1122年壬寅，岳飛應募兵，被任命為「敢戰士」中的一名分隊長。

1123年癸卯，賊寇陶俊、賈進在相州作亂。岳飛請命前去除害，表現突出，帶領百騎騎兵，用伏兵之計，生擒二賊以歸。同年，岳飛的父親岳和病故。岳飛辭離軍隊，回湯陰為父親守孝。

1124年甲辰，河北等路發生水災，岳家生計艱難，岳飛為了謀生，前往河東路平定軍（山西平定縣）投戎，被擢為偏校。

1125年乙巳，金滅遼之後，便大舉南侵攻宋。

1126年丙午，宋欽宗趙桓反悔割地，兩路金軍於攻破太原後會合，二次南下圍困開封。岳飛投身抗金前線。岳飛奉命令，帶一支三百人的騎兵小隊與金兵遭遇，飛殺死敵將，擊退金軍。在滑州南的遭遇戰中，岳飛奮勇當先，又以百騎殺敗金軍。兩次小戰，岳飛的勇敢和武藝便得到顯露。

1127年丁未二月，岳飛隨軍轉戰曹州（山東定陶縣西），他揮動雙鐧，身先士卒，直貫敵陣。宋軍以白刃近戰打敗金軍，追奔數十里。岳飛因功遷武翼郎。是年四月，金軍從已被洗劫一空的汴京城撤出，滿載著金帛、珍寶北上，宋徽宗、宋欽宗和皇室成員、機要大臣、百工等三千餘人都做了俘虜。北宋就此滅亡，史稱「靖康之變」。五月初一，康王趙構在應天府（今河南商丘）即位，是為宋高宗，改元建炎。趙構採取黃潛善等避戰南遷的政策，預備南行「巡幸」，欲退避到長安、襄陽、揚州等地。時年25歲的岳飛得知這個消息，不顧自己官卑職低，披肝瀝膽，向趙構「上書數千言」，耿耿丹心只換得「小臣越職，非所宜言」八字批語，並且被革除軍職、軍籍，逐出軍營。

1128年1月仍然是丁未，金軍大舉南侵，進犯孟州汜水關。[61]宗澤即派岳飛為踏白使，讓他率領五百騎兵前往偵察。岳飛在汜水關一帶擊敗金軍，凱旋後，即被宗澤任命為統領，不久又提升為統制。1128年戊申四月以後，天氣開始炎熱，金軍撤退，宗澤準備北伐。六月，宗澤上陳述恢復大計的奏章達二十四次，但始終沒有取得趙構的支持。年近古稀的宗澤再也支持不住，背疽發作，於七月初一含恨離世，臨終前仍然高呼：「過河！過河！過河！」[戊癸合，換老闆]。八月，金軍再次南侵。一次，岳飛奉命駐守竹蘆渡，用疑兵之計打敗金軍，因功轉武功郎。

壬子運：

1129年己酉秋，金軍又兵分多路向南進犯。撻懶（漢名完顏昌）領軍進攻淮南，兀朮（漢名完顏宗弼）則領軍直接進攻江南，直搗趙構所在的臨安（今浙江杭州），只圖一舉滅亡南宋，佔領整個宋朝領土。

1130年庚戌，飛首次得到朝廷詔令，命他配合鎮江韓世忠，從左翼進擊金軍，伺機恢復建康。金軍在水路與韓世忠相持達四十日，被困於黃天蕩，因奸細獻策才得以入江。陸路上，岳飛在四月二十五日於建康城南三十里的清水亭首戰大捷，金兵橫屍十五里。建康之戰歷時半月，岳家軍僅斬女真兵就「無慮三千」，擒獲二十多名軍官。這是岳家軍的首次輝煌勝利。五月下旬（庚戌年壬午月），岳飛親自押解戰俘去行在越州，生平第一次覲見宋高宗趙構，獲賜予飛金帶、馬鞍等物。

1131辛亥－1133癸丑年，飛先後平定了游寇李成、張用、曹成和吉、虔州的叛亂，升任神武後軍統制。宋高宗趙構賜御書「精忠岳飛」錦旗給飛，後又將牛皋、董先、李道等所部撥歸岳家軍，岳家軍兵力得到擴充。

1134年甲寅，岳飛收復襄陽六郡，震動了宋廷。高宗趙構接到岳飛的捷報後，對胡松年説：「朕雖素聞岳飛行軍極有紀律，未知能破敵如此。」胡松年説：「惟其有紀律，所以能破賊。」岳飛因功除清遠軍節度使、湖北路荊、襄、潭州制置使，成為有宋一代最年輕的建節者。

1135年乙卯），平定洞庭湖農民叛亂。

1136年丙辰，三月，年已古稀的岳母姚氏病逝。岳飛悲痛不已，目疾復發，他一面奏報朝廷，一面自行解職，扶母靈柩至廬山安葬。並接連上表，乞守三年終喪之制。在朝廷再三催促下，岳飛忠孝難以兩全，趕回軍中，七月正式誓師北伐。

1137年丁巳，張浚和秦檜從中梗阻，趙構聽從張浚之議，冷待岳飛。飛辭軍職，朝廷力挽才答應受詔朝見，還軍視事。後張浚因用人不當，終於招致了淮西軍變，張浚因此引咎辭相。岳飛得到兵變的消息，立即上疏表示願率軍進屯淮甸，拱衛建康行朝。趙構只讓岳飛到江州駐紮。九月、十月間，岳飛收到金國要放歸欽宗的太子趙諶的諜報，對此表示擔憂，在入覲時向趙構提議立其養子趙瑗（即後來的宋孝宗）為皇儲，以示高宗之正統。但趙構對此提議不滿，責備了岳飛。有學者認為，岳飛和宋高宗之間的矛盾，就是從這一年開始逐漸加深的。[丁壬合：老細又有動象]

1138年戊午二月，岳飛還軍鄂州，堅持「戮力練兵」,「日夜訓閱」。趙構為「屈己求和」，進一步重用秦檜，並令其與金接通關係。韓世忠、岳飛對和議一事都表示堅決反對。岳飛在臨安朝見時對趙構說：「夷狄不可信，和好不可恃，相臣謀國不臧，恐貽後世譏議。」趙構不聽。十二月二十七日，秦檜以宰相身份代表宋高宗趙構跪在金使腳下，答應取消宋國號，作金的藩屬，並每年納貢，南宋與金的第一次和議達成。[子運子年沖午，老細破財。]

辛亥運：[木局木太強，強臣壓主，金年遇難]
1139年己未正月，宋廷宣佈大赦天下，以慶賀"和議"的成功。岳飛接到赦書之後，讓幕僚張節夫起草了一份《謝講和赦表》，表明自己不趨附和議，誓要"唾手燕雲，復仇報國"。岳飛對朝廷加封的開府儀同三司官銜，雖三詔而不受，他在辭書中說："今日之事，可危而不可安，可憂而不可賀。可訓兵飭士，謹備不虞；而不可論功行賞，取笑夷狄。"趙構特下「溫詔」，岳飛才不得已受之。其後岳飛又自請隨宋使至西京洛陽謁掃先帝陵墓，以趁機窺探金國虛實，但未被允許。再後，岳飛又上二札子，要求解除自己的軍職，字裡行間對和議之事不無諷刺之意，趙構、秦檜先未予理睬，後批示不允所請。

1140年庚申五月，發動政變掌權的完顏兀朮廢除對宋和議，親統大軍，以山東聶兒孛堇和河南李成為左右翼，取道汴京向兩淮進軍；右副元帥完顏撒離喝統帥西路軍，從同州（陝西大荔縣）攻陝西。[159]五月下旬，金軍兵臨順昌（今安徽阜陽）城下，順昌告急。趙構原不同意岳飛出兵，後恐順昌有失，便命岳飛發兵救援。完顏兀朮以十萬大軍駐紮於開封西南四十五宋裡的朱仙鎮，希圖再次負隅頑抗。岳家軍北上距離朱仙鎮四十五宋裡的尉氏縣駐營，作為「制勝之地」。岳家軍前哨的五百背嵬鐵騎抵達朱仙鎮，雙方一次交鋒，金軍即全軍奔潰。兀朮最後只剩下一條路，放棄開封府，準備渡河北遁。七月十日，高宗發十二道金牌詔岳飛班師。完顏兀朮再佔開封。

1141年辛酉正月，完顏兀朮再度領軍南下。二月，岳飛領兵第三次馳援淮西。這也是他最後一次參與抗金戰鬥。後，金國在無力攻滅南宋的情況下，準備重新與宋議和。宋廷乘機開始打壓手握重兵的將領，尤其是堅決主張抗金的岳飛、韓世忠二人。完顏兀朮在給秦檜的書信中說「必殺岳飛，而後和可成」。十月十三日，岳飛被投入大理寺（原址在今杭州小車橋附近）獄中，此前其長子岳雲也已下獄。

1142年1月辛丑27日癸巳仍然辛酉，宋高宗趙構下達命令：「岳飛特賜死。張憲、岳雲並依軍法施行，令楊沂中監斬，仍多差兵將防護。

1162年壬午，宋孝宗趙慎即位，岳飛冤獄終於平反。隗順之子告以前情，乃將岳飛以禮改葬在西湖棲霞嶺。

1178年戊戌，為岳飛追贈謚號「武穆」，宋寧宗時追封為鄂王，宋理宗時改謚忠武。

軍事成就：

次數	時間	大運	成果
岳飛第一次北伐	紹興四年(1134年甲寅)五月至七月	壬子	大敗偽齊李成，收復偽齊佔據的城池
岳飛第二次北伐	紹興六年(1136年丙辰)七月和八月	壬子	收復陝西一帶的商州全境和虢州部分地區
岳飛第三次北伐	紹興六年(1136年丙辰)十一月	壬子	岳飛進軍至蔡州一帶收兵
岳飛第四次北伐	紹興十年(1140年庚申)六月、閏六月和七月	辛亥	大敗完顏兀朮，取得郾城、順昌大捷

岳飛在作戰中不僅強調要有勇敢的精神，而且更為重視謀略的作用。岳飛注意靈活用兵。宋王朝實行「將從中御」，將帥作戰必須依事先準備的陣圖行事，不得擅自改變。岳飛認為，陣圖有一定的局限，而作戰是千變萬化的，「古今異宜，夷險異地」，不能照搬陣圖。他提出「陣而後戰，兵法之常，運用之妙，存乎一心」的思想。另外，岳飛還提出「善觀敵者逆知其所始，善制敵者當先去其所恃」的思想。明代名將戚繼光亦以岳飛為榜樣，練就了抗倭勁旅「戚家軍」。

第二十三象　丙戌　兌下乾上　履
（賈似道掌權秉政南宋將傾）

「丙戌」是六十甲子之第二十三，自然代表的是第二十三象。

第二十三象的卦，是「履」，下卦兌為澤，上卦乾為天，本卦大象為「柔弱遇剛強，欲行卻難行」之象。難且危，正合本象蒙古崛起，南宋將亡之史實。

1232年十二月蒙古遣使來南宋商議宋、蒙合作夾擊金朝，由於當時金國已是亡國之態，宋朝大臣大多贊同聯蒙滅金。理宗答應了蒙古的要求，蒙古也允諾滅金之後將河南還給宋朝。金哀宗得知後，也派使節來南宋陳述厲害，希望聯合抗蒙，但被理宗拒絕。1233年宋軍攻克鄧州，1234年五月攻克蔡州，金哀宗自縊，金朝滅亡。宋將將金哀宗遺骨帶回臨安，理宗將其供奉於太廟，以告慰徽、欽二宗在天之靈。金朝滅亡後，蒙軍北撤，河南空虛，理宗意圖據潼關、守黃河、收復東京開封、西京洛陽，光復中原。理宗立刻下詔出兵河南，六月收復歸德，七月進駐開封，但由於糧草不濟，貽誤戰機，宋軍進攻洛陽時被蒙軍伏擊，損失慘重，各路宋軍全線敗退，大量精兵與物資付諸流水。敗戰後，理宗怠於政事，沉迷於聲色犬馬，朝政大壞。理宗兩子早夭，因此最後理宗擇其弟之子趙禥為皇儲。由於趙禥其母曾在懷孕期間服用過墮胎藥，因此趙禥先天不足。

1260年六月，理宗下詔立趙禥為太子。1264年十二月廿六日，理宗去世，趙禥即位，是為度宗。趙禥即位後不理朝政，整日沉湎於聲色犬馬之中，全憑右丞相賈似道掌權秉政。

賈似道，一個活躍於南宋末期政治上的角色，一般人對於他的印象是基於《宋史》列賈似道於《奸臣傳》，其內容不少來自野史小說，且出於反對者之口，遇事不問是非，均加貶抑，無能懦弱的權臣，是傲慢的亡國宰相。對於這種種批評，是賈似道實施土地改革產生的直接結果，因為土地改革無可避免的會和地主發生衝突，而在中國，史學家大部分都是地主階級。今天史學家研究所得，賈似道作為一個丞相，其實是一個實用主義者，精力充沛的專心於財政，當然也有政治不謹慎的一面。但是太長壽彷彿成為賈似道的致命傷，傳統國史觀點把帝國的崩潰也怪到他的頭上，使他背上了「亡國宰相」的不白之冤（而事實上他還不是最後一個宰相）。如果他1265年左右就過世，傳統國史學家對他的觀感可能大不同。

那麼，要如何還原賈似道真實的樣子呢？讓我們先看「鄂州之戰」中的表現。「鄂州之戰」發生於南宋理宗開慶二年（1259年）秋冬間的宋蒙鄂州之戰，是關係到南宋生死存亡的一場重要戰役，指揮入侵蒙古軍的最高統帥是蒙可汗之弟、總領漢南漢地軍國庶事的忽必烈，直接領導鄂州保衛戰的是南宋樞密使兼京西湖南北四川宣撫大使賈似道。蒙軍包圍

鄂州 (今湖北武昌) 之後，宋蒙兩軍展開了長達三個月之久的激烈戰鬥，雙方「死亡枕籍 (乾沈坤黯)」。但由於多種原因，蒙軍被迫於當年閏十一月上旬撤圍北返，南宋取得了鄂州保衛戰的勝利。可是後人不僅不承認賈似道在鄂州之戰中的功績，反而認為正是他在這次戰爭中與蒙古簽訂了「城下之盟」，後來又隱瞞真相，才招致蒙古的南侵和南宋的滅亡，是有罪無功。事實上，賈似道在鄂州保衛戰中的表現，深得當時人的讚賞，如詩人劉克莊云：蒙古軍大舉南侵之際，「朝野失邑，凜凜有被髮之憂」，賈似道「投袂而起，倍道疾馳，身先將士，蒙犯矢石」。「以袞衣黃鉞之貴，俯同士卒甘苦臥起者數月。汔能全累卵之孤城，掃如山之鐵騎，不世之功也。」著名學者王柏賦詩云：「義概包宇宙，智略吞群英。五行互相制，自昔誰去兵？代馬飲江水，烏赤司專征。」「蕭蕭荊楚淨，湯湯江漢清。東西互萬里，齊民競春耕。歸來輔皇極，一稔舒群情。」甚至忽必烈也不得不承認賈似道在軍事上的才幹，發出「吾安得如似道者用之」的慨嘆。《元史》裡也記載了在鄂州之戰後期忽必烈曾當著眾人的面誇獎身為南宋守將的賈似道：「彼守城者只一士人賈制置，汝十萬眾不能勝，殺人數月不能拔，汝輩之罪也，豈士人之罪乎！」由此可見賈似道之軍事外交才幹。

賈似道實施土地改革。南宋末年戰爭頻繁，對軍糧的需要量很大，但是由於楮幣貶值物價飛漲，國家無力籌集糧餉造成了軍糧的匱乏。為此，賈似道提出推行公田法企圖解

決軍糧問題，同時減少楮幣的發行，平易物價以挽救統治危機。在土地兼併十分激烈和國家財政極端困難的狀況下，公田法的推行在當時既有其必要性，也有其歷史淵源，本意不能說不好。公田法推行以後，在解決軍糧短缺、減少楮幣發行等方面都起到了一定的作用。可是，由於吏治腐敗，特別是這項措施極大地損害了江南官僚、地主的利益，所以遭到了他們的瘋狂反對和破壞，使公田法在執行過程產生了許多弊病，一般百姓也深受其害。但應該公允地説公田法在推行過程中所出現的弊病，是被某些人有意誇大了的，即使有也不是賈似道一人之過。對於他的一生還有太多的地方需要重新探究和平反，在此之前大家先不要武斷的以偏頗的史料去衡量他的功過吧！

文天祥（1236年6月6日－1283年1月9日），南宋末期官員、抗元英雄。文天祥18歲時獲廬陵鄉校考試第一名；理宗寶祐四年（1256年）入吉州（今江西吉安）白鷺洲書院讀書，同年中選吉州貢士，並隨父前往南宋首都臨安應試。在殿試中，他作「御試策」切中時弊，提出改革方案，表述政治抱負，宋理宗親拔為第一，考官王應麟奏曰：「是卷古誼若龜鑒，忠肝如鐵石，臣敢為得人賀。」但四天後父親病故，文天祥歸家守喪三年。

開慶元年（1259年）蒙古軍攻鄂州（今湖北武昌），宦官董宋臣主張遷都；他上疏請斬董宋臣，建議禦敵之計未被採納；後歷任簽書宵海軍節度判官廳公事、刑部郎官、江西提刑、尚書左司郎官、湖南提刑、知次年任右丞相，赴元營談判，希望以談判的方式來刺探蒙古軍情，在談判過程中，文天祥據理力爭怒罵伯顏，但與此同時南宋朝廷卻派人前往文天祥軍營，宣佈解散文天祥的軍隊。伯顏得知文天祥軍隊已經被解散，故下令逮捕他，押解北方。當文天祥被押送到鎮江的時候，得當地義士相救脫險。此後力圖恢復，轉戰東南。這時南宋朝廷已奉表投降，楊太后和恭帝被押往元大都，陳宜中等擁立7歲的宋端宗在福州即位，文天祥奉詔入福州任樞密使，同時都督諸路軍馬，往南劍州（今福建南平）建立督府，派人赴各地募兵籌餉以繼續抗元戰爭。秋天元軍攻入福建，端宗被擁逃海上，在廣東一帶乘船漂泊。文天祥與當時朝臣張世傑與陳宜中意見不合，於是離開南宋行朝，以同都督的身份在南劍州（治今福建南平）開府，指揮抗元。1277年，文天祥率軍移駐龍巖、梅州，攻入江西。在雩都（今江西南部）大敗元軍，攻取興國，收復贛州十縣、吉州四縣，人心振奮，抗元形勢轉好。但好景不長，元軍主力進攻文天祥興國大營，文天祥寡不敵眾，率軍北撤，敗退到盧陵、河州（今福建長汀），損失慘重，妻兒也被元軍擄走。

祥興元年（1278年）夏，文天祥得知南宋行朝移駐崖山，為擺脫艱難處境，請求率軍前往，與南宋行朝會合。由於張世傑堅決反對，計劃失敗，文天祥率軍退往潮陽縣。當年八月南宋朝廷封文天祥為少保、信國公。同年冬元軍大舉來攻，文天祥再敗逃走；文天祥率部向海豐撤退的途中，在五坡嶺（廣東海豐北）造飯時遭到元將張弘范的攻擊而兵敗，文天祥吞下隨身攜帶的冰片企圖自殺，不過卻未死，僅昏迷過去，隨後文天祥被俘。張弘范要文天祥寫信招降張世傑，乃書《過零丁洋詩》：「辛苦遭逢起一經，干戈寥落四周星。山河破碎風飄絮，身世浮沉雨打萍。惶恐灘頭說惶恐，零丁洋裏歎零丁。人生自古誰無死？留取丹心照汗青。」弘范笑而置之，不久遣使護送至大都，路上絕食八日，不死。被關押在北京府學胡同，拘囚四年。帝昺祥興二年（1279年），宋亡，文天祥仍堅守初志，在給妹妹的信中說：「收柳女信，痛割腸胃。人誰無妻兒骨肉之情？但今日事到這裏，於義當死，乃是命也。奈何？奈何！……可令柳女、環女做好人，爹爹管不得。淚下哽咽哽咽。」獄中作《指南後錄》第三卷、《正氣歌》。

忽必烈愛其才，先後派出平章政事阿合馬、丞相孛羅招降，至元十九年十二月八日（1283年1月8日），忽必烈召見文天祥，親自勸降。文天祥堅貞不屈，答曰：「一死之外，無可為者。」元朝又請出當時已經降元的南宋大臣出面勸降，結果遭到文天祥的痛罵；元朝又派出已經被俘的宋恭帝趙㬎

勸降，文天祥置之不理。次日押赴刑場（菜市口，今北京東城區交道口），文天祥向南宋首都臨安方向跪拜，從容就義，享年47歲。行刑後不久「俄有詔使止之」，然文天祥已死，忽必烈惋惜説：「好男子，不為吾用，殺之誠可惜也！」文天祥的妻子歐陽氏收屍時，在其衣帶中發現絕筆自讚：「孔曰成仁，孟曰取義；惟其義盡，所以仁至。讀聖賢書，所學何事？而今而後，庶幾無愧！」

圖中文官腰配寶劍喻賈似道是文官帶兵打仗，雙臂支撐屋宇喻苦苦支撐宋室天下。連蒙古大汗忽必烈也不得不承認賈似道在軍事上的才幹，發出「吾安得如似道者用之」的慨嘆。《元史》裡也記載了在鄂州之戰後期忽必烈曾當著眾人的面誇獎身為南宋守將的賈似道：「彼守城者只一士人賈制置，汝十萬眾不能勝，殺人數月不能拔，汝輩之罪也，豈士人之罪乎！」

讖曰：「似道非道，乾沈坤黯。祥光宇內，一江斷楫。」

「似道非道，乾沈坤黯」，「非道」即「假（賈）」，喻宋度宗即位後不理朝政整日沉湎於聲色犬馬之中（乾沈坤黯），全憑右丞相「賈似道」掌權秉政。

「祥光宇內，一江斷楫」，「祥」指文天祥；「一江」是「汪」字，指汪立信。兩人是繼賈似道後，南宋末期的抗元忠臣。「斷楫」即短槳斷了無法前進。

頌曰：「胡兒大張撻伐威，兩柱擎天力不支，如何兵火連天夜，猶自張燈作水嬉。」

「胡兒大張撻伐威」，指蒙古崛起，四面擴張侵伐，所向披靡。「撻伐」，是以武力大規模侵伐。

「兩柱擎天力不支」：南宋末期，雖有忽必烈也不得不讚賞的賈似道和文天祥在軍事上的抗元，也難以支撐。

「如何兵火連天夜」，如詩人劉克莊云「蒙古軍大舉南侵之際，朝野失邑，凜凜有被發之憂」，賈似道「投袂而起，倍道疾馳，身先將士，蒙犯矢石」。繼之又有文天祥在廣東一帶抗擊元軍以圖光復，不久，文天祥被俘，被押送到大都，最終不屈而死。

「猶自張燈作水嬉」，是指度宗趙祺即位後不理朝政，整日沉湎於聲色犬馬之中。

金聖歎：「此象主賈似道當權，汪立信文天祥輩不能以獨力支持宋室。襄樊圍急，西子湖邊似道猶張燈夜宴，宋室之亡其宜也。」

第二十四象　丁亥　兌下巽上　中孚
（崖山海戰，南宋滅亡）

「丁亥」是六十甲子之第二十四，自然代表的是第二十四象。

第二十四象的卦，是「中孚」，下卦兌為澤，上卦巽為風。
本卦大象是「風吹在澤水上」，正是本象預言的崖山海戰，
海上風雲突變，風雨大作，最後張世傑突圍了，也死於海
上颶風。

南宋末年選擇了聯合蒙古，剿滅金國的戰略，結果重複了
當年北宋聯金滅遼，隨後被金所滅的命運。前一像已經說
到1276年臨安被元軍攻陷，謝太后攜幼主恭帝趙㬎投降，
皇室被掠去，重演了「靖康恥」的一幕。

話說南宋中後期，處於漠北草原的蒙古人開始崛起，1206
年鐵木真建立大蒙古國，1234年金國被蒙古所滅。次年開
始大舉入侵南宋，南宋軍民拚死抵抗，蒙古兵被宋軍阻擊
在長江北岸。1267年登上大汗寶座的忽必烈再次率精兵捲
土重來，1273年襄陽失守，1276年蒙古軍隊攻佔南宋都城
臨安，南宋殘餘勢力陸秀夫、文天祥和張世傑等人連續擁
立了幼小的皇帝端宗成立小朝廷，元軍對小皇帝窮追不捨，
小皇帝不斷逃亡至南方，1278年經過香港端宗因病逝世。
陸秀夫、文天祥和張世傑等人另立幼主宋帝昺，逃至新會
至南海一帶，文天祥在海豐兵敗被俘。

祥興二年（1279年），元將張弘範大舉進攻趙昺朝廷。隨後，攻佔廣州不久的西夏後裔元軍將領李恆也帶領軍隊也加入戰事，會戰於崖山，史稱「崖山海戰」，是南宋末年宋軍與元軍的一次大戰役，這場戰爭直接牽涉到南宋的存亡。起初宋軍兵力約有20萬，戰船千多艘；元軍只有2萬人，戰船五十餘艘，北方人不習海戰，多暈眩不支。這時宋軍中有建議認為應該先佔領海灣出口，保護向西方的撤退路線。張世傑為防止士兵逃亡，否決建議，並下令盡焚陸地上的宮殿、房屋、據點；又將下令千多艘宋軍船隻以「連環船」的辦法用大繩索一字形連貫在海灣內，並且安排趙昺的「龍舟」放在軍隊中間。元軍以小船載茅草和膏脂，乘風縱火衝向宋船。但宋船皆塗泥，並在每條船上橫放一根長木，以抵禦元軍的火攻。元朝水師火攻不成，以水師封鎖海灣，又以陸軍斷絕宋軍汲水、砍柴的道路。宋軍吃乾糧十餘日，口乾舌躁，許多士兵以海水解渴，臉部浮腫，大量嘔洩。張世傑率蘇劉義、方興日大戰元軍，張弘範擒張世傑甥韓某，以其向張世傑三次招降不果。二月六日癸未，張弘範預備猛攻，元軍中有建議先用火炮，弘範認為火砲打亂宋軍的一字陣型，令其容易撤退。明日，張弘範將其軍分成四份，宋軍的東、南、北三面皆駐一軍；弘範自領一軍與宋軍相去裡餘，並以奏樂為以總攻訊號。首先北軍乘潮進攻宋軍北邊失敗，李恆等順潮而退。元軍假裝奏樂，宋軍聽後以為元軍正在宴會，稍微鬆懈了。正午時段，張弘範

的水師於是正面進攻，接著用布遮蔽預先建成並埋下伏兵的船樓，以鳴金為進攻訊號。各伏兵負盾俯伏，在矢雨下駛近宋船。兩邊船艦接近，元軍鳴金撤布交戰，一時間連破七艘宋船。宋師大敗，元軍一路打到宋軍中央。這時張世傑見大勢已去，抽調精兵，並遣小舟至趙昺處，希望趙昺來張世傑船上，準備一同逃走，陸秀夫恐趙昺被人所賣，或被元軍俘辱，不肯赴張世傑船。趙昺舟大，且諸舟相連，陸秀夫眼見無法脫逃，對趙昺曰：「國事至此，陛下當為國死。德祐皇帝辱已甚，陛下不可再辱！」便背著八歲的趙昺跳海自殺。不少後宮和大臣亦相繼跳海自殺。《宋史》記載七日後，十餘萬具屍體浮海。張世傑只好和蘇劉義帶領餘部三十餘隻船艦斬斷大索突圍而去。張世傑希望奉楊太后的名義再找宋朝趙氏後人為主，再圖後舉；但楊太后在聽聞宋帝昺的死訊後亦赴海自殺，大批軍民也相繼投海。不久張世傑在大風雨下溺死於平章山下（約今廣東省陽江市西南的海陵島對開海面）。

據《宋史》：崖山海戰七日後，十餘萬具屍體浮出海面。悲壯至極！文天祥因早前已在海豐被俘，被拘禁在元軍船艦上目睹了宋軍大敗；曾作詩悼念：「二月六日，海上大戰，國事不濟，孤臣天祥，坐北舟中，向南慟哭。」

至此，南宋的抵抗勢力宣告瓦解，南宋滅亡。中國已經全部淪陷，蒙古能夠佔領整個中國，進而影響世界格局。

圖中的木比喻「宋」，「海上一木」喻宋室亡沒於海上。圖中的太陽按地圖方位是偏向西，是黃昏日落時分，正喻宋帝昺投海「歸西」的意思。

讖曰：「山崖海邊，不帝亦仙，二九四八，於萬斯年。」

「山崖海邊」，指當時的崖山海邊的一場慘烈戰事。宋軍與元軍的兵力約共有三十萬，戰船千多艘。

「不帝亦仙」，指崖山海戰南宋全軍覆沒，陸秀夫便背著八歲的趙昺跳海自殺，故帝不為帝，仙逝歸天了。

「二九四八」,「二九」指北宋九帝、南宋九主,「四八」指40乘8為320,指宋朝國運歷經320年(960~1279年)。

「於萬斯年」,「斯」即「此」,是「在這裏」的意思。「萬年」即「萬古」、是「死了」的意思。

頌曰:「十一卜人小月終,回天無力道俱窮,干戈四起疑無路,指點洪濤巨浪中。」

「十一卜人小月終」:「十一卜人小月」為「趙」享,喻趙宋王朝終結。

「回天無力道俱窮」:再如何努力也無力回天了,特別是「崖山海戰」南宋的戰術根本就是自陷絕路。

「干戈四起疑無路」,指崖山海戰,宋軍民被圍,腹背受敵,出海口都被元軍封死。「疑無路」是指宋軍船陣大敗後,張世傑派人駕輕舟去救幼主。時近黃昏,風雨大作,陸秀夫怕奸細賣主邀功,也懷疑無路突圍遂即拒絕之。

「指點洪濤巨浪中」,宰相陸秀夫背負著九歲的宋帝昺投海自殺。「指點」,是指陸秀夫眼見無法脫逃,給趙昺指點曰:「國事至此,陛下當為國死。德祐皇帝辱已甚,陛下不可再辱!」就是指點宋帝昺當為國死,不可再受他人凌辱。陸秀

夫説罷先催妻跳海，再以素白的綢帶將趙昺緊束在背蹈海
殉國。(德祐皇帝辱已甚：指謝太后攜幼主恭帝趙㬎投降，
皇室被掠去，重演了「靖康恥」的一幕。)

*金聖歎：「此象主帝昺遷山，元令張弘範來攻，宋將張世
傑兵潰，陸秀夫負帝赴海：宋室以亡。」*

(二十)　　宋高宗趙構：1107年6月12日 (推背圖像二十二)

食神	日主	傷官	食神
丁	乙	丙	丁
亥	沖 巳	午	亥
壬正印，甲羊刃	戊正財，丙傷官，庚正官	丁食神得令	壬正印，甲羊刃

食神雙掛，食傷夾：帝王權術。平時正 (理性) 多，必要時
則奇招凌厲，毫不猶豫 (丙光於丁)，例如用岳飛、殺岳飛。

丁食神得令，偏向於逸樂：為強化中央集權，採求和政策，
殺岳飛等主戰大臣對金稱臣。

好色：夫妻宮逢沖。

木火通明，文明之象：宋高宗同其父宋徽宗一樣，頗有藝
術天份，是傑出的書法家。

乙木人：能屈能申，曾為人質（靖康元年春（1126年），金兵圍困汴京，並要求宋以親王、宰相各一人為人質，才肯與宋和談，宋欽宗派趙構以親王身份在金營中為人質）。

大運：

己亥	己丑	己卯	己巳	己未	己酉	己亥	己丑
1179	1169	1159	1149	1139	1129	1119	1109
72	62	52	42	32	22	12	2
戊	己	庚 （庚合日主）	辛	壬 （合丁，丙傷主導）	癸	甲（奉乙壽做人質）	乙
戌	亥	子 （子沖午火根）	丑	寅 （弱木人木週期上位-降）	卯	辰	巳

(戊午火局，畫淺木氣) 淳熙十四年十月初八日 (1187丁未年 (木局動以應，乙木入墓辭世) 11月辛亥9日乙亥)，宋高宗去世，享壽八十歲，孝宗悲痛不已，持續守喪三年後，也自行退位。	偏財養命之運。	紹興三十一年辛 (庚奉辛威七殺無光) 巳)，《紹興和議》被金朝皇帝完顏亮撕毀，金兵再次南侵，是為采石之戰，宋軍以少勝多擊退金兵。紹興三十二年六月十一日 (1162年壬 (正印被合禪位) 午7月24日)，高宗以「倦勤」想多休養為由，禪讓於養子建王趙慎，是為宋孝宗，終結了宋太宗一脈自976年起長達186年的統治，回歸宋太祖一脈，直至南宋滅亡。	七殺被丙合，無戰事，敵人休養生息。	紹興十一年 (1141年辛 (合丙) 酉) 興金人完顏宗弼簽約紹興和約。《紹興和議》約定南宋「不得以無罪去輔弼」，導致秦檜專權弄政長達十五年，高宗一方面對秦檜放任，另一方面，處處對秦檜提防。	建炎三年1129己酉 (沖大運支一木腳) 年三月 (辰，動印) 因禁軍將領對人事安排等不滿，發生苗劉兵變，宋高宗被迫禪讓皇位於皇子趙敷。四月 (火進氣) 高宗在勤王大軍的進發下，復辟。宋高宗被金兵追殺，一度在海上飄泊，至紹興八年 (1138年戊午) 正式定都於臨安 (今浙江杭州)，建炎南渡完成。	1127丙午年1辛丑 (殺三合局旺) 月9丙辰日)，金兵攻破汴京開封府，造成「靖康之難」。北宋滅亡。康王統軍逃避金軍追殺聞弄出「崔府君顯聖」、「泥馬渡康王」故事，後成康王正統之佐證。1127丁未年6丙午月12庚寅日登基。(甲運已過，木火均強一登基為皇)。	

宋高宗同其父宋徽宗一樣，頗有藝術天份，是傑出的書法家；自言「……凡五十年間，非大利害相仿，未始一日捨筆墨」，初學黃庭堅，後改學米芾，至終以追摹魏晉法度和王羲之、王獻之父子，流傳有《賜岳飛手敕》及《真草舍嵇康養生論書卷》。元朝書法家趙孟頫早年即以宋高宗書法為榜樣。

正面評價

宋高宗與金朝議和，穩固南宋對中國南方的統治，議和一說在於經濟因素，所謂三軍未動，糧草先行；野蠻民族是以燒殺擄掠為錢糧來源，文明國家卻是打仗燒錢。宋高宗若不先安內，只怕民變四起，連半壁江山都沒了；歲幣議和，可緩和兩國關係，讓國家有喘息的機會；另一方面，宋高宗可以掌握軍權，壓制將領對軍隊的影響力。

《續資治通鑒》中：「康王入，毅然請行，曰：「敵必欲親王出質，臣為宗社大計，豈應辭避！」欽宗立，改元靖康，人拆其字，謂「十二月立康王」也。資性郎悟，好學強記，日誦千餘言，挽弓至一石五斗。」其他含有關於宋高宗節儉、不迷信祥瑞、不好女色、潛心治國、文才武德具備等描述。[8]

負面評價

宋高宗為保住皇位，在位初期不惜創造傳說，使天下人相信其正當正統地位，以掩飾自己「銜命出和，已作潛身之計；提師入衛，反為護己之資。忍視父兄甘為俘虜[9]」。因金兵追擊而貪生怕死地逃命，故被後世戲稱為「逃跑皇帝」。及後他定都臨安後，為求偏安，保持半壁江山的統治，不惜把岳飛等主戰派大臣殺害，以與金朝達成和議，成為後世評價的重要污點。

現代王曾瑜批評宋高宗，違反宋太祖「不誅大臣、言官」之誓約，殺上書言事之陳東與歐陽澈，以鉗制天下異議之口，卻竊取了「中興之主」之美譽[11]，另外也將岳飛等主戰派大臣殺害，是宋朝歷代皇帝中，唯一一位違反宋太祖祖訓的皇帝，為後人所唾罵。

(二十一)　　秦檜

(性陰險殘忍，幾殺盡忠臣良將。遺臭萬年之大奸臣？政治上之犧牲者？)：

1091年1月17日－1155年11月18日，庚午、己丑、乙卯、壬午。

正印	日主	偏財	正官
壬	乙	己	庚
午	卯	丑	午
丁食神	乙比肩	己偏財，辛七殺， 癸偏印	丁食神

大運：

1167	1157	1147	1137	1127	1117	1107	1097
76	66	56	46	36	26	16	6
丁	丙	乙	甲	癸	壬	辛	庚
酉	申	未	午	巳	辰	卯	寅

自坐比肩身不弱，印虛浮無力，背義小人。又偏財成格，多私慾。

大運：

庚寅：平。

辛卯：1115年何㮚榜進士及第，補為密州教授。繼中詞學兼茂科，任太學學正。

壬辰：1126年十一月，金兵圍汴京，派使索求三鎮，秦檜上書言兵機四事，反對割地求和，被任為御史中丞。

癸巳：靖康二年（1127年）隨徽欽二宗入金都。建炎四年（1129年）逃回臨安。建炎四年（1129年）十月丙午日，秦檜朝見高宗。首倡南北分治方案，第一次上奏，就是他草擬的與金人求和書。皇帝說：「秦檜的忠心質樸超過別人，朕得到他高興得夜不成寐；既聽到二帝和母后的消息，又得到一個人才。」遂任禮部尚書。紹興元年（1131年）八月，秦檜被任命為右僕射、同中書門下平章事兼知樞密院事。紹興二年（1132年）八月高宗下詔罷秦檜相位。

甲午：紹興八年（1138年）三月，任命秦檜為右僕射、同中書門下平章事兼樞密使。吏部侍郎晏敦又面帶憂愁地說：「奸人為相了。」紹興九年（1139年），金人歸還河南、陝西舊地，高宗雖聽從秦檜議和，但實際上也懷疑金人有詐，故不曾放鬆邊備。紹興十年（1140年），金人果真背盟，分四路入侵。紹興十一年（1141年），兀朮再次南下，攻佔壽春、盧州，宋將邵隆、王德、關師古等連戰皆捷。楊沂中在拓皋又取勝。秦檜忽然令楊沂中和張俊立即撤兵。同年十月，害死岳飛。紹興十二年（1142年）九月，加秦檜為太師，進封魏國公。十月，進封秦、魏兩國公。紹興十六年（1146年）正月，秦檜建家廟。三月，高宗賜祭器，高宗賜將相祭器即從秦檜開始。至此秦檜獨攬朝政，氣焰高峰。

乙未：紹興二十五年（1155年）十月二十二日，加封秦檜為建康郡王，秦熺進為少師，勒令致仕，秦塤、秦堪並為提舉江州太平興國宮。當晚，秦檜去世，年六十六。

（二十二）　文天祥

乾造：1236年6月6日（吉時）

朔 日 月序 紀年	正月	二月	三月	四月	五月	六月	七月	八月	九月	十月	十一月	十二月	閏月	正月干支
庚寅 1230 三 四 五 六	甲子 1.16	甲午 2.15	甲子 4.15	壬戌 5.14	壬辰 6.13	辛酉 7.12	庚寅 8.10	庚申 9.9	己丑 10.8	己未 11.7	戊子 12.6	戊午 1.5	甲子二 3.17	戊寅
辛卯 1231	戊子 2.4	戊午 3.6	丁亥 4.4	丁巳 5.4	丙戌 6.2	丙辰 7.2	乙酉 7.31	甲寅 8.29	甲申 9.28	癸丑 10.27	癸未 11.26	壬子 12.25		庚寅
壬辰 1232	壬午 1.24	壬子 2.23	壬午 3.24	辛亥 4.22	辛巳 5.22	庚戌 6.20	庚辰 7.20	庚戌 8.18	戊申 9.16	戊寅 10.16	丁未 11.14	丁丑 12.14	戊申九 10.16	壬寅
癸巳 1233	丙午 2.11	丙子 3.13	乙巳 4.11	乙亥 5.11	乙巳 6.10	甲戌 7.9	癸卯 8.7	癸酉 9.6	壬寅 10.5	壬申 11.4	辛丑 12.3	辛巳 1.2		甲寅
甲午 1234 端平元	庚子 1.31	庚午 3.2	庚子 3.31	己亥 4.30	己巳 5.30	戊戌 6.28	丁卯 7.28	丁酉 8.26	丙寅 9.25	丙申 10.24	乙丑 11.23	乙未 12.22		丙寅
乙未 1235 二	乙未 1.21	甲子 2.19	甲午 3.21	癸亥 4.19	癸巳 5.19	壬戌 6.17	壬辰 7.17	辛卯 9.14	辛酉 10.14	庚申 11.12	己丑 12.12	己未 1.10	壬戌七 8.16	戊寅
丙申 1236 三	乙未 2.9	甲子 3.9	甲午 4.8	癸亥 5.7	壬戌 6.5	壬辰 7.5	辛卯 8.4	庚申 9.2	庚寅 10.2	己丑 11.1	己未 11.30	戊子 12.30		庚寅
丁酉 1237 嘉熙元	戊午 1.28	癸未 2.27	壬子 3.28	壬午 4.27	壬辰 5.26	庚戌 6.24	庚戌 7.23	己卯 8.22	己酉 9.20	戊寅 10.19	戊申 11.18			壬寅
戊戌 1238 二	戊申 1.18	丁丑 2.16	丁未 3.18	丙子 4.16	丙午 6.14	甲辰 7.13	甲戌 9.10	癸卯 9.10	癸酉 10.10	壬寅 11.8	壬申 11.7	辛未 1.7	丙午二 5.16	甲寅
己亥 1239 三	壬午 2.6	辛亥 3.7	辛巳 4.6	庚戌 5.5	庚午 6.4	庚午 7.3	戊戌 8.1	戊戌 8.31	丁卯 9.29	丁酉 10.29	丙寅 11.27	丙寅 12.27		丙寅

甲木主仁義正直，正印不會投降。2個甲，一遇己運、己年大變，老闆大跌volt。

正印	日元	正印	劫財
甲吉	丁	甲	丙
辰時	巳	午	申
偏印	陽刃（能帶兵）	比肩	正財

2甲弱根全在辰，重要！戌運凶像現。己卯年宋亡。壬申年自身全被合，就義而死。

大運：

1316	1306	1296	1286	1276	1266	1256	1246
80	70	60	50	40	30	20	10
壬	辛	庚	己	戊	丁	丙	乙
寅	丑	子	亥	戌	酉	申	未
				1279年己卯宋亡1282年壬午十二月初九柴市從容就義。		1256年丙辰在殿試中被宋理宗欽點為狀元(先天丁丙隔局不奪光)。	

吉時：

辛	庚	己	戊	丁	丙	乙	甲	癸	壬	辛	庚
亥	戌	酉	申	未	午	巳	辰	卯	寅	丑	子
							✓				

觀五氣：

火

X	丁	X	丙
X	巳	午	X

木

X	X	甲	X
卯	X	X	X

金

X	X	X	X
X	X	X	申

水

癸	X	X	X
X	X	X	申

土

X	X	X	X
X	巳	午	X

文天祥（1236年6月6日－1283年1月9日），初名雲孫，字天祥，號浮休道人。選中貢士後，換以天祥為名，改字履善。寶祐四年（1256年）在殿試中被宋理宗欽點為狀元，御賜表字宋瑞，後因住過文山，而號文山，漢族江右民系，吉州盧陵富川（今江西吉安縣）人，南宋末期政治家、詩人、抗元人物和民族英雄。寶祐四年（公元1256年）狀元及第，官至右丞相，宋朝最後被封為信國公，故稱文信公或文信國，官拜少保，故稱文少保。宋亡後，於五坡嶺兵敗被俘，寧死不降，被元軍俘至大都（今北京），忽必烈親往勸降，文天祥寧死不屈，至元十九年（公元1282年）十二月初九，在柴市從容就義。與陸秀夫和張世傑等人並稱「宋末三傑」。又與謝枋得、袁繼鹹等人並稱「江右三山」。明景泰七年，諡忠烈。著有《文山詩集》、《指南錄》、《指南後錄》、《正氣歌》等。

文天祥生於宋理宗端平三年（1236年）五月二日。出生時，其父夢見一嬰兒腳踏紫雲飄然而過，出生時就將孩子命名為雲孫，取字天祥。後以字行，更字履善。廷試時宋理宗見其名說：「天之祥，乃宋之瑞也。」賜字宋瑞。18歲時獲盧陵鄉校考試第一名；理宗寶祐四年（1256年）入吉州（今江西吉安）白鷺洲書院讀書，同年中選吉州貢士，並隨父前往南宋首都臨安應試。在殿試中，他作「御試策」切中時弊，提出改革方案，表述政治抱負，宋理宗親拔為第一，考官王應麟奏曰：「是卷古誼若龜鑒，忠肝如鐵石，臣敢為得人賀。」但四天後父親病故，文天祥歸家丁憂三年。

開慶元年（1259年己未）蒙古軍攻鄂州（今湖北武昌），宦官董宋臣主張遷都；他上疏請斬董宋臣，建議禦敵之計，未被採納；後歷任簽書寧海軍節度判官廳公事、刑部郎官、江西提刑、尚書左司郎官、湖南提刑、知次年任右丞相，赴元營談判，希望以談判的方式來刺探蒙古軍情，在談判過程中，文天祥據理力爭，怒罵伯顏，但與此同時，南宋朝廷卻派人前往文天祥軍營，宣佈解散文天祥的軍隊。伯顏得知文天祥軍隊已經被解散，故下令逮捕他，押解北方。當文天祥被押送到鎮江的時候，得當地義士相救脫險。此後力圖恢復，轉戰東南。這時，南宋朝廷已奉表投降，恭帝被押往元大都，陳宜中等擁立7歲的宋端宗在福州即位。文天祥奉詔入福州，任樞密使，同時都督諸路軍馬，往南劍州（今福建南平）建立督府，派人赴各地募兵籌餉以繼續抗元戰爭。秋天，元軍攻入福建，端宗被擁逃海上，在廣東一帶乘船漂泊。

文天祥與當時朝臣張世傑與陳宜中意見不合，於是離開南宋行都，以同都督的身份在南劍州（治今福建南平）開府，指揮抗元。1277年丁丑，文天祥率軍移駐龍巖、梅州，攻入江西。在雩都（今江西南部）大敗元軍，攻取興國，收復贛州十縣、吉州四縣，人心振奮，抗元形勢轉好。但好景不長，元軍主力進攻文天祥興國大營，文天祥寡不敵眾，率軍北撤，敗退到盧陵、汀州（今福建長汀），損失慘重，妻兒也被元軍擄走。

祥興元年（1278年戊寅）夏，文天祥得知南宋行朝移駐崖山，為擺脫艱難處境，請求率軍前往，與南宋行朝會合。由於張世傑堅決反對，計劃失敗，文天祥率軍退往潮陽縣。當年八月南宋朝廷封文天祥為少保、信國公。同年冬，元軍大舉來攻，文天祥再敗逃走；文天祥率部向海豐撤退的途中，在五坡嶺（廣東海豐北）造飯時遭到元將張弘范的攻擊而兵敗，文天祥吞下隨身攜帶的冰片企圖自殺，不過卻未死，僅昏迷過去，隨後文天祥被俘。張弘范要文天祥寫信招降張世傑，乃書《過零丁洋詩》：「辛苦遭逢起一經，干戈寥落四周星。山河破碎風吹絮，身世飄搖雨打萍。惶恐灘頭說惶恐，零丁洋裡歎零丁。人生自古誰無死？留取丹心照汗青。」弘范笑而置之，不久遣使護送至大都，路上絕食八日，不死。被關押在北京府學胡同，拘囚四年。帝昺祥興二年（1279年己卯），宋亡，文天祥仍堅守初志，在給妹妹的信中說：「收柳女信，痛割腸胃。人誰無妻兒骨肉之情？但今日事到這裏，於義當死，乃是命也。奈何？奈何！……可令柳女、環女做好人，爹爹管不得。淚下哽咽、哽咽。」獄中作《指南後錄》第三卷、《正氣歌》。

忽必烈愛其才，先後派出平章政事阿合馬、丞相孛羅招降，至元十九年十二月八日（1283年壬申1月8日），忽必烈召見文天祥，親自勸降。文天祥堅貞不屈，答曰：「一死之外，無可為者。」元朝又請出當時已經降元的南宋大臣，出面勸降，結果遭到文天祥的痛罵；元朝又派出已經被俘的宋恭

帝趙㬎勸降，文天祥置之不理。次日押赴刑場（柴市，今北京東城區交道口），文天祥向南宋首都臨安方向跪拜，從容就義，享年47歲。

行刑後不久，「俄有詔使止之」，然文天祥已死，忽必烈惋惜說：「好男子，不為吾用，殺之誠可惜也！」文天祥的妻子歐陽氏收屍時，在其衣帶中發現絕筆自讚：「孔曰成仁，孟曰取義；惟其義盡，所以仁至。讀聖賢書，所學何事？而今而後，庶幾無愧！」

據《宋史》記載，南宋降臣留夢炎在元朝有意放文天祥的情況下指出文天祥會再度領導反元，最終說服元朝處死文天祥，留夢炎也因此遭後世唾罵，明朝時甚至要求留姓人必須手書非留夢炎子孫才能科考。但據鄧光薦《文丞相傳》，此系青陽夢炎所為。

（二十三）　賈似道
乾造：1213年11月14日（吉時）

正印	日元	七殺	七殺
乙吉	丁	癸	癸
巳時	酉	亥	酉
陽刃	偏財	正官	偏財

大運：

1285	1275	1265	1255	1245	1235	1225	1215
72	62	52	42	32	22	12	2
乙	丙(奪丁光)	丁	戊	己	庚(合乙轉老闆)	辛	壬
卯	辰	巳	午	未(木強)	申(癸辰水強貴氣)	酉	戌
	1275年乙亥(估計甲申月，申癸辰水強，申又合去巳，火死)，賈似道率精兵13萬應戰元軍於丁家洲(今安徽銅陵東北江中)，大敗被貶高州團練副使，為監押使臣會稽縣尉鄭虎臣所殺。	1265年乙丑拜太師 1266年丙寅任平章軍國重事 1269年己巳辭官還鄉 1272年壬申全合日柱戰略錯誤大敗宋度宗死。	1256年丙辰，擔任參知政事 1257年丁巳，加知樞密院事 1258年戊午，改任兩淮宣撫大使 1259年己未抗蒙大捷 1264甲子年換老闆。	1246年丙午遷京湖制置使兼知江陵府，賞罰靈活掌握。 1249年己酉升任寶文閣學士、京湖安撫制置大使 1250年庚戌以端明殿學士鎮守兩淮 1254年甲寅加同知樞密院事、臨海郡開國公，權力越來越大。	1238年戊戌，登科進士，並依靠其姐為貴妃深受宋理宗所器重。	1234年甲午，以父蔭為嘉興司倉、籍田令。	

吉時：

辛	庚	己	戊	丁	丙	乙	甲	癸	壬	辛	庚
亥	戌	酉	申	未	午	巳	辰	卯	寅	丑	子
						✓					

觀五氣：

火

X	丁	X	X
戌	X	X	X

木

X	X	X	X
X	X	亥	X

金

庚	X	X	X
X	酉	X	酉

水

X	X	癸	癸
X	X	亥	X

土

X	X	X	X
戍	X	X	X

賈似道（1213年11月14日－1275年11月2日），字師憲，一字允從，號悅生、秋壑，台州天台縣（今浙江省天台縣平橋鎮王裡溪村）人，南宋晚期權相。

端平元年（1234年），以父蔭為嘉興司倉、籍田令。嘉熙二年（1238年），登科進士，並依靠其姐為貴妃深受宋理宗所器重，官位一路平步青雲，歷任寶章閣直學士，沿江制置副使，江州知州，江陵知府，京湖安撫制置使等職。寶祐二年（1254年），賈似道開始進入南宋政權核心，加封同知樞密院事，臨海郡開國公，後又晉陞為參知政事，知樞密院事。

德祐元年（1275年），賈似道率精兵13萬出師應戰元軍於丁家洲（今安徽銅陵東北江中），大敗，乘單舟逃奔揚州。群臣請求誅殺賈似道，於是，賈似道被貶為高州團練副使，循州安置。行至漳州木棉庵，為監押使臣會稽縣尉鄭虎臣所殺，年六十三歲。

初踏仕途

嘉定六年癸酉十月初一是卯時（1213年11月14日），賈似道出生於台州天台（今浙江省台州市天台縣）。

端平二年（1235年），賈似道以門蔭入仕，擔任嘉興司倉。

嘉熙二年（1238年），賈似道登進士第，當時他的姐姐賈氏已為宋理宗貴妃（即賈貴妃），遂擢為太常丞、軍器監。可是此時的賈似道，還是沒改變他一身的紈褲之氣。他仗著自己為官又受寵，舉止毫不檢點，常常白天就去找娼妓，晚上又徹夜遊湖玩樂。一次，理宗登高望遠，結果看見西湖上燈火通明，便問隨從。隨從張口便答：「這一定是賈似道在那裡。」理宗第二天去核實，果真如此。於是理宗便讓京尹史巖之（史嵩之弟）去告誡賈似道。結果史巖之給理宗說：「賈似道雖然有少年的風流習氣，但他的才能可以大用。」於是理宗便將賈似道派去了澧州磨煉。

淳祐元年（1241年），賈似道改任湖廣統領，開始掌管湖廣的軍事。

淳祐三年（1243年），賈似道被任命為户部侍郎。

淳祐五年（1245年），賈似道以寶章閣直學士的身份擔任沿江制置副使，知江州兼江南西路安撫使。

淳祐六年（1246年），賈似道再遷京湖制置使兼知江陵府，有關賞罰，賈似道可以靈活掌握。

淳祐九年（1249年），賈似道升任寶文閣學士、京湖安撫制置大使。

淳祐十年（1250年），賈似道以端明殿學士鎮守兩淮。

寶祐二年（1254年），賈似道加同知樞密院事、臨海郡開國公，權力越來越大。

寶祐四年（1256年），賈似道擔任參知政事。

寶祐五年（1257年），賈似道加知樞密院事。

寶祐六年（1258年），賈似道改任兩淮宣撫大使。

抗擊蒙古

開慶元年（1259年）九月二十八日，宋理宗令賈似道兼節制江西、兩廣部隊，馳援鄂州，統籌指揮鄂州之戰，拜賈似道為右丞相，封茂國公（一作肅國公）。後賈似道指揮各路軍隊救援鄂州，十一月初一，呂文德抵達鄂州。當日，理宗下詔，令賈似道突圍至黃州統籌指揮作戰。賈似道遂率七百騎，在孫虎城、張世傑、範文虎陪同下成功突圍至黃

州，諸路宋軍聞之士氣大振。蒙軍圍城期間，忽必烈命張柔遣部將造鵝車，掘洞入城。為防禦蒙軍掘洞，賈似道令人以木柵圍城以抵禦蒙軍。及後，恰逢蒙古大汗蒙哥在釣魚城一戰中敗死，賈似道看準機會，遣宋京與忽必烈議和。同年十一月，蒙軍退兵，賈似道連奉捷報：「諸路大捷，鄂州的包圍開始解開，江漢的元軍都肅清了。朝廷轉危為安，實在是萬世無疆的福氣。」

宋理宗賜賈似道衛國公與少師，更大力讚揚賈似道，令朝中的文武百官恭迎賈似道「凱旋」，賈似道由此走上專權道路。

賈似道與同黨編纂《福華編》，用以「歌頌」他於抗蒙軍時的「英勇事跡」。

公田善舉

景定二年 (1261年)，賈似道提倡以強硬的手段阻止富人囤積穀物，隨後提倡公田法。彼時，土地集中在大地主手中是一個嚴重的問題，因為這些地主通常也是大官員，當時政府用「和糴」的計劃彌補這個問題，就是要求地主義務將稻穀賣給國家，但是當政府購買越多的稻穀也必須發行更多的紙幣，造成通貨膨脹。於是，賈似道建議廢除和糴，減少紙幣的流通以穩定物價，然後限定所有人地產的數量，超出限定的土地由國家收購變成公田，然後將公田的收入去償付軍需。這個計劃遭到大地主階層的強力反對，但賈

似道極力推行，使公田法實施到他下野，由景定四年（1263年）至德佑元年（1275年），共計十二年。

襄陽作戰

咸淳元年（1265年）四月，賈似道被拜為太師，封魏國公，被皇帝喻為「周公」。

咸淳二年（1266年）二月，賈似道擔任平章軍國重事。

咸淳四年（1268年），賈似道為了測試自己在朝中的地位，便在度宗面前說自己年事已高，需返鄉接受天地神明的降福，度宗為了不要失去該軍事奇才，便下旨准許賈似道可六日才上朝一次，也不用如百官般的行禮，到後來更是十天上朝一次，賈似道已證明了自己在朝中的地位幾乎與皇帝相似。另一種說法認為不必上早朝是南宋「權相現象」，是每任丞相皆有的禮遇。九月，蒙軍於襄陽外大舉築城，圍困襄陽，襄陽守將呂文煥告急，賈似道置之不理。

咸淳五年（1269年），賈似道辭官回鄉。

咸淳七年（1271年）四月，賈似道再次出仕，遣殿前副指揮使範文虎率軍護送糧草馳援襄陽，於湍灘被蒙軍擊敗。六月，再令範文虎率戰艦一千餘艘，禁衛軍及兩淮水軍十萬人馳援襄陽，進至鹿門山一帶被蒙軍擊敗。後，再令夏貴

遣舟師護送粟米數千石前往襄陽，被擊敗。後再遣呼延德率舟師運送木柴、布帛馳援襄陽，也未成功。七月，遣來興國率戰艦一百艘，陸軍數萬人馳援向蒙軍百丈山營寨進攻，被蒙軍擊敗。

咸淳八年（1272年）遣沿江制置副使孫虎臣及湖北安撫副使高世傑趁漢水暴漲之機，護送衣物、糧草等成功進入襄陽，但於撤退時被擊敗。五月，元兵久圍襄、樊，援兵厄關險不克進，令荊、襄將帥移駐新郢，張順、張貴率民兵三千人自上流夜半輕舟轉戰進入襄陽，在撤退時被擊敗，張順殉國。

襄陽被圍期間，賈似道共組織十四次大規模軍事救援，其中，咸淳七年（1271年），更遣範文虎率十餘萬大軍馳援，但被擊敗。襄樊前線及同時間其他各邊防線此時均受到蒙軍攻擊，惟除襄樊外其餘均為牽制性進攻。而於此各路均有戰事情況下，前線始終缺少統一指揮各路邊軍作戰的統帥，為此，咸淳八年（1272年）十一月，襄陽崩潰迫在眉睫，京湖制置使李庭芝去信賈似道，敦請賈似道親自前往前線指揮作戰。

但賈似道此時依然判定蒙軍主要戰略方向並非襄陽，其對蒙軍戰略方向判斷出現失誤，未能及時前往前線指揮各路軍隊作戰。襄樊於咸淳九年（1273年）相繼失陷。

丁家洲大戰

咸淳十年（1274年），宋度宗離世，元軍攻佔了鄂州，南宋太學生提議賈似道親征出戰，在輿論壓力下，賈似道領兵出征，率軍十三萬、戰船二千五百艘，以孫虎臣為前鋒，夏貴為水軍統帥，屯駐於丁家洲。

德祐元年（1275年），因孫虎臣、夏貴先後潰敗，賈似道倉皇失措，未加抵抗，即和幾個屬下一起乘小船逃走（丁家洲之戰）。南宋軍隊大敗，軍士死傷逃亡不計其數；天下輿論大嘩，又元兵直逼臨安，朝野一片震恐，要求殺之以謝天下。在強大的壓力下，謝太皇太后被迫將他免職，但此舉無法平眾怒，朝廷內外都堅決要求處死賈似道。謝太皇太后無奈，只得把他貶到偏遠的廣東一帶。賈似道行至漳州木棉庵時為監押使臣會稽縣尉鄭虎臣所殺。明朝抗倭名將俞大猷在木棉庵前的石亭中立下石碑，並親書「宋鄭虎臣誅賈似道於此」。

天干丙辛合，丙火官星受制受傷，至使全局成濕寒一片。又辰酉合化金，印星受傷。全局成金剋木之勢，不仁不義。又卯木為偏財星，官印全受制，身旺剋財，故眼中只有金錢、女色和一切私慾。所以，其人心術不正，陰險卑鄙之極，殘害忠良無數。

第二十五象　戊子　艮下巽上　漸
（元朝國運）

「戊子」是六十甲子之第二十五，自然代表的是第二十五象。

第二十五象的卦，是「漸」，下卦艮為山，上卦巽為風。本卦大象是「山上種有草木，逐漸生長，比喻循序漸進」，喻指蒙元的攻城滅國，也是有規劃的「循序漸進」。

《推背圖》本象把蒙元喻為「狼」。自鐵木真建國開始，大蒙古國就成了一部戰爭機器。蒙元「狼」的戰爭是徹底的反人性。成吉思汗發起的「征服運動」，屠殺了各國共2億人，無數的城市變成了無人區，對東西方先進的文明都是空前絕後的災難，它所帶來的文明的傳播和民族的融合都是被動的副產品。前蘇聯稱成吉思汗使他們的科技倒退了一百年，巴格達人稱他們的祖先差點被滅種。南宋幾位名將頑強的抵抗，牽制蒙元，在一定程度上挽救了西方。也正是漢文化影響了忽必烈，使他的濫殺和屠城有所收斂。即使這樣，元朝也是中國歷史上災難最深重的時期，7000萬「中國」人死在了蒙元的「鐵斧頭」之下，元朝統治期間的壓迫是歷史上最深重的，農民起義也就最頻繁。

忽必烈於公元1260年即大汗位，公元1264年（甲子年）登基興建元朝，定年號為至元元年。之後忽必烈又按照中原傳統，取意《易經》中「大哉乾元」，於1271年將國號改為大元，結束了中原的分裂局面。

元朝的戰爭大約可分五個階段：1206－1253年為滅西遼、西夏、金國、吐蕃、大理等國的階段；1253－1279年為滅南宋的階段；1280－1284年為鎮壓復宋起義的階段；1285－1349年為對內鎮壓起義、對外侵略擴張的階段；1351－1368則為元末農民起義階段。在整個元朝歷史中，沒有戰爭記錄的22年可憐巴巴地穿插其間，其中連續沒有發生戰爭的時間最長都沒超過三年（1303－1305年）；僅1280年統一中國後，有記錄的元朝戰爭就已多達近230場，如果再算上1280年之前的戰爭，則肯定是多得數不清了。

無論元朝是建立於1206年（蒙古汗國）還是1271年（國號大元），到1368年滅亡之前，整個元朝沒有戰爭記錄的年份僅22年，這使元朝建國98年就滅亡了。

元朝經歷了十位皇帝之後，這個曾經橫跨歐亞盛極一時的王朝在中國走向滅亡。1368年，享國運不足百年的元朝被朱元璋領導的起義推翻了，與遼、金、西夏等少數民族政權不同，末代皇帝元順帝妥歡帖睦爾既沒有戰死，也沒有自殺，而是率領著王族和所剩的軍隊撤退到了自己祖先曾

經興起的故地－蒙古高原，在中國完成了一次外來政權全身而退的「奇蹟」。這得歸功於從成吉思汗開始的近似於瘋狂的擴張，使得蒙古帝國幅員遼闊，汗國、部落林立，而元朝的版圖只算蒙古帝國的一部分，元朝的皇帝又是蒙古帝國的大汗，對於蒙古各大汗國和部落享有宗主權。元朝的滅亡，只是使蒙古帝國失去了中國的領土，而蒙古帝國依然存在。

斧頭為「鐵」，柄為「木」，斧頭背很特別，兵器、工具中的斧頭背沒有圖中這麼平整的－形似鐵砧，「砧」、「真」同音，故這裏喻建立大蒙古國的「鐵木真」，他的孫子忽必烈建元後諡他為元太祖。柄為10節，喻忽必烈建元朝後，傳10帝。

在中國的歷史上通常給予鐵木真的大蒙古國一個「狼」的預示，把蒙元喻為「狼」。自鐵木真建國開始，大蒙古國就成了一部戰爭機器。再看看《推背圖》這一圖像，給元太祖鐵木真一個「伐性之斧」的比喻，給元朝繼任者10段圓木的象徵，都是恰如其分、毫釐不失的。這圖是借成語「伐性之斧」喻蒙元征伐屠殺，滅絕人性。「伐性之斧」出自《呂氏春秋。本性》，意指砍絕人性的斧頭。

忽必烈滅南宋時，蒙元已經至少滅亡、征服了66個國家。他們破城之後常常是除了要掠走的年輕女子外，殺得一人不留，盡掠錢糧，有的民族被滅絕。蒙元的擴張屠殺了約2億人，其中殺「中國」人7000萬。元朝實行「四等人」制度，還保留奴隸制度[2]，堪稱「伐性之斧」。

讖曰：「北帝南臣，一兀自立，斡離河水，燕巢捕"麥戈"」

「北帝南臣，一兀自立」，蒙古忽必烈在北方稱帝，建立元朝，南方漢人稱臣。

「一兀自立」，「一兀」就是「元」字，暗指元朝鶴立難群，強大無比。

「斡難河水」，「斡難河」為黑龍江上源之一，為鐵木真的蒙古帝國發源地，亦為其孫忽必烈建立的「元朝」的發源地。

「燕巢捕"麥戈"」，石敬瑭割讓「燕」雲十六州給金朝，金朝滅北宋就是佔了長江以北之地，所以「燕巢」亦即是指金朝、西夏、加上南宋之地，即等於中國疆土。「麥戈」可以理解為「戈麥」，是指蒙古的「戈壁沙漠」。

頌曰：「鼎足爭雄事本奇，一狼二鼠判須臾，北關鎖鑰雖牢固，子子孫孫五五宜。」

「鼎足爭雄」，是指蒙古、西夏、金國三國，如鼎的三足，鼎力「爭雄」。「事本奇」，是指局勢出乎意料，弱小蒙古崛起，後來居上堪稱奇。

「一狼二鼠判須臾」，指三國爭雄很快見了分曉，蒙古迅速滅了夏和金國。「一狼」指蒙古；「二鼠」指西夏、金。「須臾」：很快。

「北關鎖鑰雖牢固，子子孫孫五五宜」，雖然北國蒙古軍事強大，但是忽必烈建元朝後只能傳十帝。「鎖鑰」，指軍事要塞，此為借代用法，指元的軍事力量。「五五」：十。

金聖歎：「此象主元太祖稱帝斡難河，太祖名鐵木真，元代凡十主。斧鐵也，柄木也，斧柄十段即隱十主之意。」

第二十六象　己丑　震下震上　震
（元朝亡於藏密雙身修法）

「己丑」是六十甲子之第二十六，自然代表的是第二十六象。

第二十六象的卦，是「震」，下卦震為雷，上卦震為雷。本卦大象是「雷驚百里」之象，有變動、動盪之意，正合本象的元末大動盪。「雷驚百里」，元順帝知徐達大兵壓境，嚇的逃往540裡外的上都。他逃到上都，雖然丟了中原，由於蒙古帝國疆域遼闊，他形式上依然是蒙古帝國的大汗共主，繼續中原以外的元朝轄區的統治，史稱北元。

元朝統治中原九十多年，除了忽必烈和元順帝各三十餘年以外，其餘的皇帝都是在位沒三數年就去世了，直到元朝最後的一個皇帝元順帝才有能在位35年。在位期間元順帝扳倒權臣伯顏而親政，親政初期他勤於政事，任用脫脫等人，採取了一系列改革措施，以挽救元朝的統治危機，史稱「至正新政」，包括頒行法典《至正條格》以完善法制，頒佈舉薦守令法以加強廉政，下令舉薦逸隱之士以選拔人才。但這些始終未能從根本上解決積弊已久的社會問題。順帝「至正」中期逐漸怠政，並寵信佞臣哈麻。宣政院使哈麻及其妹夫秃魯帖木兒引進藏傳佛教密宗於順帝，他們推薦了印度和尚及吐蕃喇嘛僧伽璘真等人，又引入了老的沙（順帝母舅）、八郎（順帝之弟）等十人，稱為「十倚納」，教順帝

「演揲兒法」，所謂演揲兒即漢語「大喜圓滿」之意，「大圓滿」又名雙身修法，源自印度性力派男女交合的功法。這些人借高麗姬妾為耳目，專門刺探貴族家的命婦或民間良家婦女帶到宮中，供順帝修煉「大圓滿」時享用。順帝等人在一間名為「些郎兀該」（漢語「所有的事無礙」，據記載該「秘密法堂」就建在宣文閣旁）的室內「男女裸居，或君臣共被」，在上都更是建穆清閣數百間房屋裏充斥著女人，都用來修「大圓滿」的。皇太子愛猷識理達臘原本對此深惡痛絕，但在順帝的影響下也沉湎此道了，史載「君臣宣淫，而群僧出入禁中，無所禁止，醜聲穢行著聞於外，雖市井之人亦惡聞」。時任宣政院判官的張昱作詩譏諷道：「似將慧日破愚昏，白日如常下鈞軒，男女傾城求受戒，法中秘密不能言。」

至正十一年（1351年）爆發了元末農民起義，元順帝沉湎修「大圓滿」的淫樂，元廷內鬥不斷，外部民變迭起，無法有效地控制政局。至正二十八年（1368年）閏七月明軍進攻大都，元順帝出逃蒙古退出中原，元朝對全國的統治結束。至正三十年（1370年）四月二十八日，元順帝駕崩於應昌，享年五十一歲。明太祖朱元璋以其「知順天命，退避而去」，給予了「順帝」的尊號。

圖中一僧，喻指那些教惑元順帝修習「大圓滿」男女交合雙修之淫術、君臣行淫的藏密喇嘛僧人。跟著的4個女子，指「供養」給該僧行淫的女子。《元史》記載：「帝乃詔，以西天僧為司徒，西番僧為元國師。其徒皆取良家女，或四人，或三人，奉之，謂之供養。」

讖曰：「時無夜、年無米、花不花、賊四起。」

「時無夜」元順帝沉溺於「大圓滿」男女交合雙身法，日夜不停，晨昏顛倒。

「年無米」指饑荒。1358年紅巾軍戰於山東、河南、河北，大批難民避居京城，造成京城發生嚴重饑荒死者枕藉，宦官樸不花被派去買地葬屍20萬具。

「花不花」是指宦官樸不花。樸不花，高麗人，他之所以做了太監，乃為了跟小夥伴高麗女奇洛入宮，奇洛後來成為皇后，提拔樸不花為榮祿大夫，加資正院使，掌管財政。後來順帝耽於聲色，托朝政於太子，樸不花又推薦自己的人為宰相，從此樸不花開始權傾朝野，百官十分之九都投靠他。

「賊四起」，指義軍起於四面八方，樸不花玩弄權術瞞上欺下。1351年紅巾軍起義時，他壓制各地告急文書和將臣功狀。《元史》記載：「皇帝不理朝政，樸不花乘間機專權，四方警報及將臣功狀都被他扣下不報，致使人心渙散，忠臣被陷害。」

頌曰：「鼎沸中原木木來，四方警報起邊垓，房中自有長生術，莫怪都城激夜開。」

「鼎沸中原木木來」指元末「紅巾軍」起義，引發了全國性的起義，中原紛亂如鼎沸。「木木」為林，指韓林兒，他是「紅巾軍」立的帝王，名小明王。韓林兒是韓山童的兒子。1351年韓山童和劉福通發動起義，因洩密被圍，韓山童就義。劉福通突圍後組織起義，義軍以紅巾裹頭，稱為「紅巾軍」。1355年劉福通立韓林兒為帝，稱小明王，國號「大宋」。「紅巾軍」迅速壯大，朱元璋都曾是「紅巾軍」的部下。

「四方警報起邊垓」，各地起義風起雲湧，警報頻頻傳向元大都(今北京)。

「房中自有長生術」，指既然元順帝如此沉湎修「大圓滿」的淫樂，荒淫亂政。

「莫怪都城澈夜開」，元順帝既如此沉湎「大圓滿」淫樂之道了，也難怪在徐達大軍直撲大都的前夕，順帝會半夜打開健德門逃往元上都了。史書記載：「1368年徐達率明軍大舉北上，閏七月二十八日攻克通州(今北京通州區)。當晚，元順帝率后妃太子開健德門奔上都。八月初二，明兵攻入大都，元亡。」

金聖歎：「此象主順帝惑西僧房中運氣之術，溺於娛樂，以致劉福通、徐壽輝、方國珍、明玉珍、張士誠，陳友諒等狼顧鴟張，乘機而起。宦官樸不花壅不上聞。至徐達、常遇春直入京師，都城夜開。毫無警備。有元一代竟喪於淫僧之手，不亦哀哉。劉福通立韓林兒為帝，故曰木木來。」

(二十四)　成吉思汗：1162年5月31日 (推背圖像二十五)

偏印	日主	傷官	比肩
庚	壬	乙	壬
子　沖	午	巳	午
癸羊刃(逢沖天生性多疑)	丁正財	戊七殺，丙偏財，庚偏印	丁正財

水火大戰是命局特色，羊刃，極易暴怒，大怒發兵，大怒屠城。傷官是命局之精緒所在。偏印傷官，畢生性格圍繞著征戰與權力的追求。

大運：

1224	1214	1204	1194	1184	1174	1164
62	52	42	32	22	12	2
壬	辛	庚(隔不合乙)	己	戊(七殺)	丁	丙
子	亥	戌	酉	申	未	午
1227年丁亥8月戊申25日己丑(農曆七月十二己丑日)病逝攻西夏路上。 水火局大戰，死因多為中風，心腦血病變。	1218年戊寅，成吉思汗派大將哲別滅西遼。 1221年辛巳，消滅花剌子模王國。 續擴大版圖。	1204年甲子，鐵木真征伐蒙古草原西邊的太陽汗。 1206年丙寅殺扎木合，統一蒙古各部。尊號「成吉思汗」，正式登基成為大蒙古國皇帝(蒙古帝國大汗)，開創蒙古帝國。 1210年庚午西夏向蒙古稱臣。印星權力表現。	1196年丙辰與金人攻塔塔兒，被金朝封為「札兀惕忽裡」，即部落官。 1203年癸亥擊敗最大部落之王汗。 繼續戊運之武威，己酉印強續得掌權力。	1189年己酉被推為13部首領。 1190年庚戌13翼之戰敗給扎木合，但因扎木合殘暴而鐵木真仁厚反得人心而壯大。 陽刃七殺為官，軍事發揮得力。申子令壬日主能力大升。	歷三劫難。 妻母被俘擄。 後得義兄扎木合助重收乞顏部。 1182年壬寅被推舉為蒙古乞顏部的可汗。 財來合我，故娶妻，但留不住。運尾，將進順運，故得部落(民眾)。	財上干，財出色，故父為乞顏部首領。 子午沖，丙上干，火令金全力滅了不能護王水，而水力不能任財故留不住財，故童年父死。

一分為二：	乙對壬壬庚子午午巳（傷官從我、我財）
干支氣勢：	乙從水火，傷官級數不低。
我與非我：	壬水日主，身弱之時靠身邊人，朋友。 靠印（貴人），比肩（扎木合）。 行金水運才平衡到財，所以妻財有助，很多女人！ 年干壬露，打仗要比人多。 局中無木通關，水火沖，沒有妥協。 戊土大運有申子水局，能任殺，大肆殺伐。 一點傷官，自通兵法。殺伐果斷。
歲運浮沉： 看波動	丙午運：火上幹得大大增強，庚金相對弱了，洩不了火，又扶不了壬（我），任不了財（火），即行逆運。 丁未運：木火勢大，庚金又弱，印不能護我。子午沖，財旺身弱，任不了財，比劫爭財，失妻。 戊申運：七殺陽刃並傷官，武功立業。正式開始打殺。又印貴人得根能護我，申子水局身強。 己酉運：命不絕，正官無霸氣，又酉非局中之申印，欠勢助。 辛亥運：辛克去乙木雜質，即傷官傷盡反而強，兵力益盛。

	壬子運:丁亥年(1227)丁壬合木,亥子沖巳午,天地水火大戰,完其一生。病歿清水縣曲河。
力勢象:	水主智,代表機靈,善於應變。羊刃合殺伐、逢沖天生性多疑。 正財強者,有理財力,講求現實。 偏財者,聰明敏捷,不拘小節,處事圓滑,做事有功利性。 比肩者,勇於冒險,積極進取,喜與同輩共事,competition。 七殺者,豪邁好鬥,剛烈警惕,權威,權力慾強。 偏印者,感受力強,創造力強,做事能幹,注重效率。
六親:	偏印代表母親,在夫死後,獨自撫養家中孩子。 比肩代表兄弟姐妹,同輩,結拜兄弟。 正偏財分別是妻,妾。 七殺是兒子。
事業:	正財是通過自身努力而獲取的財富,而偏財則屬於唾手可得的。 比肩是戰略夥伴。 傷官主成名。 七殺主權威。 偏印主效率。

（二十五）　元朝忽必烈 1215 年 9 月 23 日

	日主	比肩	比肩
癸吉	乙	乙	乙
未時	卯	酉	亥
	乙比肩	辛七殺	壬正印，甲劫財

乙亥 1215	八	辛酉 2.1	庚寅 3.2	庚申 4.1	庚寅 5.1	己未 5.30	己丑 6.29	戊午 7.28	戊子 8.27	丁巳 9.25	丙戌 10.24	丙辰 11.23	乙酉 12.22		戊寅
丙子 1216	九	乙卯 1.21	甲申 2.19	甲寅 3.20	甲申 4.19	癸丑 5.18	癸未 6.17	癸丑 7.17	壬子 9.14	辛巳 10.13	庚戌 11.11	庚辰 12.11	己酉 1.9	壬午七 8.15	庚寅
丁丑 1217	一〇	己卯 2.8	戊申 3.9	戊寅 4.8	丁未 5.7	丁丑 6.6	丙午 8.4	丙子 9.3	乙巳 10.2	乙亥 11.1	甲辰 12.30				壬寅
戊寅 1218	一一	癸酉 1.28	癸卯 2.27	壬申 3.28	壬寅 4.27	辛未 5.26	辛丑 6.25	庚午 7.24	庚子 8.23	庚午 9.22	庚子 10.21	庚午 11.20	庚子 12.20		甲寅
己卯 1219	一二	戊辰 1.18	戊戌 2.17	丁卯 3.18	丙寅 5.16	丙申 6.14	甲子 7.13	甲午 8.12	甲子 9.11	癸巳 10.10	癸亥 11.9	癸巳 12.9	癸亥 1.8	丙申三 4.16	丙寅
庚辰 1220	一三	壬辰 2.6	壬戌 3.7	辛卯 4.5	庚申 5.4	庚寅 6.3	己未 7.2	戊子 7.31	戊午 8.30	丁亥 9.28	丁巳 10.28	丁亥 11.27	丁巳 12.27		戊寅

大運：

1290	1280	1270	1260	1250	1240	1230	1220
75	65	55	45	35	25	15	5
丁	戊	己	庚	辛	壬	癸	甲
丑	寅	卯	辰	巳	午	未	申
1294年甲午2月丙寅18日癸酉死。	晚年飽受肥胖與痛風痛之苦。過度飲酒也損害了他的健康。(水極弱腎出毛病)。	1271年辛未12月18日建立元朝。蒙古帝國進入分裂期(四大汗國)。	1260庚申登基(申癸辰暗三合印超強掌握大權)。	七穀征戰。			

甲申運（1220~1229）：童年。甲奪乙壽，早走，好！是成吉思汗第四子拖雷與正妻唆魯禾帖尼所生的嫡次子（蒙哥是嫡長子，旭烈兀是嫡三子，阿里不哥是嫡四子）。

癸未運(1230~1239)：伏吟時柱。無大事記載。印運，主吸收知識。水主智。忽必烈長大後，「仁明英睿，事太后至孝，尤善撫下。」

壬午運(1240~1249)：正印運。忽必烈年少有大志、重視漢地的治理，早在1244年，年輕的忽必烈便招攬了搜羅了各方的文人、儒生、舊臣等，形成了一個屬於自己的幕僚團。

辛巳運（1250~1259）：1251年7月1日（農曆辛亥年六月十一日），忽必烈長兄蒙哥經忽裡台選舉成為大蒙古國大汗。即位後不久即任命忽必烈負責總領漠南漢地事務[5]。忽必烈設置金蓮川幕府，並在這段時間內任用了大批漢族幕僚和儒士，尊崇儒學。1252年六月，忽必烈前往草原觀見蒙哥汗，奉命率軍征雲南地區的大理國，為繼續進攻南宋作跳板。1253年八月，忽必烈率軍從陝西出發，於1254年1月2日（農曆十二月十二日）攻克大理城，國王段興智投降，大理國滅，雲南地區併入大蒙古國版圖。1256年夏天，蒙哥以南宋扣押蒙古使者為理由，對南宋宣戰。1259年9月3日（農曆八月十五日），忽必烈統領中路軍渡過淮河，攻入南宋境內，隨後一路向南，在湖北開闢新的戰場，進攻長江中游的鄂州。1259年8月11日，蒙哥在四川合州釣魚山病逝。

庚辰運(1260~1269)：庚申年三月二十四日（1260年5月5日），忽必烈在部分宗王和大臣擁立下於自己的封地開平（後稱上都，今內蒙古多倫縣北石別蘇木）自立為「大蒙古國皇帝」[10]（即蒙古帝國大汗的漢語稱謂）。庚申年四月四日（1260年5月15日）[12]，忽必烈發佈稱帝的即位詔書《皇帝登寶位詔》。（1260年6月29日），忽必烈發佈《中統建元詔》[14]，正式建年

號「中統」。1264年8月21日（忽必烈中統五年七月二十八日）阿里不哥投降。期間並完善官制。

己卯運（1270~1279）：至元八年十一月十五日（1271年12月18日），因劉秉忠之勸，忽必烈發佈《建國號詔》[25]，取《易經》「大哉乾元」之義[26]，建立「大元」國號，其自身亦從大蒙古國皇帝（大汗）變為大元皇帝，元朝正式建立，統一中國。

戊寅運(1280~1289)：1281年3月20日，忽必烈愛妻察必皇后去世。1286年1月5日，皇太子真金去世，連續幾年的時間裡，愛妻和愛子的先後去世，使忽必烈悲痛不已。此外，忽必烈晚年飽受肥胖與痛風病痛之苦。過度飲酒也損害了他的健康。

丁丑運（1290~1299）：至元三十一年正月二十二日（1294年2月18日），忽必烈於大都皇宮紫檀殿去世，享壽七十九歲，在位三十五年。

（二十六）　第二十七象　庚寅　乾下震上　豫
（明朝立國）

「庚寅」是六十甲子之第二十七，自然代表的是第二十七象。

第二十七象的卦，是「震」，下卦坤為地，上卦震為雷。本卦大象是「雷出於地上，陽氣奮發，萬物欣欣向榮」，正合明朝驅逐了蒙元，救民於水火。明朝對中國歷史發展的有功之處，明前期，吏治清明，抗擊蒙古，國力強盛到無以復加，科技發展更是如火如荼，至萬曆年間，單說火器發展已經到達世界頂峰，火銃的威力準度遠遠超過八國聯軍侵華時期所用的洋槍，甚至出現最早的迫擊炮模型，炮身小巧，利用石子鉛塊等等充當炮彈，威力雖然不是很大，但有一定的殺傷力，還有就是最早的水雷模型，一個密封的盒子，裡面裝上火藥與機關，觸動就產生爆炸，雖然威力很小，但足以震懾人心！當年拿破崙利用火槍方陣征服歐洲，自命不凡，殊不知永樂大帝朱棣在抗擊蒙古時就發明出了此陣，明朝的先進事跡很多，就不一一列舉了。明朝在對中國的發展確實起到了很大的作用，這正是「雷出於地上，陽氣奮發，萬物欣欣向榮」之象。

明朝（1368年1月23日－1644年4月25日）是中國歷史上最後一個由漢人建立的大一統王朝，歷經十六位皇帝，國祚277年。元末年間政治腐敗，天災不斷，民不聊生，爆發農民起義。1352年朱元璋加入紅巾軍中乘勢崛起，1356年據南京（應天府），已有了自己的地盤，朱元璋用「開國三策」九字方針：「高築牆，廣積糧，緩稱王」，1364年朱元璋稱吳王，建立西吳。1368年最後掃滅陳友諒、張士誠和方國珍等群雄勢力，總共花了16年。於當年農曆正月初四日朱元璋登基稱帝，國號大明，並定都應天府（今南京市），其轄區稱為京師。後以「驅逐胡虜，恢復中華」為號召北伐中原，結束蒙元在中國的統治，丟失四百年的燕雲十六州也被收回，最終消滅張士誠和方國珍等各地勢力，統一天下。

明初天下大定，經過朱元璋的休養生息，社會經濟得以恢復和發展，國力迅速恢復，史稱洪武之治。朱元璋去世後，其孫朱允炆即位，但是在靖難之役中敗於駐守燕京的朱元璋第四子朱棣，朱棣登基後遷都至順天府（今北京市），北平布政司升為京師，原京師改稱南京。明成祖朱棣時期，開疆拓土，又派遣鄭和七下西洋，國勢達到頂峰，史稱永樂盛世。其後的仁宗和宣宗時期仍然處於興盛時期，史稱仁宣之治。英宗和代宗時期，遭遇土木之變，國力中衰，經于謙等人抗敵，最終解除國家危機。憲宗和孝宗相繼與民休息，孝宗力行節儉，減免稅賦，百姓安居樂業，史稱弘治中興。武宗時期還爆發了南巡之爭和寧王之亂。世宗

即位後引發大禮議之爭，清除宦官和權臣勢力後總攬朝綱，實現嘉靖中興，並於屯門海戰與西草灣之戰中擊退葡萄牙殖民侵略，任用胡宗憲和俞大猷等將領平定東南沿海的倭患。世宗駕崩後經過隆慶新政國力得到恢復，神宗前期任用張居正，推行萬曆新政，國家收入大增，商品經濟空前繁榮、科學巨匠迭出、社會風尚呈現出活潑開放的新鮮氣息，史稱萬曆中興。後經過萬曆三大征平定內憂外患，粉碎豐臣秀吉攻佔朝鮮進而入明的計劃，然而因為國本之爭，皇帝逐漸疏於朝政，史稱萬曆怠政，同時東林黨爭也帶來了晚明的政治混亂。萬曆一朝成為明朝由盛轉衰的轉折期。光宗繼位不久因紅丸案暴斃，熹宗繼承大統改元天啟，天啟年間魏忠賢閹黨禍亂朝綱，至明思宗即位後剷除閹黨。然而因東林黨治國導致政治腐敗以及連年天災，導致國力衰退，最終爆發大規模民變。1644年3月18日（舊曆二月初十）李自成所建立的大順軍攻破北京，思宗自縊於煤山，明朝滅亡。

明代商品經濟繁榮，出現商業集鎮，而手工業及文化藝術呈現世俗化趨勢。根據《明實錄》所載的人口峰值於成化十五年（1479年）達七千餘萬人，不過許多學者考慮到當時存在大量隱匿戶口，故認為明朝人口峰值實際上逾億，還有學者認為晚明人口峰值接近2億。這一時期，其GDP總量所佔的世界比例在中國古代史上也是最高的，1600年明朝GDP總量為960億美元，佔世界經濟總量的29.2%，晚明中

國人均GDP在600美元。明朝政治中央廢除丞相，六部直接對皇帝負責，後來設置內閣；地方上由承宣布政使司、提刑按察使司、都指揮使司分掌權力，加強地方管理。仁宗、宣宗之後，文官治國的思想逐漸濃厚，行政權向內閣和六部轉移。同時還設有都察院等監察機構，為加強對全國臣民的監視，明太祖設立特務機構錦衣衛，明成祖設立東廠，明憲宗再設西廠（後取消），明武宗又設內廠（後取消），合稱「廠衛」。但到了後期出現了皇帝怠政，宦官行使大權的陋習，但決策權始終集中在皇帝手裏，不是全由皇帝獨斷獨行。有許多事還必須經過經廷推、廷議、廷鞫的，同時還有能將原旨退還的給事中，另到了明代中晚期文官集團的集體意見足以與皇帝抗衡，在遇到事情決斷兩相僵持不下時，也容易產生一種類似於「憲法危機」的情況，因此「名義上他是天子，實際上他受制於廷臣」。但明朝皇權受制於廷臣主要是基於道德上而非法理上，因為明朝當時風氣普遍注重名節，受儒家教育的皇帝往往要避免受到「昏君」之名。皇帝隨時可以任意動用皇權，例如明世宗「大禮議」事件最後以廷杖朝臣多人的方式結束。有學者認為明代是繼漢唐之後的黃金時期。清代張廷玉等修的官修《明史》評價明朝為「治隆唐宋、遠邁漢唐」。

圖中天上「日、月」喻「明」字，樹上掛曲尺即「木、∟」，合為「朱」字。此圖乃預言朱元璋登基稱帝，國號大明。

讖曰：「惟日與月，下民之極，應運而興，其色曰赤。」

「惟日與月」是明朝的「明」字。喻1368年掃滅陳友諒、張士誠和方國珍等群雄勢力，朱元璋登基稱帝，國號大明。

「下民之極」指明太祖朱元璋出身貧賤，少年時做過乞丐，也被迫做過了和尚。

「應運而興，其色曰赤」，指元末年間政治腐敗，天災不斷，民不聊生，爆發農民起義，故1352年朱元璋加入紅巾軍中乘勢崛起，是應運而起。「赤」是紅色，喻「朱」。

頌曰：「枝枝葉葉現金光，晃晃朗朗照四方，江東岸上光明起，談空說偈有真王。」

「枝枝葉葉現金光，晃晃朗朗照四方」喻明朝的「明」。明朝是「治隆唐宋、遠邁漢唐」，故是「枝枝葉葉現金光，晃晃朗朗照四方」。

「江東岸上光明起」，乃指朱元璋在江東的應天府（今南京）稱帝，建明朝。

「談空說偈有真王」，指佛門出了個真皇帝。

金聖歎：「此象主明太登極。太祖曾為皇覺寺僧，洪武一代海內熙洽，治臻大平。」

（二十六）　　朱元璋　　（推背圖像二十七）

乙丑 1325	二三	壬午 1.15	辛巳 3.15	辛亥 4.14	庚辰 5.13	己酉 6.11	己卯 7.11	戊申 8.9	戊寅 9.8	戊申 10.8	丁未 11.7	丁丑 12.6	丁未 1.5	壬子 2.14 正	戊寅
丙寅 1326	三四	丙子 2.3	丙午 3.5	乙巳 4.3	乙亥 5.3	甲辰 6.1	癸酉 6.30	癸卯 7.30	壬申 8.28	辛未 9.27	辛丑 10.26	辛未 11.25	辛丑 12.25		庚寅
丁卯 1327	四	辛丑 1.24	庚午 3.5	庚子 3.24	己巳 4.22	戊寅 5.22	戊辰 6.20	丁酉 7.19	丁卯 8.18	丙申 9.16	乙未 11.14	乙丑 11.14	乙未 12.13	丙寅 九 10-16	壬寅
戊辰 1328	五	乙丑 2.12	甲午 3.12	甲子 4.11	癸巳 5.10	癸亥 6.9	壬辰 7.8	辛酉 8.6	辛卯 9.5	庚申 10.4	己丑 11.2	己未 12.2	己丑 1.1		甲寅
己巳 1329	元文宗 天曆二	己巳 1.31	戊子 3.1	戊午 3.31	戊子 4.30	丁巳 5.29	丁亥 6.28	丙辰 7.27	丙戌 8.25	乙卯 9.24	甲申 10.23	癸丑 11.21	癸未 12.21		丙寅

乾造：朱元璋1328年10月21日（吉時）

偏財	日元	合	正官		傷官
辛吉	丁		壬	天克 地沖	戊
亥時	丑		戌		辰
正官	食神		傷官		傷官

火土有氣有力改革力強
水有氣有力官定我規矩
木待上干(16~35)文明
火週期(66~)漫自己人

大運：

1394	1384	1374	1364	1354	1344	1334
66	56	46	36	26	16	6
己	戊	丁	丙 (辛合丙)	乙	甲	癸
巳 (巳辛丑)	辰	卯	寅 (寅丁戌)	丑	子	亥

1398年戊寅6月24日，朱元璋崩於南京皇宮內，享壽七十歲。《明朝小史·卷三》載，責殉諸妃，強迫伺寢宮人盡數殉葬。 死時：一說是洪武三十一年（1398年戊寅）閏五月戊午初九甲申，一說是閏五月初五庚辰，一說是閏五月十七日壬辰等。僅供參考。 （巳辛丑）[火金大戰]（巳亥沖）[水火大戰]甲申日木凶物上干，死！	20年間大殺開國功臣，集中皇權。 1392壬申朱標死。 此運水轉重，運勢轉差！再trigger辰戌沖，形成下一運死亡的伏筆。	20年間大殺開國功臣，集中皇權。	1363年癸卯鄱陽湖之戰」敗殺陳友諒。 1364年甲辰自立為「吳王」。 1367年丁末南征北戰。 1368年丁末1月癸丑23日乙亥朱元璋在應天府登基即位，建國號大明，年號洪武。同年八月初二（9月14日）大將徐達攻克大都，元朝覆亡。火暗三合身起強4庫全年稱帝！	1354年甲午~1356年丙申輾轉征戰得利，盡領郭子興舊部，以應天府為中心，與元朝軍隊、張士誠、徐壽輝等部形成犬牙交錯之勢。	1344年甲申淮北大旱，引發饑荒，朱元璋初六父崩，初九兄歿，廿二日母崩，與仲兄極力營葬後秋九月入皇覺寺當行童。入寺五十日，因荒年寺租難收，寺主封倉遣散眾僧，朱元璋只得離鄉為遊方僧雲遊淮西潁州。 1348年戊子游屬完畢回皇覺寺繼續讀書識字。 1352年壬辰二月辛丑（1351辛卯？），身在皇覺寺多年的朱元璋受好友湯和來信勸說，到濠州投靠郭子興，參加紅巾軍。	朱元璋幼時甚貧困，並無法讀書，曾為地主放牛。牧童夥伴多人都奉朱為領袖，且日後成朱起義將領多人。

明太祖朱元璋（1328年10月21日－1398年6月24日），或稱洪武帝，明朝開國皇帝，原名朱重八（太玄甲子數是：甲己子午九，乙庚丑未八，丙辛寅申七，丁壬卯酉六，戊癸辰戌五，巳亥單四數。

太玄甲子數是漢代楊雄《太玄經》公佈的。清華大學藏戰國竹簡《筮法》篇，有太玄甲子數的完整內容，楊雄說法來自他所知的古文獻。此數後來使用於鐵板神數、針灸學裡的靈龜八法等領域。它異於太一甲子數，此數里遞減，例如子九午三。）

曾改名朱興宗（宗zōng[名]（會意。從宀示。示，神祇，宀，房屋。在室內對祖先進行祭祀。本義：宗廟，祖廟）同本義[ancestraltemple]宗，尊祖廟也。－《說文》）

投軍被郭子興取名元璋（璋，為中國古代用來祭祀之玉器，形狀如半個圭，在玉器中，主祭南方。山東龍山文化遺址、二里頭文化、二里崗等均有出土。中國古代的父母會把璋給男孩玩弄，期望他長大後能成為有權貴的人，故產生「弄璋之喜」的祝賀語恭喜別人生男孩。），字國瑞，出生地之爭由來已久，有明光說（也就是盱眙說、嘉山說）、鳳陽說（也就是鍾離說）、句容說、五河說、沛縣說、宿州說等。後四說基本上沒有證據支持，經不住推敲，明顯不能成立。爭議主要出現在明光和鳳陽之間。廟號「太祖」，諡號「開天

行道肇紀立極大聖至神仁文義武俊德成功高皇帝」，統稱「太祖高皇帝」。在位三十一年，因年號洪武也俗稱洪武帝。太祖之後的明朝皇帝除明英宗（復辟），皆實行一世一元制。

朱元璋出身貧農家庭，幼時貧窮，曾為地主放牛。後因災變，曾一度剃髮出家，四出流浪，化緣為生，25歲（1352年）時，參加郭子興領導的紅巾軍反抗蒙元政權。先後擊敗了陳友諒、張士誠等其他諸侯軍閥，統一南方，後北伐滅元，建立大一統的封建皇朝政權，國號「大明」。

明太祖在位期間，為其家族能夠長期統治平民用殘酷方法殺害了許多人，自著大誥三編宣揚部分經過。據臣下劉辰所著國初事跡他又發明使用多種殘酷殺人方法。

明太祖下令農民歸耕，獎勵墾荒；大興移民屯田和軍屯；組織各地農民興修水利；大力提倡種植桑、麻、棉等經濟作物和果木作物；下令解放奴婢；減免賦稅。派人到全國各地丈量土地，清查戶口等等。經過洪武時期的努力，社會生產逐漸恢復和發展，史稱「洪武之治」。同時立《大明律》，用嚴刑峻法管理百姓與官僚，禁止百姓自由遷徙，嚴厲打擊官吏的貪污腐敗，設立錦衣衛等特務機構，整肅顯貴的勢力及他認為對他的朝廷有威脅的人、並廢中書省，由皇帝直領各部，進一步加強了中央集權。駕崩後傳位於嫡長孫朱允炆為明惠宗。

明太祖的生活儉樸、工作勤奮，在南京的皇宮內，沒有設立「御花園」，只有「御菜園」，其中種滿蔬菜，使得皇宮自給自足。大封宗藩，令世世皆食歲祿，不授職任事。至明朝中後期，朱元璋子孫人口繁殖至近百萬人。洪武元年令：「凡孝子順孫、義夫節婦、志行卓異者，有司正官舉名，監察御史、按察司體覆，轉達上司，旌表門閭。又令：民間寡婦，三十以前，夫亡守制，五十以後，不改節者，旌表門閭（貞節牌坊），除免本家差役。」洪武二十六年令：「凡婦人因夫、子得封者，不許再嫁。如不遵守，將所授誥敕追奪，斷罪離異。其有追奪為事官誥敕，具本奏繳內府，會同吏科給事中、中書舍人，於勘合低簿內，附寫為事緣由，眼同燒燬。」明朝婦女守寡盛行。又創立明朝入宮婦女生殉制度。

朱元璋一直以來都是以猛治國，認為「胡元以寬而失，朕收平中國，非猛不可」。恢復經濟著眼，歷史記載朱元璋是少數極力勤政的皇帝。亦顯現在清洗權貴勢力、以特務錦衣衛控制政治、又用文字獄及廷杖大臣，以立帝王權威。正官－嚴以律己、律人！

偏財－用財如用兵，功能性強、策略性強，抓經濟能大刀闊斧出招。

華蓋系 — 唯我獨尊；地支刑沖 — 多疑、辯證人生；宗教一
出身沙門一分為二：

干支氣勢：

1. 觀五氣：

火：有氣有力

X	丁	X	X
X	X	戌	X

水：有氣有力

X	X	壬	X
亥	X	X	辰

木：等待上干－》木待上干（16~35歲）木火文明之象（變身完成）

X	X	X	X
亥	X	X	辰

格調高低：一級上等。

我與非我：

辛金偏財：經濟改革

合正官：削官、廉官、監管（錦衣衛、昭獄、文字獄及廷杖大臣。）酷愛名聲(recognition)。

地支以4庫系為主：寡恩薄情。

歷史名人多有天干配合其人生主要思象行為之象：比較[鄧小平]

鄧小平命造
（1904—1997）

乾造：（真從格、忌火土）
甲辰
壬戌
戊子
甲寅

大運：
6　癸酉
16　甲戌
26　乙亥
36　丙子
46　丁丑
56　戊寅
66　己卯
76　庚辰
86　辛巳

- 滴天髓雲：從得真者只論從，從神又有吉和凶。
- 六六、六七年火流年文革遭難。
- 八零、八一年金流年大運控制大局。
- 九二年今水流年，南巡講話，確立經濟新模式。

時柱甲寅：七殺一柱雙掛有力為用，月干壬水坐申子辰水局強有力，戊土從水木。

1. 此為一級命造：用神貼身天干外露

2. 能抓住經濟搞好經濟改革，用神偏財星

3. 早年加入革命黨，做反，非正星用事（七殺、偏財）

4. 高智慧，提創新思維：一國兩制，社會主義制度下的資本主義新中國（食傷月令）

5. 庚辰運庚申辛酉，人生最高點，1980/81（金上幹完成變身）

6. 戊寅運丙午丁未年，人生最黑暗階段（從格忌火土破）

7. 百煉鋼繞指柔，矮小。（戊土，從水主智）

8. 人生名句：不管黑貓白貓，抓到老鼠是好貓。（水是老鼠、寅是貓，水是黑、金是白。）

而在朱元璋八字，其天干辛、壬、戊。他的治世名句是：高築牆，廣積糧，緩稱帝。

辛偏財主經濟改革之能力，對應廣積糧。

戊土是牆垣，對應高築牆。

正官壬水是抓住管治權力，皇權集中，1363年癸卯大敗陳友諒，到1368年1月（丁未年）才稱帝，國號[大明（不是明，是大明）丙＝太陽，大大的光明也！]對應緩稱帝（等待到4庫齊備，時機成熟了，才稱帝）。

浮沉升降：
年月天克地沖，出身家境甚差，少年走茫茫。華蓋系佔四地支之三，年輕便與宗教有緣。

首三運水冷金寒，不利於火，故為固本待時的階段。但印星甲、乙木上干，故得郭子興貴人賞識。

丙運寅丁戊暗三合人生顛峰期，稱帝於4庫齊備之1368.01丁未年。

（二十七）　劉伯溫（推背圖像二十八）

1311年7月1日

傷官	日主	劫財	七殺在年非爭雄人
丙吉	乙	甲	辛
戌時	卯	午	亥
戊正財、丁食神、辛七殺	乙比肩	丁食神	壬正印，甲劫財

大運：

庚戌	庚子	庚寅	庚辰	庚午	庚申
1370	1360	1350	1340	1330	1320
59	49	39	29	19	9
戊	己	庚	辛	壬	癸
子	丑	寅	卯	辰	巳
本運子午沖弱火；水運水強火力減 1371年辛酉天克地沖日柱，還鄉。 1375年乙卯四月辛巳十六日乙巳死，金木戰，火又無力制金故。	輔佐朱元璋得重用 1367年丁未請求朱元璋下詔罪己，丑戌未三刑之年，未又沖丑動了貴氣可能與朱元璋種下嫌隙。 1368年戊申元璋登帝位。木火有力，生土養金，金棄從，但辛金有庫有力貴氣仍顯。	至正十六年（1357年丁酉46歲）時，方國珍起兵海上，搶劫郡縣，相關部門無法控制，行省復任劉基為元帥府都事。庚金來合我，可從木火，貴氣為我用。寅午戌三合火局智能發揮淋漓盡至。		期間考中進士，擔任江西行省瑞州府高安縣的縣丞，獲得廉潔正直的名聲。行省要提升他，劉基謝絕離去。後來出任江浙儒學副提舉，論御史失職之罪，被台臣所阻，劉基兩次上奏彈劾，後棄官還鄉。劉基博通經史，無書不讀，尤其精於天文。西蜀趙天澤在評論江右人物時，首推劉基，將他比作諸葛亮。	

老二命，c.f.周恩來：戊戌、甲寅、丁卯、丙午（此命傷官隔開在年干，故非用兵之才）

傷官得用勝財官。此造，不用火（傷）便用水（印）了。印有老闆照亦不差。水是壬午時，要等火上幹才發揮，但大運火來太晚，而且他發跡亦非由天干火所始動，故不符。火則是丙戌時（丙子截腳弱、丁丑遇天然剋星更不用考慮、丁亥也不強也）。丙戌時，有午戌根，且得令故佳。辛金是殺，但他不是爭雄者，故不合（七殺在年干為非我，補回辛金在時幹才是爭雄亂世之人。）。他是智者，不是用水，便要用食傷。故選丙戌時。木火通明有文彩。傷官適合亂世、能掌兵，故能為朱元璋制定抗元策略。

他是國師，一生恪守本分，智慧行先。一直助朱元璋打天下，而朱元璋起初也是一位完人。

木火通明，有仁有智。一生無劣跡。

第二十八象　辛卯　坎下震上　解
（靖難之役，燕王奪位）

「辛卯」是六十甲子之第二十八，自然代表的是第二十八象。

第二十八象的卦，是「解」，下卦坎為水，上卦震為雷。本卦大象是「雷雨大作而萬物解、久旱逢甘露」之象，故一切困厄都可以解決了。本象主角燕王朱棣與皇帝朱允炆之間的博弈亦逐漸走向明處，變得更加激烈，並引發了「靖難之役」，最終燕王的冒險武力奪權大功告成。而從明朝大局來看，朱棣之後改變了明中央和諸藩的軍事力量對比，解決了諸王擁有軍權對皇帝做成潛在威脅的問題。

明朝建立後，明太祖朱元璋為了鞏固自己及子孫的統治，便大封宗室二十五人為藩王駐守全國各地，這些藩王雖然沒有封地的管治權，但擁有護衛軍隊，少者有三千人，多者至一萬九千人，駐守北方邊境的九位邊王（遼、寧、燕、谷、代、晉、秦、慶、肅）軍權更大，如寧王「帶甲八萬，革車六千」。朱元璋的太子朱標不幸早死，太孫朱允炆是諸王之姪，感到難以制約各叔父們的勢力，加上諸王擁有軍權，對他構成潛在威脅，便有削藩之意。洪武三十一年（西元1398年）閏五月初十，明太祖朱元璋去世，朱允炆作為太孫繼位，是為惠帝（建文帝）。惠帝發佈太祖遺詔，令諸王留於封地，不要赴都；甚至燕王朱棣已經前來奔喪，卻被惠帝命令返回，導致諸王不滿。

於是惠帝繼位後立即與齊泰、黃子澄商議開始削藩。在削藩順序上齊泰認為應先削實力最強的燕王，但黃子澄反對，認為燕王有功無過，為了爭取輿論支持應該先找有問題的親王下手。惠帝支持黃子澄，遂先後廢除五位親王。於是年七月削周王，因周王是燕王同母兄弟，而朱允炆怕他與燕王呵成一氣，於是決定先廢周王為庶人，遷往雲南蒙化（今雲南巍山）。建文元年（1399年）四月，削齊、湘、代三位親王，廢為庶人。湘王不堪受辱，為保名節舉家自焚；齊王被軟禁在南京；代王被軟禁在封地大同。兩個月後，削岷王，廢為庶人，徙漳州。由於惠帝削藩激化矛盾，藩鎮與中央開始決裂，此時實力最強的燕王就成了真正的諸王之首。而皇帝與朱棣之間的博弈亦逐漸走向明處，變得更加激烈，最後引發了「靖難之役」，又稱靖難之變，是中國明朝建文年間發生的內戰。

建文元年七月初五（1399年8月6日），明太祖第四子燕王朱棣起兵反叛姪兒建文帝朱允炆，戰爭持續三年。建文帝缺乏謀略，任用主帥不當，致使主力不斷被殲。朱棣以燕京（今北京）為基地，適時出擊，靈活運用策略，經幾次大戰消滅官軍主力，最後乘勝進軍，於建文四年六月十三（1402年7月13日）攻下帝都應天府（今江蘇南京）。建文帝失蹤，朱棣登上帝位，是為明成祖。

明成祖朱棣因為反對建文帝削藩而起兵，為了爭取諸王擁戴，即位後立即恢復了被削的藩王，並加以賞賜，甚至改變祖制給予宗室更高的品級。如按照洪武年間規定，鎮國將軍（郡王之子）為三品，輔國將軍四品，奉國將軍五品，鎮國中尉六品，輔國中尉七品，奉國中尉八品。而成祖「遂加鎮國將軍從一品，輔國將軍從二品，奉國將軍從三品，鎮國中尉從四品，輔國中尉從五品，奉國中尉從六品」。然而由於明成祖自己是武裝奪權的，為了保證中央政權穩固，他即位後先將諸邊塞王改封於內地，然後逐漸解除諸王的兵權：永樂元年削代王護衛及官屬；永樂四年削齊王護衛及官屬，不久廢為庶人；永樂六年削岷王護衛及官屬；永樂十年削遼王護衛；永樂十五年廢谷王為庶人；永樂十九年周王見勢不妙，主動獻還護衛。洪武朝帶兵的十三位親王，永樂朝削去了六個護衛。與此同時，大封靖難功臣，將大批有經驗的武臣保留下來，加強中央政權，從根本上改變了中央和諸藩的軍事力量對比。

雖然明成祖實現了朱允炆當年的目的，但只解決了眼前的問題，並沒有改變祖制；其子漢王朱高煦和趙王朱高燧仍然設立了三護衛。熙元年（1425年）5月明成祖之子明仁宗朱高熾暴卒，在位時間不足十個月。漢王朱高煦叛亂，再次證明親王典兵不是辦法，明宣宗朱瞻基繼位之後親征平定叛亂後，迫使絕大部分藩王交出了護衛，並從各個方面對宗室加以控制。此後宗室與中央的矛盾逐漸由軍事上對政

權的威脅轉變為大量增加的俸祿對中央財政的壓力。明宣宗和其父仁宗一樣，比較能傾聽臣下的意見，聽從閣臣楊士奇、楊榮、楊溥等建議停止對交阯用兵，與明仁宗並稱「仁宣之治」，宣宗時君臣關係融洽，經濟也穩步發展，不過他也開啟此後宦官干政的局面。這就引伸出往後的兩個象來了。

圖中是宮城大火之象。預言燕王入京時，宮中大火，建文帝下落不明。

讖曰：「草頭火腳，宮闕灰飛，家中有鳥，郊外有尼。」

「草頭火腳」象徵燕王的「燕」字，「燕」字下邊的「四點底」，在中國文字造字法中代表火。明太祖朱元璋分封子孫為藩

王，燕王朱棣駐守北平，實力最強。朱元璋的太子早亡，立太子之子朱允炆為皇太孫。1398年允炆即位，年號建文。建文帝削藩，故燕王反。1399年七月，燕王發動「靖難之役」，以「靖難」除奸之名爭帝位。

「宮闕灰飛」與圖相應，指燕王攻入南京，建文帝出逃時燒了宮殿。

「家中有鳥」，以「家燕」喻燕王朱棣，後來的明成祖。

「郊外有尼」，喻建文帝出家（逃郊外）落髮為僧而逃。「尼」，僧尼，借代佛門。

頌曰：「羽滿高飛日，爭妍有李花，真龍游四海，方外是吾家。」

「羽滿高飛日」，燕王一旦羽翼豐滿高飛，要飛上帝位。

「爭妍有李花」，是「挑李爭妍」，指燕王跟建文帝相爭的靖難之役。

「真龍游四海，方外是吾家」，「方外」指出家修行，史書雖記載了朱棣抱建文帝屍首痛哭，但後世多認為那是掩人耳目。因為朱棣事後在全國核查僧人的身份，也派了鄭和下

西洋及安排錦衣衛到南洋搜尋建文帝了。而且明朝沒有給建文帝謚號、廟號，這說明了一切。故民間有兩個傳說：一是朱允炆遠遊南洋、一是朱允炆出家逃難。《推背圖》能夠把兩個傳說用「真龍游四海，方外是吾家」，確是不可思議。

金聖歎：「此象主燕王起兵，李景隆迎燕兵入都，宮中大火，建文祝髮出亡。」

（二十八）　　朱棣　　（推背圖像二十八）
1360年5月2日

（二十九） 傷官	日主		正印	正印
甲吉	癸	合	庚	庚
寅時	酉		辰	子
甲傷官、丙正財、戊正官	辛偏印		戊正官，癸比肩，乙食神	癸比肩

吉時：

癸	壬	辛	庚	己	戊	丁	丙	乙	甲	癸	壬
亥	戌	酉	申	未	午	巳	辰	卯	寅	丑	子
									✓		

大運：

1421	1411	1401	1391	1381	1371	1361
61	51	41	31	21	11	1
丁	丙	乙	甲	癸	壬	辛
亥	戌	酉	申	未	午	巳
1422年壬寅三征漠北 1423年癸卯四征漠北 1424年甲辰8月壬申12日辛卯第五次征蒙古回師途中病逝。	1410年庚寅二月親征韃靼 1414年甲午再度親征漠北 1420年庚子遷都北京 1421年辛丑初夏紫禁城焚燬。	1402年壬午六月己巳即位 1403年癸未改元永樂。	申子辰三合局成，能力超高 1390年庚午征蒙古獲勝 1399年己卯六月辛未發動靖難之變。			

名人定時辰，首重性格，次為功用神。此造貼身功用神為木（傷官）。功用得洩為順運。日主性格，中意起兵，造反是被逼出來的（因被削藩後便會任宰割的了），故選用傷官。局中水太強，故必需要有很強的功用神才能發揮水的能力。功用者，克或洩。故，一是一柱強木，或是一柱強土。故戊午可是另一合格的功用神。但癸戊合，則人偏向欠突破力，正官亦守規矩，不像。故選用甲寅時（一柱純陽木傷官），是大功用神。

甲申運，甲木上干（傷官），水又有申子辰三合根，故能發動靖難之變。

丙戌運，因有時支寅木，成半三合火局，故火夠力發揮水木之力，成就永樂盛世。

丁亥運，火為寅藏之凶神、衰神，冒干受攻克，衰神沖旺衰者拔。亥助水木之力，蓋滅丁火，故亡。（1424年甲辰8月壬申）。水三合局加上壬合，滅了丁火。

水日主得庚子辰暗三合，能力超強。甲寅時，傷官純淨有力。征伐功勳超卓。面對削藩壓力，勇起反抗。水木均強，金待下降。

甲申、乙酉運適時而就，登峰造極，登基大寶。

丙戌運，木火通明，國享永樂盛世。

丁亥運，亥中壬為羊刃，三征漠北。可惜，水木強而火力弱，不能洩之，甲辰年壬申月水大火滅，故亡。

水主智：舉兵靖難前，朱棣藏起鋒芒，假稱有病，暗中則加緊練兵，又裝瘋麻痺建文帝朱允炆派往北平監視他的張昺、謝貴二人，擒而殺之。

（二十九）　　鄭和（1371年9月23日－1433年）

	日元	傷官	正官
辛吉	甲	丁	辛
未時	午	酉	亥
	傷官	正官	甲比肩，壬偏印

大運：

丙午	丙申	丙戌	丙子	丙寅	丙辰
1426	1416	1406	1396	1386	1376
55	45	35	25	15	5
辛	壬	癸	甲	乙	丙
卯	辰	巳	午	未	申
1426年丙午修南京 1428年戊申修大報恩寺 1431年庚戌1月七下西洋 1433年癸丑四月于巳月初在印度西海岸古裡去世。	1417年丁酉6月五下西洋 1421年辛丑3月3日六下西洋 1424年甲午明成祖死仁宗朱高熾繼位一年死 1425年乙未宣宗朱瞻基即位。	1407年丁亥10月13日二下西洋 1409年己丑10月三下西洋 1413年癸巳11月巳下西洋。	1399年己卯8月6日，燕王朱棣起兵反叛。 1402年壬午7月13日登位為明成祖。鄭和在河北鄭州為燕王朱棣立下戰功。 1403年癸未鄭和奉差出使暹羅國（泰國）。 1404年甲申賜姓「鄭和」。 1405年乙酉7月11日首次下西洋。	1390年庚午，鄭和隨燕王朱棣前往燕京（今北京）燕王府。	1381年辛酉（洪武十三年）冬被宮，分配予燕王朱棣。

特點：

鄭和有智略，武功高強，知兵習戰，明成祖對鄭和十分信賴[12]。根據明代御用相士中書舍人袁忠徹記述：「鄭和身長九尺，腰大十圍，四岳峻而鼻小，眉目分明，耳白過面，齒如編貝，行如虎步，聲音洪亮。」下西洋前夕，明成祖有意選派鄭和領兵出洋，曾徵詢袁忠徹，袁回答：「三保姿貌、才智，內侍中無與比者，臣察其氣色，誠可任。」「遂令統督以往，所至威服。」

丙申運：

1381年辛酉（洪武十三年）冬，鄭和10歲時，明朝軍隊進攻雲南，鄭和的父親遇害，鄭和被明軍副統帥藍玉掠走至當時明朝首都南京。他被宮刑而成為宦官之後，分配予燕王朱棣。

乙未運：

1390年庚午，鄭和隨燕王朱棣前往燕京（今北京）燕王府。

甲午運：

1399年己卯 (建文元年七月初五) 8月6日，燕王朱棣起兵反叛姪兒建文帝朱允炆，史稱靖難之變。

1402年壬午7月13日 (建文四年六月十三) 攻下帝都應天府 (今江蘇南京)，建文帝失蹤，朱棣登上帝位，是為明成祖，改元永樂。靖難之變中，鄭和在河北鄭州為燕王朱棣立下戰功。

永樂元年 (1403年癸未)，國師姚道衍收馬和為菩薩戒弟子，法名福吉祥。同年鄭和奉差出使暹羅國 (泰國)。

永樂二年 (1404年甲申)，明成祖朱棣在南京御書「鄭」字賜姓，以紀念戰功，史稱「鄭和」。並升任為內官監太監，官至四品，地位僅次於司禮監。同年倭寇騷亂直隸 (南直隸)、浙江，明成祖派遣中官鄭和往日本，奉敕討賊。

癸巳運：

1405年乙酉7月11日 (明永樂三年) 明成祖命鄭和率領龐大的二百四十多海船、二萬七千四百名船員組成的船隊遠航，訪問了30多個在西太平洋和印度洋的國家和地區，加深了中國同東南亞、東非的相互瞭解。每次都由蘇州劉家港出發，一直到

辛卯運：

1433年辛丑（明宣德8年），他一共遠航了有七次之多。最後一次，宣德八年四月回程到古里時，在船上因病過世。

第一次下西洋

永樂三年六月十五（1405年乙酉7月11日）奉詔出使西洋。同年冬，從南京龍江港啟航，經太倉出海，永樂五年九月初二（1407年丁亥10月2日）回國。第一次下西洋人數據載有27800人。

第二次下西洋

永樂五年九月十三日（1407年丁亥10月13日）出發，到達汶萊、泰國、柬埔寨、印度等地，在錫蘭山迎請佛牙，隨船帶回，永樂七年夏（1409年己丑）回國。第二次下西洋人數據載有27000人。

第三次下西洋

永樂七年九月（1409年己丑10月）太監鄭和、王景弘、候顯
等統率官兵二萬七千餘人，駕寶舟四十八號出使西洋。九
月從太倉劉家港啟航，費信、馬歡等人會同前往，到達越
南、馬來西亞、印度等地，回國途中訪錫蘭山，永樂九年
六月十六（1411年辛卯7月6日）回國。

第四次下西洋

永樂十一年十一月（1413年癸巳11月）出發，隨行有通譯馬
歡，繞過阿拉伯半島，首次航行至今日東非肯亞的麻林地，
永樂十三年七月初八（1415年乙未8月12日）回國。同年11
月，麻林迪特使來中國進獻「麒麟」（即長頸鹿）[28]。第四次
下西洋人數據載有27670人。

第五次下西洋

永樂十五年五月（1417年丁酉6月）出發，隨行有僧人慧信
[29]，途經泉州，到占城、爪哇，最遠到達東非木骨都束、卜
喇哇、麻林等國家，永樂十七年七月十七（1419年己亥8月8
日）回國。

第六次下西洋

永樂十九年正月三十日（1421年辛丑3月3日）出發，往榜葛剌（孟加拉），史載「於鎮東洋中，官舟遭大風，掀翻欲溺，舟中喧泣，急叩神求佑，言未畢，……風恬浪靜」，中道返回，永樂二十年八月十八（1422年壬寅9月2日）回國。

航行途中，1421年5月9日，紫禁城發生大火，此時紫禁城才建好5個月，而明成祖才由南京遷都燕京的紫禁城4個月，明成祖受到極大的打擊，認為是遭受到天譴。三年後，永樂二十二年，明成祖去世，仁宗朱高熾即位。

仁宗朱高熾只比鄭和小7歲，與父親明成祖對鄭和的信賴大相逕庭，因鄭和多次下西洋耗費龐大的支出，下令停止下西洋的行動，燒燬宮中鄭和下西洋的日誌和文件[30]。仁宗即位一年後病逝，由長子26歲的宣宗朱瞻基即位。

第七次下西洋

宣宗宣德五年閏十二月初六（1431年庚戌1月），鄭和從龍江關（今南京下關）啟航，開始返航後，鄭和因勞累過度於宣德八年（1433年癸丑）四月初在印度西海岸古里去世。鄭和返航途中有可能已經前往麥加朝聖。

船隊由太監王景弘率領返航，宣德八年七月初六（1433年7月22日）返回南京，朝廷給鄭和在南京牛首山設衣冠塚。第七次下西洋人數據載有27550人。

第二十八象　辛卯　坎下震上　解
（靖難之役，燕王奪位）

「辛卯」是六十甲子之第二十八，自然代表的是第二十八象。

第二十八象的卦，是「解」，下卦坎為水，上卦震為雷。本卦大象是「雷雨大作而萬物解、久旱逢甘露」之象，故一切困厄都可以解決了。本象主角燕王朱棣與皇帝朱允炆之間的博弈亦逐漸走向明處，變得更加激烈，並引發了「靖難之役」，最終燕王的冒險武力奪權大功告成。而從明朝大局來看，朱棣之後改變了明中央和諸藩的軍事力量對比，解決了諸王擁有軍權對皇帝做成潛在威脅的問題。

明朝建立後，明太祖朱元璋為了鞏固自己及子孫的統治，便大封宗室二十五人為藩王駐守全國各地，這些藩王雖然沒有封地的管治權，但擁有護衛軍隊，少者有三千人，多者至一萬九千人，駐守北方邊境的九位邊王（遼、寧、燕、谷、代、晉、秦、慶、肅）軍權更大，如寧王「帶甲八萬，革車六千」。朱元璋的太子朱標不幸早死，太孫朱允炆是諸王之姪，感到難以制約各叔父們的勢力，加上諸王擁有軍權，對他構成潛在威脅，便有削藩之意。洪武三十一年（西元1398年）閏五月初十，明太祖朱元璋去世，朱允炆作為太孫繼位，是為惠帝（建文帝）。惠帝發佈太祖遺詔，令諸王留於封地，不要赴都；甚至燕王朱棣已經前來奔喪，卻被惠帝命令返回，導致諸王不滿。

於是惠帝繼位後立即與齊泰、黃子澄商議開始削藩。在削藩順序上齊泰認為應先削實力最強的燕王，但黃子澄反對，認為燕王有功無過，為了爭取輿論支持應該先找有問題的親王下手。惠帝支持黃子澄，遂先後廢除五位親王。於是年七月削周王，因周王是燕王同母兄弟，而朱允炆怕他與燕王呵成一氣，於是決定先廢周王為庶人，遷往雲南蒙化（今雲南巍山）。建文元年（1399年）四月，削齊、湘、代三位親王，廢為庶人。湘王不堪受辱，為保名節舉家自焚；齊王被軟禁在南京；代王被軟禁在封地大同。兩個月後，削岷王，廢為庶人，徙漳州。由於惠帝削藩激化矛盾，藩鎮與中央開始決裂，此時實力最強的燕王就成了真正的諸王之首。而皇帝與朱棣之間的博弈亦逐漸走向明處，變得更加激烈，最後引發了「靖難之役」，又稱靖難之變，是中國明朝建文年間發生的內戰。

建文元年七月初五（1399年8月6日），明太祖第四子燕王朱棣起兵反叛侄兒建文帝朱允炆，戰爭持續三年。建文帝缺乏謀略，任用主帥不當，致使主力不斷被殲。朱棣以燕京（今北京）為基地，適時出擊，靈活運用策略，經幾次大戰消滅官軍主力，最後乘勝進軍，於建文四年六月十三（1402年7月13日）攻下帝都應天府（今江蘇南京）。建文帝失蹤，朱棣登上帝位，是為明成祖。

明成祖朱棣因為反對建文帝削藩而起兵，為了爭取諸王擁戴，即位後立即恢復了被削的藩王，並加以賞賜，甚至改變祖制給予宗室更高的品級。如按照洪武年間規定，鎮國將軍（郡王之子）為三品，輔國將軍四品，奉國將軍五品，鎮國中尉六品，輔國中尉七品，奉國中尉八品。而成祖「遂加鎮國將軍從一品，輔國將軍從二品，奉國將軍從三品，鎮國中尉從四品，輔國中尉從五品，奉國中尉從六品」。然而由於明成祖自己是武裝奪權的，為了保證中央政權穩固，他即位後先將諸邊塞王改封於內地，然後逐漸解除諸王的兵權：永樂元年削代王護衛及官屬；永樂四年削齊王護衛及官屬，不久廢為庶人；永樂六年削岷王護衛及官屬；永樂十年削遼王護衛；永樂十五年廢谷王為庶人；永樂十九年周王見勢不妙，主動獻還護衛。洪武朝帶兵的十三位親王，永樂朝削去了六個護衛。與此同時，大封靖難功臣，將大批有經驗的武臣保留下來，加強中央政權，從根本上改變了中央和諸藩的軍事力量對比。

雖然明成祖實現了朱允炆當年的目的，但只解決了眼前的問題，並沒有改變祖制；其子漢王朱高煦和趙王朱高燧仍然設立了三護衛。熙元年（1425年）5月明成祖之子明仁宗朱高熾暴卒，在位時間不足十個月。漢王朱高煦叛亂，再次證明親王典兵不是辦法，明宣宗朱瞻基繼位之後親征平定叛亂後，迫使絕大部分藩王交出了護衛，並從各個方面對宗室加以控制。此後宗室與中央的矛盾逐漸由軍事上對政

權的威脅轉變為大量增加的俸祿對中央財政的壓力。明宣宗和其父仁宗一樣，比較能傾聽臣下的意見，聽從閣臣楊士奇、楊榮、楊溥等建議停止對交阯用兵，與明仁宗並稱「仁宣之治」，宣宗時君臣關係融洽，經濟也穩步發展，不過他也開啟此後宦官干政的局面。這就引伸出往後的兩個象來了。

圖中是宮城大火之象。預言燕王入京時，宮中大火，建文帝下落不明。

讖曰：「草頭火腳，宮闕灰飛，家中有鳥，郊外有尼。」

「草頭火腳」象徵燕王的「燕」字，「燕」字下邊的「四點底」，在中國文字造字法中代表火。明太祖朱元璋分封子孫為藩

王，燕王朱棣駐守北平，實力最強。朱元璋的太子早亡，立太子之子朱允炆為皇太孫。1398年允炆即位，年號建文。建文帝削藩，故燕王反。1399年七月，燕王發動「靖難之役」，以「靖難」除奸之名爭帝位。

「宮闕灰飛」與圖相應，指燕王攻入南京，建文帝出逃時燒了宮殿。

「家中有鳥」，以「家燕」喻燕王朱棣，後來的明成祖。

「郊外有尼」，喻建文帝出家（逃郊外）落髮為僧而逃。「尼」，僧尼，借代佛門。

頌曰：「羽滿高飛日，爭妍有李花，真龍游四海，方外是吾家。」

「羽滿高飛日」，燕王一旦羽翼豐滿高飛，要飛上帝位。

「爭妍有李花」，是「挑李爭妍」，指燕王跟建文帝相爭的靖難之役。

「真龍游四海，方外是吾家」，「方外」指出家修行，史書雖記載了朱棣抱建文帝屍首痛哭，但後世多認為那是掩人耳目。因為朱棣事後在全國核查僧人的身份，也派了鄭和下

西洋及安排錦衣衛到南洋搜尋建文帝了。而且明朝沒有給建文帝謚號、廟號，這說明了一切。故民間有兩個傳說：一是朱允炆遠遊南洋、一是朱允炆出家逃難。《推背圖》能夠把兩個傳說用「真龍游四海，方外是吾家」，確是不可思議。

金聖歎：「此象主燕王起兵，李景隆迎燕兵入都，宮中大火，建文祝髮出亡。」

第二十九象　壬辰　巽下震上　恆
（仁宣之治）

「壬辰」是六十甲子之第二十九，自然代表的是第二十九象。

第二十九象的卦，是「恆」，下卦巽為風，上卦震為雷。本卦大象是「雷和風互相搭配，變幻無常中不失其常（恆）」之象，象徵明仁宗、宣宗都是聖明的君主，任用內閣大學士楊士奇、楊溥、楊榮（三楊）三位賢德之大臣，實行了一系列有效的利民興國的措施，如「雷和風互相搭配」，平反冤濫、重農減賦、賑荒懲貪，使這一時期吏治清明，社會穩定，經濟繁榮，是明朝的盛世。

仁宣之治，是明成祖朱棣死後，明仁宗朱高熾和明宣宗朱瞻基採取了內閣大學士楊士奇、楊溥、楊榮（三楊）、夏原吉、蹇義的寬鬆治國和息兵養民的政策，使他們在位的十一年期間（1424年至1435年）成為明代歷史上少有的吏治清明、經濟發展、社會穩定的時代。

話說朱棣去世後，太子朱高熾即帝位，是為仁宗，改元洪熙。仁宗時「停罷採買，平反冤濫，貢賦各隨物資產，陂池與民同利」，他赦免了惠宗時的舊臣和成祖時遭連坐流放邊境的官員家屬，洪熙一朝僅短短一年，仁宗即行去世，其長子朱瞻基即位，是為宣宗，改元宣德；宣宗御駕親征，平定漢王朱高煦叛亂，安撫趙王，穩定了國內形勢。

清修《明史》稱仁宣之治為:「官吏稱職,政治清平,綱紀嚴明,倉庫常滿,百姓安居樂業,遇災多救不為害。此治理是明朝開國六十年後遇到的盛世,民氣得以漸漸舒展,整個王朝也有蒸蒸日上治平的氣象了。」學者谷應泰亦將仁宣之治與周朝的「成康之治」、漢朝的「文景之治」相提並論。

英宗即位年方九歲,太皇后聽政,信任三楊,朝事多諮詢三人裁決。史稱「三楊輔政」。洪熙元年(1425年)宣宗嗣位,楊溥入內閣與楊榮、楊士奇等共典機務,宣德九年(1434年)遷禮部尚書,值內閣如故。楊榮於永樂十八年(1420年)晉文淵閣大學士,仁宗時晉謹身殿大學士兼工部尚書,宣德時漢王反,首贊帝御駕親征,五年(1430年)進少傅。楊士奇在仁宗即位後晉為禮部侍郎兼華蓋殿大學士,後兼兵部尚書。

三楊中楊士奇受知於仁宗、宣宗、英宗三朝,在文淵閣任事四十年,任職時間之長為有明一代之最,論事存大體,請免賦薪、減官田、理冤滯、汰工役、撫逃民、察墨吏,民皆大悅,善識人,所薦皆名士。楊榮警敏通達,善觀察形勢,在文淵閣治事三十八年,謀而能斷,老成持重,且周習地理、邊防,時人比其為唐之賢相姚崇。英宗即位初年,三楊共佐朝政,多所扶正,如練士卒、嚴邊防、罷偵事校尉、慎刑獄、嚴核百司等。其後,當明英宗親政,三楊相繼去世,朝廷逐漸由宦官王振把持,引申出下一象「土木堡之變」。

宦官王振是誰？王振略通經書，後來謀了個府學教官的差使。史書中說。他因為中舉人、考進士無望，於是自閹入宮。可是讀書人一向輕視閹人，因屢試不第而淨身入宮者甚少；固有傳言王振因濫賭，欠了大筆的賭注無法還上，被賭坊的打手踢爛了他的下體，然後因傷被閹的事情經由高郎中府上的小徒弟之中傳揚出去，引得府學同僚甚至學生們的恥笑排擠，王振羞愧難當，沒臉見人，只好辭了這教官職位進宮去；其緣由羞愧難言，才謊稱屢試不第。

最初入宮時是位負責在內書堂教小太監讀書識字的宦官。王振與其他宮中的頭腦木訥的宦官和需要處處迴避問題的教師不同，王振是個讀書人，通文墨曉古今，自然受到歡迎。他知道在宮中要出人頭地就必須依付在朝廷中舉足輕重的靠山。後來他成功尋找到他的大靠山：當時的太子朱祁鎮，就是之後的明英宗。由於王振不同其他的宦官和教師，他知道很多對朱祁鎮來說聞所未聞、見未所見的事物。兩人很快就親近起來，這位太子更尊稱王振為「先生」，王振得到了賞識便從一班宦官中脫穎而出，王振想得到的不是錢財和名譽，而是無限的權勢以及地位。

圖中三樹對應楊榮、楊士奇、楊溥。他們是明朝的五世老臣，歷經建文帝朱允炆、成祖朱棣、仁宗、宣宗、英宗。

讖曰：「枝發厥榮，為國之棟，皞皞熙熙，康樂利眾。」

「枝發厥榮，為國之棟」，指三楊治國有方，使朝野天下欣欣向榮，堪為國家棟樑。「枝」指三楊，「厥」有宮門大開之意，因「闕」是指宮門，「闕」無門是廠開了，就是「厥」字。這是比喻仁宣之治時，朝廷言路大開，從諫如流。這是三楊勸諫仁宗、宣宗的功勞，故《推背圖》預言以「枝發厥榮」來作概括。

「皡皡熙熙，康樂利眾」，「皡」是廣大，「熙」是光明興盛。本句指從「仁宣之治」天下興盛大治，廣大百姓安樂。

頌曰：「一枝向北一枝東，又有南枝種亦同，宇內同歌賢母德，真有三代之遺風。」

「一枝向北一枝東，又有南枝種亦同」，「一枝向北」指隨朱棣五次向北征伐蒙古的楊榮，「一枝東」指號稱「東里」的楊士奇，著有《東里文集》(時人稱他為西楊)。「南枝」指在當時稱為「南楊」的楊溥，他進入內閣最晚。「種亦同」，他們三人也姓楊。

「宇內同歌賢母德」指被譽為「女中堯舜」的張太后，張後是明仁宗的皇后，是仁宗、宣宗、英宗初年三朝國母，在她做太子妃時，就以賢德聞名，成了保全朱高熾太子地位的一個重要因素。仁宗在位一年即逝，28歲的宣宗即位，尊母親為皇太后，軍國大事多稟報張太后裁決，宣宗在位10年去世，張太后立9歲的英宗即位群臣請她以太皇太后身份垂簾聽政，她尊祖制不允，重用三楊輔佐幼主。張太后勤儉治家，不允許娘家人干預朝政，還震懾宦官王振使之不敢專政。他勉勵宣宗體恤民情，也教導英宗繼續祖、父時的國策，使明朝的國力在她晚年達到了全盛。

「真有三代之遺風」指夏商周三代，民風純樸、天下大治的時期。明朝建文帝時崇尚「三代」的和諧理想社會，並恢復了「三代」時的一些官名。本句除了讚頌「仁宣之治」，也預言了明朝尚古的治國理念。

金聖歎：「此象主宣宗時張太后用楊士奇、楊溥、楊榮三人，能使天下又安，希風三代，此一治也。時人稱士奇為西楊，溥為南楊，榮為東楊。」

第三十象　癸巳　巽下坤上　升
（土木之變、奪門之變）

「癸巳」是六十甲子之第三十，自然代表的是第三十象。

第三十象的卦，是「升」，下卦巽為風，上卦坤為地。「升」卦為「出於其類，拔乎其萃」之意，就像一陣龍捲風吹起，把地上的動物、樹木、房屋等都揚到空中去。地風升卦是說一股突如其來的一股上升的力量，是屬於突變的力量，大可用來形容。在「土木堡之變」中英宗之弟郕王朱祁鈺被眾大臣推舉為皇帝，為明景帝，是升突變的力量；在「奪門之變」或「南宮復辟」中明英宗復辟，是升突變的力量。

在王振之前，明朝先祖嚴禁宦官接觸朝政，故從未有一位宦官達到王振的權位。他之所以能開明朝宦官專權亂政先河，與明英宗朱祁鎮的無條件信任和重用有關。九歲的朱祁鎮登基後八個月後便任命王振入掌司禮監。這個職位是明朝宦官二十四衙門中最高的。由於明朝的中央集權，皇帝的大權於一身，但由於政務繁複，不是一位皇帝可管得了，政務自然落到宦官的手中。王振掌管了司禮監便可利用到英宗的寵信，以代批奏章、傳達詔諭等的方式，欺上瞞下，漸漸控制了朝廷。後來王振為一試自己的權力，便下令在京師朝陽門外修了一座將台，又召集來守衛京師的各衛武官，校試射騎，又請英宗閱兵，但實際上是要收取兵權。

但由於英宗左右有張太皇太后、張輔、楊榮、楊士奇、楊溥以及胡等重臣，王振不敢胡作非為，只好等待機會。到了正統七年，王振的最大障礙張太后逝世，「三楊」只餘下年時已高的楊溥。於是在皇城大興地土、排除異己。他更暗中與同黨製造大量鋼鐵箭鏃賣給瓦剌以換取良馬。為了粉飾太平以鞏固自己的地位，王振更討好瓦剌，對於瓦剌來朝貢的使者，必會待遇優厚，有求必應，瓦剌看出明政府的軟弱便不斷增加貢使（按規定，瓦剌的貢使不得多於五十），瓦剌貢使稍有不滿便在邊境上製造事端，王振都一一滿足他們的要求。到了正統十四年的春，瓦剌帶來了二千貢使，更報稱有三千人之多，王振未能滿足瓦剌的要求，於是對邊境攻擊，邊境的守軍根本不是瓦剌的對手，連續幾次的慘敗傳到英宗的耳中。便第一時間找王振商議。後來王振提議皇帝親征以振軍心，在親征途中，明軍節節敗退的消息已傳到王振的周圍，王振沒把消息告訴英宗，而在路途中，王振怕自己的家鄉被人馬踩壞，又繞了一段路使明軍死傷慘重。親征的第十四日瓦剌軍假意退走，又派使者議和，王振信以為真，於是下令士兵到附近取水，瓦剌軍便從四面八方衝出來，明軍措手不及陣腳大亂，英宗已知大勢已去連忙下馬，不久即被瓦剌軍所俘虜，史稱「土木堡之變」。王振被嚇得魂飛魄散，本想逃跑，最後被護衛將軍樊忠所殺。

正統十四年（1449年）發生土木堡之變，明英宗被瓦剌俘虜，其弟郕王朱祁鈺被眾大臣推舉為皇帝，是為明景帝（南明尊稱為代宗），改元景泰。景泰元年（1450年），兵部侍郎于謙成功抗敵，並與瓦剌議和，經過使臣楊善個人的斡旋，瓦剌首領也先見新君已立，英宗已經無利用價值，反而不想因英宗為虜之事成為與大明修好的障礙，於是同意放回英宗。但明景帝不願英宗返國，經大臣陳述其利弊後才將英宗迎接回京，置於南宮尊為太上皇，並以錦衣衛對英宗加以軟禁。景宗立長子朱見濟為太子，及後朱見濟夭折，朱祁鈺已無親子，儲位空懸。景泰七年（1456年）朱祁鈺病，在對抗瓦剌時立下大功的將領石亨為了自身利益有意協助英宗奪回帝位。

景泰八年（1457年）正月，朱祁鈺病重，十六日夜，石亨、徐有貞等大臣帶一千餘士兵偷襲紫禁城撞開南宮宮門，接出英宗直奔東華門。守門的武士不開門，英宗上前說道：「朕乃太上皇帝也。」武士只好打開城門。黎明時分，眾大臣到了「奉天殿」見英宗坐於龍椅之上，徐有貞高喊：「太上皇帝復位。」史稱「奪門之變」或「南宮復辟」。朱祁鈺被遷至西宮，不久去世。明英宗復辟後，于謙以謀逆罪名被處死，而曾助英宗回復帝位的功臣，如石亨、徐元玉、許彬、楊善、張軏與曹吉祥等人都被封為大官。英宗復辟改元天順，開始並不順。石亨獨霸朝政數興大獄，及後石亨一黨被英宗剷除，朝政才見順。經歷了被虜異國、南宮軟禁的英宗，變得勤於朝政，任用賢能，並有善政。

圖中的虎額上有「王」字，喻指王振，令朝臣畏如猛虎。圖
中石頭，喻發動「奪門之變」的石亨，與讖中「石亦有靈」對
應。

讖曰：「半圭半林，合則生變，石亦有靈，生榮死賤。」

「半圭半林，合則生變」，「半圭」是土，「半林」是木，二字
合為「土木」，指「土木之變」，在土木堡，致使明英宗被蒙
古瓦剌部俘虜。

「石亦有靈」指石亨1457年發動了「奪門之變」。石亨與太監
曹吉祥等密謀，派千餘人夜裏撞開宮牆，救出南宮裏的英
宗。英宗次日臨朝，復闢為帝。

「生榮死賤」，「生榮」是指石亨以扶植英宗復辟之功故把持朝政享盡榮華；「死賤」是指于謙等功臣1460年被英宗下獄沒收家產，及以謀叛被斬。

頌曰：「缺一不成也佔先，六龍親禦到胡邊，天心復見人心順，相剋相生馬不前。」

「缺一不成也佔先」，「缺一不成也」是字謎「乜」字，「土木之變」中瓦剌首領「乜先」俘虜了英宗，「乜先」在明朝時又作「也先」，如今常稱「也先」。「也先」佔先。

「六龍親禦到胡邊」，指「土木之變」中，「六龍」是第六龍，指明朝第6位皇帝，英宗朱祁鎮。「親禦」是御駕親征。「胡」是胡人，這裏指蒙古的瓦剌部人。

「天心復見人心順」，「天順」是英宗復辟後的年號，亦隱喻英宗復辟是上合天意下順民心的，因英宗經歷了被虜異國、南宮軟禁的英宗，變得勤於朝政，任用賢能，並有善政。

「相剋相生馬不前」，指在馬年（庚午年）即位的景帝，帝運完結了。「相生」是英宗使得其弟（景帝）登基，是相生。英宗被俘時，曾傳話回來讓其弟登基以續國統。「相剋」是指英宗復辟，迫景帝退位，是相剋。景帝被英宗廢為郕王，不出一個月就病逝。

金聖歎：「此象主張太后崩權歸王振，致有乜先之患。其後上皇復辟，石亨自�翊首功，率以恣橫伏誅，此一亂也。」

(三十) 明英宗朱祁鎮（1427年11月29日－1464年2月23日） 土木之變

乙巳 1425	明仁宗 洪熙元	壬申 1.20	辛丑 2.18	辛未 3.20	庚子 4.18	庚午 5.18	己亥 6.16	戊辰 7.15	丁卯 9.12	丁酉 10.12	丙寅 11.10	丙申 12.10	丙寅 1.9	戊戌七 8.14	戊寅
丙午 1426	明宣宗 宣德元	丙申 2.8	乙丑 3.9	乙未 4.8	甲午 5.7	甲子	癸巳	壬辰	壬戌 10.1	辛卯 10.31	庚申 11.29	庚寅 12.29			庚寅
丁未 1427	二	庚寅 1.28	己未 2.26	己丑 3.28	戊午 4.27	戊子 5.26	丁巳 6.25	丁亥 7.24	丙辰 8.22	丙戌 9.21	乙卯 10.20	乙酉 11.19	甲寅 12.18		壬寅
戊申 1428	三	甲申 1.17	癸丑 2.15	癸未 3.16	壬子	壬午 6.13	辛亥 7.13	庚辰 8.11	庚戌 9.9	己卯 10.9	己酉 11.7	戊寅 12.7	戊申 1.5	壬午七 5.14	甲寅
己酉 1429	四	戊申 2.4	丁丑 3.5	丁未 4.4	丙子 5.3	丙午 6.2	丙子 7.2	乙巳 7.31	乙亥 8.30	甲辰 9.28	甲戌 10.28	癸卯 11.26	癸酉 12.26		丙寅

— 91 —

乾造：明英宗朱祁鎮　　　　1427年11月29日（吉時）

	日元	七殺	食神
己吉	乙(木)	辛	丁
卯時	未	亥	未
	偏財	正印	偏財

木：(亥乙未暗三合)超強的有氣有力(一級命走爛路上)
金：從木火(破37~)
水：待上干
火：有氣有力

大運：

1484	1474	1464	1454	1444	1434
57	47	37	27	17	7
乙	丙	丁	戊	己	庚（奪辛威）
巳	午	未	申	酉	戌（火庫利丁）
		辛金由不從到從，破格大變！1464年甲申2月丙寅23日庚午英宗駕崩，享年36歲。病危遺言，取消了自明太祖以來的宮妃殉葬制度。（金木大戰，死因多金病變）。	申運無沖，故能助辛金。1457年丁丑（金庫助金殺。）2月壬寅11日壬午（水印權之力加強）「奪門之變」復位後，大規模清洗朝堂，殺害眾多京師保衛戰的有功朝臣。（金木戰象，不仁不義）。	1449年己巳（巳亥沖，衰神沖旺，金七殺拔。）9月壬申1日壬戌行至土木堡被瓦剌太師也先所敗，明軍死者數十萬。1450年庚午為太上皇（天地合日柱，庚奪辛威，被幽禁）。	1435年乙卯登基（合了庚，故能用辛）1441年辛酉，金旺之年，正式親政1442年壬戌宦官專權（印星被合，大權旁落）。

超強木貼身，土無力，偏財弱即國家財政弱，老打敗仗致國庫空虛。

命局天干影照出人生大事之玄機：土（己）木（乙）堡（己）、奪門（己土）之變。誠為一個土木人。

辛金由不從到從（丁未運），人生大起落，故亡，死因亦多為金之病變。

此命如是坤造，大運無金，辛金一直從了便大不同了，而今卻是一級命走在爛路上。

庚戌運：庚奪辛威，七殺失色，而七殺講權，故未行天子之權。

己酉運：衰神沖旺，七殺拔，故致土木堡之敗。

戊申運：無沖，金得助，奪門之變，服位。

丁未運：辛金由不從到從，破格大變，未運又trigger金木大戰，火進氣大運克金，故不壽。

(三十一)　　嚴嵩
(專權國政廿年，明朝大奸臣)：庚子、己卯、癸卯、辛酉。

偏印	日主	七殺	正印
辛	癸	己	庚
酉	卯	卯	子
辛偏印	乙食神	乙食神	癸比肩

梟(偏印)殺兩透，外貌謙和而心狠毒。又身旺印旺且混雜，
叛國求榮。在命理上，身旺印旺為忌且混雜之人，利己主
義嚴重，投機，冒險，不按常規出牌，為了個人利益，可以
出賣父母，兄弟與朋友。

(三十二)　　嚴世蕃
(陰險卑鄙，明朝大奸臣嚴嵩之養子)：癸酉、丙辰、辛卯、
辛卯。

比肩	日主	正官	食神
辛	辛　合	丙	癸
卯	卯	辰　合	酉
乙偏財	乙偏財	戊正印，癸食神，乙偏財	辛比肩

第三十一象　甲午　離下巽上　家人
（魏忠賢把持朝政，東林黨爭）

「甲午」是六十甲子之第三十一，自然代表的是第三十一象。

第三十一象的卦，是「家人」，下卦離為火，上卦巽為風。此卦大象是「風吹火，助火之威，喻家人同比」。在本像是明熹宗決定自己在幕後策劃東林黨爭，找魏忠賢合作。及後崇禎皇帝自認為自己會比哥哥高明，殺了魏忠賢，並輕信東林黨的空談標榜，終於自釀惡果。

明熹宗重用宦官魏忠賢打壓東林黨，使明朝一步步走向毀滅的深淵。話說明熹宗16歲登基的時候，大明面臨內困外交的局面，遼東戰事吃緊、國庫空虛、朝廷內黨爭激烈。「楚黨」、「齊黨」、「東林黨」一幫文人天天彈劾這個、彈劾那個，為了自己的集團利益你爭我奪的。而「東林黨」人由於人多勢眾，又處於全國經濟最發達地區，逐漸控制的朝政，使得明熹宗的新政完全實施不了。當時大明朱家國內面臨的主要問題是北方農業歉收，導致流民湧動；而江南方經濟發達，富賈越來越多。明熹宗就想改變徵稅長期以來「重農輕商」的政策，故要加收江南商人的稅，但是這一舉動直接觸動到了「東林黨」的利益，遭到這群人一致抵制。同時，他們反而還要求重點加收北方農民的農業稅收，這讓明熹宗非常頭疼。在流民、災民不斷出現的情況下，「東林黨」

人拒絕向江南徵稅這絕對是亡國之舉，明熹宗最後決定是堅決打擊，且要向下重手整治，然而做這事自己不方便親自出面，怕壞了名聲，同時自己一個人也確實弄不過這幫「東林黨」人，所以明熹宗決定自己在幕後策劃，找個合作者出面為好，重用宦官也就變成了水到渠成的選擇。

魏忠賢（1568年2月27日－1627年12月11日），原名李進忠，因為欠下一屁股賭債自閹入宮。明熹宗時期出任秉筆太監後，改名魏忠賢，極受寵信，被稱為「九千九百歲」，以致人們「只知有忠賢，而不知有皇上」。魏忠賢一代權奸，專斷國政，殘忍陰毒，驕狂跋扈是歷史事實，這翻不了案。但魏忠賢這個人，由於他和控制輿論文官集團的矛盾，他的壞處被無限放大了，其真實面目也變得臉譜化，汙名化了。事實上，說魏忠賢專權也罷，獨裁也罷，他在事關國家民族存亡的大事上，還是很講原則的，很有辦法的。這裡可以舉幾個例子。

一、魏忠賢曾經力排眾議、大膽起用遼陽戰敗遭受讒言的熊延弼，不徇私情、果斷罷免寧錦一戰中畏縮不出的袁崇煥，拋開私怨、違心推薦趙南星、孫承宗等一批能臣直臣。

二、朝庭沒錢要收稅，當時的情況是南方的商人有錢，農民沒錢。但是商人的代表是東林黨，他們反對向士紳、商人、手工業者、礦主加稅。魏忠賢不管這些，極力向中上層徵稅，使大明帝國不至於被財政拖垮。

三、遼東戰事吃緊，急需馬匹。魏忠賢依明朝舊例，大臣有特殊貢獻者可賜給在宮中騎馬的特權，作為條件，騎馬者逢年過節要向皇帝進獻好馬一匹。魏忠賢就一下子賜給幾百名太監在宮中騎馬的特權，而後就不斷地降諭旨讓他們進獻馬匹，逼得這些太監直罵娘。魏忠賢通過強售禁宮騎馬權，來籌集馬匹，得罪了一大批官員，也並沒有向農民伸手。魏忠賢還向國家捐款，用自己的私產資助遼東戰事兵器馬匹等物品。

四、魏忠賢集團在全國各地徵收各種商稅、海稅，雖然大有貪汙，但沒有加重百姓賦稅。河南當時遭災，還能免除賦稅，兩浙受災，內庫尚能撥款賑災。閹黨集團主要和文官集團矛盾尖銳，但並無多少侵害百姓，肆意殺民的行為。因為魏忠賢本身就是農民出身，他知道農民的難處。

魏忠賢得勢僅三年，他掌權時，明朝政府抵禦遼東後金的入侵還是比較給力的，一掃萬曆末年遼東戰場的頹勢，大有光復遼東之勢。魏前期能夠認識到遼東與京師唇齒相依的關係，否定龜縮山海關的決議，積極支持孫承宗的推進戰略；後期任由袁崇煥督師遼東。魏忠賢主政的三年期間，國內形勢良好，遼東局勢平穩，這種能力、魄力、這份功績，還是應該被認同和肯定的。

明熹宗在位僅八年，臨死前曾專門叮囑崇禎說：「魏忠賢恪謹忠貞，可計大事。」但崇禎帝即位立即起用了東林黨人，魏忠賢遭整肅、流放，最後畏罪自殺。魏忠賢死後，在國內動盪、邊關危急的存亡之際，那些擅長空談、治國乏術的東林黨文人能起到什麼作用呢？朝中少了魏忠賢閹黨的制約，文官集團內部黨爭加劇，相互攻訐，彼此掣肘。以倡談儒學為己任的東林黨人呈上來的奏章大多是大話、空話連篇的愚腐之見，紙上談兵之奇談怪論，國事無補的道德文章。崇禎再志向遠大、勵精圖治，也難以應付這種局面。他十七年中換了十七個刑部尚書和五十個內閣大學士，都於事無補。

崇禎即位十七年，在內憂外患的嚴峻形勢下，朝廷迫切需要一位像是魏忠賢這樣富有處理軍國大事經驗和把握動盪時局能力的人來獨當一面，雖然無法扭轉國勢日衰、積重難返的敗亡趨勢，但也不至於在短時間內坍塌崩潰。但崇禎自認為自己會比哥哥高明，對治國理政的艱巨複雜估計不足，輕信東林黨的空談標榜，終於自釀惡果。

崇禎死前想到十七年前兄長明熹宗的臨終囑託「魏忠賢恪謹忠貞，可計大事」已經有所悔悟，於是秘密收葬魏忠賢遺骸，專門祭奠之。崇禎死前哀歎「文臣皆可殺」、「此皆文臣誤我」。大明朝究竟是亡在宦官手裡，抑或是亡在那些自以為飽讀賢聖之書、治國有方的腐儒手中呢？實在值得我們深

思。及後在京師淪陷後，在京的東林黨一眾人本來翹首期盼著伺候新皇帝，結果卻統統被李自成抄家、暴屍於街頭；少則幾萬兩、多則幾十萬兩的銀子從各大臣的家中抄出。這實在是滑稽而可悲的一幕！

圖中一禾、一女、一鬼，合為「魏」字，預示宦官魏忠賢把持朝政。

讖曰：「當塗遺孽，穢亂宮闕，一男一女，斷送人國。」

「當塗遺孽」，「當塗」即把持朝政，《晉書。熊遠傳》：「豺狼當塗，人神同忿。」「當塗遺孽」喻明朝「遺孽」魏忠賢把持朝綱。

「穢亂宮闈，一男一女」，魏忠賢和客氏是「對食」，即太監和宮人結成的「夫妻」，他倆在後宮手遮天，皇宮成了他們的天下。客氏是熹宗乳母，被熹宗封為「奉聖夫人」，因熹宗對她十分依戀，使客氏權力甚至高於皇后。

「斷送人國」，崇禎帝即位立即起用了東林黨人，魏忠賢遭整肅、流放，最後畏罪自殺。但崇禎因輕信東林黨的空談標榜，終於自釀惡果，斷送了國家。

頌曰：「忠臣賢士盡沉淪，天啟其衷亂更紛，縱有胸懷能坦白，乾坤不屬舊明君。」

「忠臣賢士盡沉淪」點出了魏忠賢的名字，也指出當時那些自以為飽讀賢聖之書、治國有方的東林黨腐儒「忠臣賢士」被魏宗賢打壓所「沉淪」。

「天啟其衷亂更紛」，「天啟」是明熹宗在位期間的年號，「亂更紛」是指東林黨爭。

「縱有胸懷能坦白，乾坤不屬舊明君」，即便明熹宗的臨終囑託「魏忠賢恪謹忠貞，可計大事」，1627年崇禎帝即位後，魏忠賢被成功彈劾，流放途中畏罪自殺。但崇禎因輕信東林黨的空談標榜，終於自釀惡果，斷送了國家。

金聖歎：「此象主天啟七年間，妖氣漫天，元氣受傷。一男一女指魏閹與客氏而言。魏殺客氏，客氏熹宗乳母，稱奉聖夫人。」

第三十二象　乙未　巽下坎上　井
（闖王覆亡明朝）

「乙未」是六十甲子之第三十二，自然代表的是第三十二象。

第三十二象的卦，是「井」，下卦巽為風，上卦坎為水。挖井必須挖到地下水道，而地下水道可不止一層。原來水遇到沙土會滲，遇到黏土才不會滲；故挖井必須連挖幾層地下黏土層，才不怕井水枯竭。古代井的定義，縱深是井，底下橫的水道也是井；井中乾涸部分，地下橫的水道成了隧道，裡面有風，並不窒悶；以冷縮熱脹故，天氣熱空氣會灌進來，天氣冷空氣會逼出去。而這個乾涸的井底世界，就是最安全的庇護所；人生便縱遇到極毒之物，極凶煞之困難事，若有智慧，都能找到最安全的井躲一躲。這正好說明了李自成雖覆亡了明朝，但在吳三桂所部和清軍的聯繫夾擊下，李自成因大軍遭受重創，自己也兵敗後脫逃，在湖南省石門縣夾山寺削髮為僧，能得安全的庇護所。

李自成（1606年9月22日－1645年5月17日或1674年），原名鴻基，陝西米脂人，世居米脂李繼遷寨，明末民變領袖之一，大順政權皇帝。李自成於1629年因欠餉問題殺死參將王國和當地縣令，發動兵變，隨後南征北戰，並於西安稱帝，以李繼遷為太祖，建國號大順。1644年李自成攻進紫禁城，大肆搜刮錢財，卻在1645年被清軍以紅衣大砲攻破潼關，

李自成採避戰的方式流竄，傳說1645年李自成被地方民兵殺死，屍首不知何處。清人何璘《書李自成傳後》記載「李自成禪隱夾山寺」應是可信的。，說李自成兵敗後脫逃，在湖南省石門縣夾山寺削髮為僧，名奉天玉和尚，至康熙十三年（1674年）圓寂於該寺。

清軍何以能攻破潼關？這裡涉及到一個關鍵人物陳圓圓。陳圓圓（1624年－1681年），字畹芬，名沅，母親早亡，從姨父姓陳。陳圓圓傾國傾城，能歌善舞色藝冠時，時稱「秦淮八艷」之一。崇禎時外戚周奎欲給皇帝尋求美女，以解上憂，遂派遣田貴妃的父親田戚畹下江南選美，後來田戚畹將名妓陳圓圓、楊宛、顧秦等獻給崇禎皇帝。其時戰亂頻仍，崇禎無心逸樂。陳圓圓又回到田府，田戚畹佔為私有。一日吳三桂在田府遇見陳圓圓，一見傾心，後吳三桂納圓圓為妾。據傳義軍闖王李自成攻破北京時，手下劉宗敏擄走陳圓圓，後來下落成謎。李自成大軍攻佔北京後，圓圓為劉宗敏所奪。吳三桂本欲投降，但得知圓圓遭劫後，吳三桂「衝冠一怒為紅顏」，遂引清兵入關，攻破李自成，孰料一發不可收拾，給了滿清入主中原的良機，吳三桂也因此冠了叛將之名。《明史·流寇》稱：「初，三桂奉詔入援至山海關，京師陷，猶豫不進。自成劫其父襄，作書招之，三桂欲降，至灤州，聞愛姬陳沅被劉宗敏掠去，憤甚，疾歸山海，襲破賊將。自成怒，親部賊十餘萬，執吳襄於軍，東攻山海關，以別將從一片石越關外。三桂懼，乞降於我。」

在吳三桂所部和清軍的聯繫夾擊下，李自成大軍遭受重創，倉皇逃離北京，盡棄所掠輜重、婦女於道。吳三桂在兵火中找到了陳圓圓，軍營圓。此後陳圓圓一直跟隨吳三桂輾轉征戰。吳三桂平定雲南後，圓圓進入了吳三桂的平西王府，一度「寵冠後宮」。吳三桂獨霸雲南後，陰懷異志，窮奢侈欲，歌舞徵逐。構建園林安阜園，「採買吳伶之年十五者，共四十人為一隊」(《甲申朝事小紀》)，「園圓聲伎之盛，僭侈逾禁中」(王澐《漫遊紀略》，陳圓圓因年老色衰，加之與吳三桂正妻不諧，且吳三桂另有寵姬數人，於是日漸失寵，遂辭宮入道，「布衣蔬食，禮佛以畢此生」(《天香閣隨筆》)。一代紅妝從此豪華落盡，歸於寂寞。

圖中馬在門中是「闖」字，喻「闖王」李自成。李自成生肖屬馬，與馬也很有緣。

李自成是陝北驛卒，負責照看馬匹，往返於榆林、米脂、延安遞送公文。明朝末年的驛站制度有很多弊端，明思宗崇禎年間，採信大臣裁撤驛卒的建議，全國三分之一的驛站被裁撤，造成失業驛卒武夫起義，李自成參與起義軍。

讖曰：「馬跳北闕，犬敖西方，八九數盡，日月無光。」

「馬跳北闕」，「闕」指宮門，「北闕」是北京。「馬跳入闕」，是「闖」字；「跳北闕」，又進北京皇宮。

「犬敖西方」，指自稱「天狗星下凡」的張獻忠，攻入成都建大西國，稱王。張獻忠和李自成一樣，也是王嘉胤的部下。1630年王嘉胤因搶劫被通緝而造反，張獻忠率眾跟從。張獻忠狂傲不羈，他的軍隊所到之處，瘋狂地姦淫、屠城，甚至連自己的幼子、妻妾、非嫡系部隊都被他屠戮。他屠蜀人約300萬，四川人幾乎被殺絕。1647年清軍入川，張獻忠屠城焚城而後撤離，割人肉醃為軍糧。他潰敗沿途，仍大肆殺戮，被圍敗死前還忙於屠城。「傲」字「無人」為「敖」，指張獻忠狂傲不羈，幾乎把四川殺成了無人之地。

「八九數盡，日月無光」，「八九」之和是十七，「日月」是「明」字，喻明朝。「八九數盡」，指明朝歷經十七個年號，經十七世（十六帝，英宗復辟年號「天順」，他被擄到蒙古前年號「正統」），氣數盡了。1644年三月十九日闖王攻入北京，崇禎帝自縊於煤山。

頌曰：「楊花落盡李花殘，五色旗分自北來，太息金陵王氣盡，一枝春色占長安。」

「楊花落盡李花殘」：「楊花落盡」指楊嗣昌（1641年）自盡，李自成從此沒有對手了。「李花殘」，是指李自成不久也殘敗了，被滿清兵打得節節敗退。楊嗣昌是明朝三世老臣，曾被閹黨排擠辭官。崇禎元年（1628年）被啟用。1637年任兵部尚書率兵大敗李自成、逼降張獻忠，升禮部尚書、東閣大學士，仍掌兵部事，權傾一時。1639年張獻忠再叛，楊嗣昌大敗張獻忠，進而入川圍剿。1641年初張獻忠出川奇襲襄陽，殺襄王；李自成克洛陽，將福王煮食，楊嗣昌「益憂懼，遂不食」而死。

「五色旗分自北來」，指李自成的隊伍是五色旗，他率20萬大軍從北面殺來，包圍了京城。三月十八日，外城守軍投降；十九日內城不攻自破。李自成的《入城大典》便是以旗分色：李自成親率執藍旗的禦營中軍進德勝門；另四支是前後左右營，分別打著黑、紅、白、黃四色旗，進朝陽、阜成、宣武、正陽四門。所以「五色旗分自北來」是指李自成的攻入北京。另外，「五色旗」也象徵滿州八旗。滿州八旗四色：正黃旗、正白旗、正紅旗、正藍旗、鑲黃旗、鑲白旗、鑲紅旗、鑲藍旗，原只有黃、紅、藍、白，四色，入關以後招募漢人組成綠營兵，執綠旗，那也是五色旗。

「太息金陵王氣盡，一枝春色占長安」，明太祖安息的金陵（今南京）王氣已盡，金陵的鍾山有安葬明太祖朱元璋的孝陵。「長安」指北京，李自成佔據北京僅42天，春天（三月十九）進京，隨春色逝去，（五月初一）席捲錢財撤離。按金聖歎的解釋，「春色」似指孝莊皇后，她勸降洪承疇，協助了清軍。

金聖歎：「此象主李闖、張獻忠擾亂中原，崇禎投環梅山，福王偏安不久明祀遂亡。頌末句似指胡後，大有深意。」

（三十三）　　崇禎帝朱由檢
（1611年2月6日－1644年4月25日）[寅時]

正財	日主	正官	七殺
戊	乙	庚	辛
寅	未	寅	亥
戊正財，甲劫財，丙傷官	己偏財，乙比肩，丁食神	戊正財，甲劫財，丙傷官	壬正印，甲劫財

（中間「合」字連接乙庚，「合」字連接寅亥）

（三十四）　　魏忠賢
（1568年2月27日－1627年12月11日）

食神	日主	偏財	偏印
壬	庚	甲	戊
午	辰	寅	辰
正官	戊偏印，癸傷官，乙正財	戊偏印，甲偏財，丙七殺	戊偏印，癸傷官，乙正財

大運：

1640	1630	1620	1610	1600	1590	1580	1570
72	62	52	42	32	22	12	2
壬	辛	庚(庚金破從大起大落)	己	戊	丁(合了壬水功用神)	丙	乙
戌	酉	申	未	午	巳	辰	卯
		1620庚申朱由校即位，是為熹宗，賜名忠賢，升為司禮監秉筆太監。1624年甲子，魏忠賢遭到楊漣的彈劾，但逃過一劫。1625年乙丑，賜魏忠賢「顧命元臣」印。1627丁卯八月己酉二十三日丁巳，熹宗駕崩。同年十一月壬子懸樑自盡。(水火局戰)。	正印被合，不全為我用。	偏印遠隔為非我，助力不大，兼亦非命局之所靠。	1590庚寅1591辛卯1592壬辰1593癸巳1594甲午1595乙未1596丙申1597丁酉1598戊戌1599己亥		

斷時辰重點：明朝皇帝多不喜向儒家，明太祖朱元璋廢除了沿用已久的三省制，亦罷宰相職，六部直接對皇帝負責，皇權獨攬。形成士紳商賈與皇權的對立，又有黨爭，故皇帝多靠貼身能幹的宦官幫助與之抗行。魏忠賢能侍奉兩朝皇帝，沒才能可辦不到。史書多為儒家士人所撰，故必給予皇帝及宦官評價不高，其實不然也。魏忠賢以壬午時生，最能表現其靠才華智慧，理性適應能力才能有此表現，終究達到一人之下，萬人之上。

日主庚金水木土。到庚申運由從到不從，人生之大起落也。位至司禮監秉筆太監，但又在甲子年沖午時支時受到彈劾，牽起破格大動之象。1627丁卯年壬水功用神被合，成就人生結局落幕時。

（三十五）　　李自成
（1606年9月22日－1645年5月17日或1674年）

七殺	日主	比肩	劫財
癸	丁	丁	丙
卯	巳	酉	午
偏印	戊傷官，丙羊刃，庚正財	辛偏財	丁比肩

大運：

1681	1671	1661	1651	1641	1631	1621	1611
75	65	55	45	35	25	15	5
乙	甲	癸	壬	辛	庚	己	戊
巳	辰	卯	寅	丑	子	亥	戌
				崇禎十六年（1643癸未年）在襄陽稱新順王，並在河南汝州殲滅明陝西總督孫傳庭的主力，旋乘勝進佔西安。1644甲申年登基大順帝。順治二年（1645乙酉年）5月辛巳17甲戌日，在湖北通城縣九宮山遭村民誤殺。		崇禎二年（1629己巳年）起義，後為闖王高迎祥部下的闖將，勇猛有識略。	

斷時辰重點：亂世草莽英雄能成大事者故羊刃七殺，食傷運早行少有謀略，被洪承疇圍剿而不滅，又能策反張獻忠。辛丑運，財三合局成，奪取天下。1645年乙酉，乙木凶物遭強金剋死，印權死絕，大順王朝落幕。

第三十三象　丙甲　巽下兌上　大過
（總述清朝國運）

「丙申」是六十甲子之第三十三，自然代表的是第三十三象。

第三十三象的卦，是「大過」，下卦巽為風，上卦兌為澤。「大過」之像是澤中無常之風吹起。澤乃象徵群眾聚集的紅塵世界，最怕大限臨頭。澤中如地層下陷等無常之風吹起，使澤水翻湧動盪，造成魚兒、鳥兒、野獸等隨波逐流，在不知不覺中墮入地獄，死的死、傷的傷，故這種現象會產生大過失！又「過」者，差也、失也。故大過者，失之大也。《卦辭》：「大過，棟橈。利有攸往，亨。」棟橈，本末弱也，剛過而中；棟橈則屋有傾覆之患，故不宜恃勢令橈。處大過之時，唯以「巽『順』而悅行以『治』之」，則尚有挽回匡濟之術。巽順悅行以治之，故說「利有攸往」乃得「亨」也。這正正預言了順治不顧滿洲親貴大臣的反對，倚重漢官，為瞭使新興的統治基業長治久安，他以明之興亡為借鑒，「巽『順』而悅行以『治』之」，警惕宦官朋黨為禍，重視整飭吏治，注意與民休息，取之有節，故中原漸漸「順」，由亂漸「治」。

清朝（1616年2月17日、1636年5月15日或1644年6月5日－1912年2月12），正式國號為大清，對外使用中國、大清國、大清帝國、中華大清國等名稱，是中國歷史上由滿族建立

的一個大一統朝代，亦為中國歷史上最後一個王朝，統治者為起源於明代建州女真的愛新覺羅氏。滿人源自女真，皇族愛新覺羅氏為建州女真一部，隸屬明朝建州衛管轄之部眾。建州衛是明朝在中國東北設立的一個衛所，屬於明朝邊防行政單位，曾隸屬於奴兒干都司管轄，而愛新覺羅氏世代為建州左衛都指揮使。1616年，女真族人努爾哈赤在今中國東北地區建國稱汗，建立後金，定都赫圖阿拉，又稱為興京（今遼寧新賓）。1636年，努爾哈赤的繼承者皇太極在盛京（今瀋陽）稱帝，定國號為「大清」，當時其領土僅止於中國東北及漠南地區，但已對退守長城以南的明朝造成重大威脅。1644年，大順李自成率軍攻陷北京，明朝滅亡。同年吳三桂部等原明朝殘餘軍隊為對抗李自成而歸降清軍，由此清軍進入山海關內，在擊敗李自成軍後遷都北京，並開始大規模南下，其後的數十年時間內，清朝陸續消滅華北殘餘明朝勢力、李自成的大順軍、張獻忠的大西國、南明和明鄭等勢力，統一中國全境。歷經康熙、雍正及乾隆三帝，清朝的綜合國力及經濟文化逐步得到恢復和發展，統治著遼闊的領土及藩屬國，史稱「康雍乾盛世」，是清朝發展的高峰時期，亦是中國歷史上最輝煌的時期之一。

清朝政治制度基本上沿襲明朝，其最高決策單位隨皇帝的授權而變動，例如軍機處、總理衙門等，除提升行政效率外，也使皇帝能充分掌權。清中期文字獄興盛，若有疑似反清復明的運動與散播被認為不利皇帝的消息，往往會引

來冤獄，牽連多人受害。軍事方面，清朝在初期建樹鉅大，原先以旗人的八旗軍為核心精銳，龐大的綠營為主力，而後期逐漸以綠營和地方團練如湘軍、淮軍為支柱。清朝所進行的領土擴張，以及對邊疆地區的直接控制，奠定了現代中國的基本版圖與統治面積。清極盛時可達1310萬平方公里，在中國歷史上僅次於元朝，即使在清末也維持1130萬平方公里。政治穩定、廣泛種植新作物與賦稅制度的改變，使得中國人口最後突破以往的平均值，達到四億左右。國內與國外的貿易提升，帶動經濟農業與手工業的發展。

外交方面，除了與周邊東亞國家有往來，當時正值航海時代的歐洲人，直接透過海路來與中國貿易和傳教活動當時主要集中於廣州，不過西方列強在18世紀左右憑藉著工業化的突破，開始大幅拉開國力差距，鴉片戰爭開啟中國近代歷史，使中國由東亞的中心變成列強環伺的國家，列強迫使清廷簽訂不平等條約，以武力獲得在華利益。清朝在抵抗外侮與內憂的同時，也一直處於改革派與守舊派拉鋸的局面。在列強入侵的同時西方科學與文化亦引入中國，讓清朝發起一連串的改革與革命，如洋務運動，促使中國文化的成長與革新，然而甲午戰爭的失敗使改革的努力受到沉重打擊，並使中國國際地位大為降低，列強加速劃分勢力範圍。而其後的維新運動也隨守舊派抵制而告終。在義和團運動排外反列強失敗、引來八國聯軍侵華後，清廷也推動清末新政，雖取得一些成效，但部分內容讓許多立

憲派知識分子失望，轉而支持革命。1911年辛亥革命爆發，1912年1月1日中華民國在南京正式成立，同年宣統帝（溥儀）於2月12日宣佈退位，清朝正式滅亡。清朝從後金時期算起共經歷12位皇帝13個年號（包含太祖的天命和太宗的天聰），國祚長296年，又有滿清十三皇朝之稱。如果自1636年皇太極改國號為清開始算起，共經歷11位皇帝，12個年號。國祚長276年。如果自1644年遷都北京入主中原以來則有10帝，歷時268年。

圖中的一舟插八旗載十人從東北而來，喻指滿清八旗自東北入關，大清自順治帝開始統治中原，共有十位皇帝。

讖曰：「黃河水清，氣順則治，主客不分，地支無子。」

「黃河水清，氣順則治」，「黃河」喻中原，「水清」是預言中國國脈變為清朝。「氣順則治」含「順治」年號，喻滿清自順治帝開始入主中原，又喻自順治始中原漸漸氣順，由亂漸治：如倚重漢官，以明之興亡為借鑒，警惕宦官朋黨為禍，重視整飭吏治，注意與民休息，取之有節。

「主客不分」，預言滿清反客為主，滿清女真各部原隸屬明朝，故為客。

「地支無子」，「地支」共12個為一循環，之後再回到「子」，但「地支無子」是說再無第二循環的「子」了，故這裏喻指二二。皇太極1636年改國號為「清」，清朝承傳他皇位的共十帝，加上實質創始人太祖努爾哈赤，為十二帝。

頌曰：「天長白瀑來，胡人氣不衰，藩籬多撤去，稚子半可哀。」

「天長白瀑來」，滿清自東北長白山一帶起勢像瀑布一樣衝向中原。

「胡人氣不衰」，元朝就是胡人（蒙古）為君，清朝又是胡主，胡人其氣勢不衰。

「藩籬多撤去」指康熙1673~1681年撤削三藩、平定藩亂。清朝奪得中原後，分封了三個開國的漢將降臣為王：吳三桂為平西王轄雲貴，耿繼茂為靖南王鎮福建，尚可喜為平南王守廣東。康熙十二年撤三藩，吳三桂率先舉兵叛亂，耿精忠(耿繼茂之子)反於福建，尚之信(尚可喜之子)叛於廣東，三藩一度打下長江以南，終被康熙平定。

「稚子半可哀」，「稚子半」預言了滿清入關後的十帝中，有一半即位時是不到十歲的「稚子」，當中包括：順治，康熙，同治，光緒，宣統。

金聖歎：「此象乃滿清入關之徵。反客為主殆亦氣數使然，非人力所能挽回歟。遼金而後胡人兩主中原，璜璜漢族對之得毋有愧。」

（三十六）　洪承疇

（1593年10月16日－1665年4月3日）八字心悟洪承疇（賣國求榮？兩朝元老？）[癸巳、壬戌、癸酉、壬戌]

劫財	日主	劫財	比肩
壬	癸	壬	癸
戌	酉	戌	巳
戊正官，丁偏財，辛偏印	辛偏印	戊正官，丁偏財，辛偏印	戊正官，丙正財，庚正印

（三十七）　孝莊文皇后

（1613年3月28日－1688年1月27日）

偏財	日主	正印	正官
庚	丙	乙	癸
寅	申	卯	丑
偏印，比肩，食神	戊食神，庚偏財，壬七殺	乙正印	己傷官，辛正財，癸正官

大運：

1686	1676	1666	1656	1646	1636	1626	1616
73	63	53	43	33	23	13	3
癸	壬	辛	庚	己	戊	丁	丙
亥	戌	酉	申	未	午	巳	辰
1688年丁卯1月癸丑27日己巳)崩逝,享年七十五歲。		財運,管掌天下。	財運,管掌天下。	食傷智運。	1636年丙子冊封為莊妃。1638年戊寅3月乙卯15甲午日)在盛京皇宮的永福宮生皇九子福臨。1643年癸未皇太極駕崩,福臨即位,為順治帝,尊為聖母皇太后。		1625年乙丑嫁努爾哈赤第八子皇太極為側福晉。

斷時辰重點：極具權謀，比較武則天、毛澤東等命局，可知一二。丙火日元，當然的政治家，具智慧謀略，有政治手腕，平衡並掌控各方勢力而全為我所用，頂極帝皇心術。由她鬆容應付身邊的頂級猛人如多爾袞、吳三桂等，便能瞭解。命局時支沖夫妻宮，也可理解她們外族人一直有兄終弟及的文化。癸亥大運金水太強，高壽而終。

(三十八)　　順治帝
(1638年3月15日－1661年2月5日)

偏印	日主	劫財	偏財
壬	甲	乙	戊
申	午	卯	寅
七殺，偏財，偏印	丁傷官	乙陽刃	戊偏財，甲比肩，丙食神

大運：

1715	1705	1695	1685	1675	1665	1655	1645
77	67	57	47	37	27	17	7
癸	壬	辛	庚	己	戊	丁	丙
亥	戌	酉	申	未	午	巳	辰
						1661年辛丑2月庚寅5日丁巳退位（1661年2月3日立春）。	1643年癸未10月壬戌8日丁亥登基。1650年庚寅12月戊子31日戊子多爾袞死。

斷時辰重點：主要看丁壬合，丁運食傷被合，失戀，不開心，受不起壓力。壬印被合棄權，不開心所以不再當皇帝，放棄皇權。

（三十九） 康熙帝

（1654年5月4日－1722年12月20日）[巳時生]立夏Summer begins 1654年05月05日 19:04:21

正印	日主	比肩	七殺
丁	戊	戊	甲
巳	申	辰	午
戊比肩，丙偏印，庚食神	戊比肩，庚食神，壬偏財	戊比肩，癸正財，乙正官	丁正印

1724	1714	1704	1694	1684	1674	1664	1654
70	60	50	40	30	20	10	0
丙	乙	甲	癸	壬	辛	庚	己
子	亥	戌	酉	申	未	午	巳
							1661年辛丑2月庚寅5日丁巳登基。

立春 Spring begins 1661年02月03日 12:57:58

（四十）　　　雍正帝

（1678年12月13日－1735年10月8日）[寅時出生]

食神	日主	正印	傷官
己	丁	甲	戊
酉	酉	子	午
辛偏財	辛偏財	癸七殺	丁比肩

1756	1746	1736	1726	1716	1706	1696	1686
78	68	58	48	38	28	18	8
壬	辛	庚	己	戊	丁	丙	乙
申	未	午	巳	辰	卯	寅	丑

（四十一）　　　乾隆帝

（1711年9月25日－1799年2月7日）[子時生]

七殺	日元		正官		劫財
丙	庚		丁		辛
子	午	沖	酉	沖	卯
傷官	正官		羊刃		正財

十濁一清局[庚金得令、丙丁火得近午根護有力為用：清貴（官殺有力），使得整個命局有回貴氣！]

年月、日時各各天克地沖，一生人在鬥爭之中，超級適合玩政治（正官貼身為用，極度操控）。（比教毛澤東：癸巳、甲子、丁酉、癸卯、習近平主席：癸巳、戊午、丁酉、癸卯，等。）

改變中國歷史之人的命局，十全武功（七殺、傷官、羊刃）。

有傳康熙帝因為看到乾隆的命局，便選定雍正做接班人，為的就是將來能讓乾隆承繼大清的江山。

觀五氣：

金：庚辛得令。自身強有氣有力。

火：丙丁得近午三合正根，也有氣有力。貼身為用，管理（正官）、操控能力高超。爭雄之心強（七殺），所謂「七殺、羊刃並傷官」，格局低也能當黑社會頭目，何況他貴為皇家子弟，當皇帝一定稱職也。

木：待上干。（盛年時期完成，運與命就。）

水：待上干。（盛年時期完成，運與命就。）

土：局無不用論。（局無，要時便有，不用強求。土為印（權力、護蔭），皇爺爺疼愛，當皇上權傾天下。

(1) 　一分為二：庚辛酉子對丙丁午卯

(2) 　干支氣勢：參看觀五氣

(3) 　我與非我、十神十力：官殺混雜，如不能任則主糊塗，一時守法一時超越法度，但力量平衡則緩緊隨我所欲，「寬猛相濟」，如取如圖。劫財在年干，兄弟疏離，為朋友兩脅插刀，非我會幹之事。

(4) 　歲運浮沉：

06~15丙申運，七殺為正，少年聰穎，得康熙看重，文武全才。

16~25乙未運，木上干而強有力，正財合我為用，1735乙卯年九月初三日（秋金之月）榮登大寶。

26~35甲午運，正官得正根為用，屬精圖治。

36~45癸巳運，七殺得正根為用，先後平定新疆、蒙古，還使四川、貴州等地。癸水傷官桃花星主用，1751年辛未（劫財愉悅）開始首下江南。

乾隆六下江南：

(1751)、(1757)、(1762)、(1765)、(1780)、(1784)。

46~55壬辰運，食神有力，被合不懼，繼續盡情發揮，猶好詩文，一生寫詩無數。四下江南。

56~65辛卯運，劫財非我，無甚可陳。起用和珅（逢君之好），但尚為官清廉。

66~75庚寅運，重用和珅，和珅成為巨貪之官。六下江南。

76~85己丑運，正印並金庫，金太強失衡，糊塗頑固。全力欲超強。

86~95戊子運，偏印並子水，水火大戰，1799己未年金木又戰，駕崩。

(5)　生剋制化：此造平穩，無大樞紐位。

(6)　五行健康：此造平穩，無大健康問題。

(7)　合沖克刑：n.a.

大運：

丁巳	丁未	丁酉	丁亥	丁丑	丁卯	丁巳	丁未	丁酉
1797	1787	1777	1767	1757	1747	1737	1727	1717
86	76	66	56	46	36	26	16	6
戊	己	庚	辛	壬	癸	甲	乙	丙
子	丑	寅	卯	辰	巳	午	未	申
水火戰 1799己未死。	正印	比肩	劫財	壬水食神上干被合	癸水傷官上干	木財上幹上	木財上干合我。(1735年乙卯)九月初三日即皇帝位。	七殺主導為正。

"乾隆八字"深藏於宮中，清之後開始整理內閣大庫檔案，首批向社會公開的珍貴檔案之一便是"乾隆八字"。"乾隆八字"有一段批語云：

"此命富貴天然，這是不用説。佔得性情異常，聰明秀氣出眾，為人仁孝，學必文武精微。幼歲，總見浮災，並不妨礙。運交十六歲為之得運，該當身健，諸事遂心，志向更佳。命中看得妻星最賢最難，子息極多，壽元高厚。柱中四方成格禎祥，別的不用"。

"柱中四方成格"，指柱中全見"子午卯酉"，按命理説，稱為"四位純全格"，是天賦甚厚的強勢命造。有人説，乾隆是皇帝，哪個星相術士批他敢説不好？其實不然。上述"乾隆八字"是康熙六十一年形成的，這的上面有"今歲壬寅（康熙六十一年歲次壬寅），流年天喜星坐命，天福星守照，四季禎祥，喜福安寧"這段話可以為證。這一年，乾隆虛歲十二，身份是雍親王第四子、康熙百數十個皇孫之一，奉命批八字的星相術士只能據命理而論，哪裡知道這小孩就是第三代皇帝呢？批語中"天福"、"天喜星"云云都是星相家術語，言其壬寅歲流年大吉，四季祥順。

正是這年春年，乾隆以皇孫首次謁見康熙，乾隆的生辰八字亦當在這次由康熙攜回。現存"乾隆八字"的批語即當在三月十二日至二十五日所批。據說有人曾在故宮檔案"乾隆八字"批語上見過康熙的批語"此命富貴天然"一段，但《掌故叢編》"乾隆八字時"並未以按語或加註的形式說明康熙曾親自批語，因此"乾隆八字"批語極可能是康熙命精於相術者所批。批語中說"此命富貴天然"、"為人仁孝"、"壽元高厚"云云，已囊括了古代所謂"五福"：壽、富、康寧、攸好德、考終命。從命相看，這個皇孫的命已好得不能再好，又有"子息極多"這樣的佔語，宜乎康熙對其另眼看待。而"幼歲總見浮災"難免令皇祖放心不下，因此有三月二十五日再幸圓明園之行。乾隆被養育宮中，當從此開始。乾隆入宮後，在皇祖身邊度過了不到八個月的短暫時光，這中間康熙一再說乾隆"福祉深厚"、"福過於予"、"伊命貴重"云云，其根據只能是"乾隆八字"。

康熙六十一年春天，康熙本欲將雍邸庶出阿哥弘曆（後來的乾隆皇帝）留在身邊作長期考驗，但天不容人，當年十一月大限將至，康熙倉促之間對胤禛（皇四子，即後來的雍正皇帝）、允禵，或者包括三阿哥胤祉在內的其他阿哥作一權衡時，福命最好、才學優長、且文武兼資的皇孫弘曆理所當然地加重了胤禛的份量。康熙綜合考慮了這父子倆的條件後，才說了"皇四子雍親王胤禛最賢，我死後立為嗣皇"這句驚天動地的遺囑。

及康熙駕崩，臨終囑託四皇雍正"必封"弘曆為皇太子，雍正恪遵康熙遺囑，於即位週年，即雍正元年八月親御乾清宮，鄭重地舉行了密立皇儲的儀式，他親書立弘曆為皇太子的密旨，封固於鐵匣之中。

(四十二)　　和珅 (清朝第一大貪官)

庚午、乙酉、庚子、壬午。

食神	日主	正財	比肩
壬	庚　合	乙　合	庚
午　沖	子	酉	午
丁正官	癸傷官	辛羊刃	丁正官

天干庚乙爭合，羊刃成格，地支子午沖，又全局火金、水火俱戰，是為戰局。又命中缺木，木主仁，無木則無仁。木為印，命中無印，沒有父母長輩觀念，為大人物者賣國求榮，為常人或小人物者，不認父母，出賣兄弟朋友。戊子、己丑二十年，威權赫奕，為最盛之時。寅運無沖尚可維持，至辛卯運，四正地四沖全備，被賜死。

第三十四象　丁酉　巽下　上
（太平天國）

「丁酉」是六十甲子之第三十四，自然代表的是第三十四象。

第三十四象的卦，是「巽」，下卦巽為風，上卦巽為風。「巽」之像是「此風先起，彼風隨後；以風隨風，風風相續」。應到本象讖述的「王殺王」時，腐敗上行下效，其天國已經被內亂和腐敗的颶風打翻了。

太平天國是清朝道光晚年、咸豐至同治初年間建立的政權，創始人為洪秀全和馮雲山。洪秀全與少年時代的私塾同學馮雲山經過多年傳播拜上帝教，於道光三十年（1850年）末至咸豐元年（1851年）初與楊秀清、蕭朝貴、曾天養、石達開等人在廣西金田村組織團營舉事，後建國號「太平天國」，並於咸豐三年（1853年）攻下金陵，號稱天京（今南京），定都於此。同治三年（1864年）天京被曾國藩湘軍攻破，洪秀全之子兼繼承人幼天王洪天貴福被俘虜。同治十一年四月六日（1872年5月12日），最後一支打著太平天國旗號作戰的太平軍部隊，翼王石達開餘部李文彩，在貴州敗亡。

太平天國之亂是中國歷史上規模最大的戰爭，總計傷亡人數無定論，各種統計從7000萬人至1.6億人不等。對中國歷史影響深遠，太平軍的足跡先後到過廣西、湖南、湖北、

江西、安徽、江蘇、河南、山西、直隸、山東、福建、浙江、貴州、四川、雲南、陝西、甘肅諸省，攻克過600餘座城市，勢力範圍遍及十八省。因清朝推行薙髮令，太平天國蓄髮、披髮，故太平軍被稱作「長毛」，清廷稱其為「長毛賊」、「毛賊」、「髮賊」、「髮匪」、「髮逆」等。又因洪秀全籍貫廣東省廣州府花縣(今廣州市花都區)，其他的太平軍將士亦多起自兩粵(即兩廣的廣東、廣西)，故清廷亦稱其為「粵匪」、「粵賊」。太平天國開創了中國歷史上的許多先例和特例，例如，以西方宗教拜上帝會名義組織農民武裝，並把拜上帝會作為太平天國運動的組織核心；再如，太平軍佔領南京前後，曾在武昌、天京、鎮江、揚州等地，對全部人民實行「男女分館」的政策，把所有的男子集中到「男館」，全體婦女集中到「女館」。據有關史料記載，當時按軍隊編制把男女隔絕，男的歸男館，女的歸女館，然後從女館裡面十二歲到十五歲的女孩子中間，挑選出十五個長相清秀可人、言談舉止機敏的女孩子，分配給太平天國的將領們。其分配的計劃是，天王和東王每人各六個女孩子，北王是兩個女孩子，翼王是一個女孩子，加起來是十五個女孩子。不僅如此，太平天國許多的文官武將在過年時，還爭先恐後地給將領們送美女賀禮。太平天國起義時，洪秀全號稱天王，就擁有三十六個王娘，到定都天京後就有八十八個王娘了，而且還有眾多用數字封號的王妃。其實，這些王娘也罷，王妃也好，大都是逢年過節時太平天國文官武將送來的賀禮，而對於送來的美女賀禮，洪秀全總是

來者不拒，一律收入後宮，供其享樂。由於逢年過節所送美女賀禮過多，太平天國不得不大興土木建設。洪秀全的天王府從太平軍進入南京城後的第二個月就開始進行了，洪秀全放棄了明故宮的原有建築，選擇在原南京江寧總督府基礎上進行擴建，新的天王府面積方圓十里，四周有三丈高的黃牆環繞，幾十座宮殿群金碧輝煌，洪秀全自己還設計了九重天庭，天父台等建築。其規模建制和華麗程度不在北京故宮之下。天王府沒有太監，有的就是三千女官。說是女官，其實大多數的就是洪秀全的王娘、王妃。她們中間分為愛娘、嬉娘、妙女等十六個名位，共有二百多人，八十八個王娘名下，又有妊女、元女等七個名位，共有千人左右。其他沒有名位的嬪妃，還有一千多人，這些女人在天王府的唯一任務就是要伺候好洪秀全一人。而此時擁有三千佳麗的洪秀全已經沒有什麼心思再去管理國事，他的心思就是如何去管理後宮的那些美女。在太平天國，天王洪秀全如此，東王楊秀清的後宮生活，也都保持了他作為太平天國第二號人物應有的水準。西元1854年，也就是定都天京的第二年，他後宮裡的妻妾並不很多，而到了天京事變，也就是西元1856年的時候，他已擁有五十四個妻妾了，還不包括那些侍候他的女官。而這些妻妾和女官也大都是逢年過節分配的，或是其部屬將領為他送來的美女。

因為太平天國實行嚴格的等級制度，當最底層的士兵們被迫禁慾的時候，太平天國裡不管是最高權力核心將領，或

是高級文武百官，早已開始享受榮華富貴、聲色犬馬的奢侈生活，搶佔財富、搶奪女人，即便是翼王石達開也都是三妻四妾，少年英王陳玉成，太平軍中也流傳著他八女伴宿的故事。在巨大的變化面前，這些當初號稱要建立一個分田地，均財富的太平社會的農民起義軍將領們，沒有人能抵擋住了金錢美女的誘惑。

圖中長茅草，喻指被稱為「長毛」的太平天國部隊。圖中似見洪水氾濫，與「頌」相應，喻洪秀全的姓氏，又喻「太平天國之亂」像洪水一樣波及十八個省600多城。岸邊屍骨碎離，喻指運動死了很多人，史學家估計至少有7000萬人。太平天國軍隊肆意亂殺，沿途裹挾百姓，不從軍即斬首、燒死，甚至到了有異議、口角就殺頭的程度。

讖曰：「頭有髮，衣怕白，太平時，王殺王。」

「頭有髮」，清軍入關後令漢人男子按滿清習俗剔光頭頂前部，頭中後部紮辮子，稱「剃髮」。當時是「留髮不留頭，留頭不留髮」。而太平天國管轄的民眾不按滿清規定結辮，民眾留長髮，特別太平天國的官兵，被稱為「長毛」。

「衣怕白」，太平天國忌白色，其各級「公務員」忌穿白，故「頭有髮，衣怕白」都是指太平天國。另外，韋昌輝奉洪秀全的命令，在部署「天京屠殺」時命令手下人以「左臂纏白布」為記，以免殺亂了，也是「衣怕白」。

「太平時，王殺王」，天京事變中「天王」洪秀全密詔「北王」韋昌輝，讓他殺「東王」楊秀清。「北王」與「燕王」秦日綱滅絕了「東王府」，「翼王」石達開回京譴責亂殺，北王再血洗翼王府，翼王提前用繩子縋出城牆逃跑了。翼王又揮兵討伐逼天王殺北王，北王見勢不妙馬上攻打天王府，兵敗，北王和燕王被天王所殺。

頌曰：「太平又見血花飛，五色章成裹外衣，洪水滔天苗不秀，中原曾見夢全非。」

「太平又見血花飛」，太平天國之亂是中國歷史上規模最大的戰爭，總計傷亡人數無定論，各種統計從7000萬人至1.6億人不等，故這裏說「血花飛」。

「五色章成裹外衣」，又指華麗的章程作外在包裝。太平天國以宗教「拜上帝會」發動起來的，洪秀全自稱上帝的兒子，耶穌的弟弟。太平天國還有許多綱領，著名的有5個：《原道救世訓》、《原道醒世訓》、《原道覺世訓》、《天朝田畝制度》、《資政新篇》。洪秀全一黨包裹著這「五色華章」的外衣，以「有飯同吃」的口號，用一個幻想中的「理想社會」烏托邦，誘惑、催動農民去打天下，自己抓緊享樂納妾，還不斷出臺「新政策」，如《天父天兄聖旨》，故曰「五色章成裹外衣」。

「洪水滔天苗不秀」點出洪秀全的名字，太平天國象洪水一樣，幾乎波及半個中國。

「中原曾見夢全非」，「曾」指曾國藩，曾國藩的湘軍建於「中原」，這一句指太平軍見了曾國藩的湘軍，就「夢全非」了。

金聖歎：「證已往之事易，推未來之事難，然既證已往，似不得不推及將來。吾但願自此以後，吾所謂平治者皆幸而中，吾所謂不平治者幸而不中，而吾可告無罪矣。此象疑遭水災或兵戎與天災共見，此一亂也。」

本象為第三十四象，是金聖歎以後的事了，所以他只能猜測，這也印證《推背圖》是真實的古代預言，因為預言的事發生前人們很難猜出謎底。本像在後來人一眼就能看出是在預言太平天國，更能看到《推背圖》預言歷史的準確性。

（四十三）　洪秀全　（推背圖像三十四）

時	日	月	年
甲	癸	甲	癸
寅	卯	子	酉

大運：

59	49	39	29	19	9
戊	己	庚	辛	壬	癸
午	未	申	酉	戌	亥

從一生事蹟起落縱觀，其於水運不濟，金運發越，尤應於偏印之辛酉運；庚申運反覆，己未運滅亡。

從性格上看，他學問不高，腹無大志謀略，自卑多疑，殘暴不仁，貪逸好色。

以之看來，癸水日元應稍身弱而傷食偏強欠流通成忌。身弱食傷強為人外強內虛協，易自卑。甲木傷官為忌則不仁，有制（用金）則金水木三行成象成格，偏印得用亦利宗教事業。正印庚申運剋甲木太過下屬相殘。地支刑沖亦主人性多疑。

（四十四）　　慈禧太后　（推背圖像三十六）

時	日	月	年
己	乙	丁	乙
卯	丑	亥	未

1. 官星入墓為我用，符合慈禧能駕馭咸豐涉政事實。
2. 三合木局並透干，符合慈禧生命力強盛事實。木多火塞，食神洩秀乏力不能作功，主慈禧相貌並非美艷，又親子同治受剋之象。
3. 官星入墓，亦為極弱五行，主夫權不振，能力與生命力並弱之象。
4. 己土財星貼身為用，可惜亦為弱五行，符合日後割地賠款，挪用海軍軍費祝壽誤國等事。

（四十五）　曾國藩

出生日期：嘉慶十六年（即西元1811年）農曆10月11日亥時
（即西元1811年11月26日）

時	日	月	年
己	丙	己	辛
亥	辰	亥	未

大運：

56	46	36	26	16	6
癸	甲	乙	丙	丁	戊
巳	午	未	申	酉	戌

八字得殺入墓，而自坐之蓄殺為用（盲派訣），到子癸來拱
開水庫時氾濫。未亥拱木通明為文貴，兼之傷官傷盡透干
雙傍日主，可以帶兵，得以文官封武侯。

比較：蔣介石亦是左右傷官為用的命局。丁亥庚戌己巳庚午

此局匙位：(1)未亥拱木之未

　　　　　(2)入墓之亥水和墓辰

命局高必非單打獨鬥，必有貼身體護為用。此局有傷官、財殺，以己辰傷為體，亥殺為用。食傷即得力之手下輩。

局中未亥拱木，使丙火有元氣而食傷洩秀得用。

一生木火運年多主佳遇。

戊戌初運丙戌火年童子試第七。

丁酉桃花運，酉沖未亥拱卯印星，不利讀書，據悉曾於 30 歲前亦頗風流。

丙申運身旺，值木火年多，又局運得申亥亥三驛馬，故有十年七陞遷之亨通官運。但當中庚子流年，因申子辰合水，貼身殺主病，是年大病兩月。

乙未運，木氣豐盈，不用倚仗流年之助，是運逢凶化吉，遇難呈祥。然乙為印星露干，戊申年申亥害，未不再拱合是為木庫，母亡故。又乙剋己故手下攻戰多有不利。又己被剋不能護財，丁巳年火旺父亡故。

甲午運，午未合破拱局，戊午壬戌年皆喪弟。

癸巳運，官祿重。然天剋地沖月、時柱，主病、腳患。傷官見官，主凶。巳亥沖，衰沖旺旺者發，癸出干則亥不再入墓，不受控而上湧主血氣之症。巳亥沖，再不拱木，缺木氣亦有木損之病象。木為肝，曾晚年肝病嚴重。水不受控，水主循環系統，主血，曾死前手腳痲痺舌結不能語，皆腦溢血症狀。

（四十六）　李鴻章

西元1823年2月15日

時	日	月	年
己	乙	甲	癸
卯	亥	寅	未

大運：

73	63	53	43	33	23	13	3
丙	丁	戊	己	庚	辛	壬	癸
午	未	申	酉	戌	亥	子	丑

李命局中有天干己土，癸水。金運不忌故非專旺，忌火運故非從旺，推為假從旺格。木為用兄弟均官貴。官印為用相生，掌權位高。

火運時木強旺為忌，比劫平輩由幫身吉順轉格為害身凶逆。土五行弱成眾木爭奪對象。火越旺凶越減（身旺財旺），火越弱凶越高。

假從旺格人生成就大，起落亦大。

第三十五象：戊戌　震下兑上　隨
（英法聯軍，火燒圓明園）

「戊戌」是六十甲子之第三十五，自然代表的是第三十五象。

第三十五象的卦，是「隨」，下卦震為雷，上卦兑為澤。「隨」有「乘馬逐鹿」之象，喻指英法聯軍侵華，清朝咸豐帝把自己帶妻兒逃往熱河稱為「巡狩」，美化為狩獵。

晚清時期列強屢屢侵犯國家主權，自道光帝在位期間，因為鴉片戰爭，簽訂第一不平等條約後，道光帝抑鬱而終。他的繼承人就是咸豐皇帝。在咸豐帝鎮壓太平天國之時，英法等國再次染指中國，聯軍進逼北京，這是歷史上有名的第二次鴉片戰爭。當時英法聯軍於八里橋大敗清軍後進攻清朝首都北京，圓明園也在期間被英國軍隊縱火燒燬，這是有史以來北京第一次被歐洲軍隊佔領，英法聯軍一共佔領北京18天。咸豐帝倉皇逃亡熱河，命恭親王奕訢留京議和。奕訢代表清政府與英、法、俄簽訂了《中英北京條約》、《中法北京條約》、《中俄北京條約》，並批准了中英、中法《天津條約》。在《中俄北京條約》中，承認了咸豐八年（1858年）沙俄迫使清黑龍江將軍奕山簽訂的《璦琿條約》。咸豐帝在熱河因此自暴自棄，身體逐漸變壞。公元1861年，即咸豐十一年七月十五日，咸豐帝在熱河行宮病重。自打繼位開始，太平天國運動就深深地困擾著他，傾全國之力，依然未見勝利的曙光，又遭遇第二次鴉片戰爭的打擊，咸豐帝終於崩潰了，以三十一歲之齡駕崩。

這次英法聯軍進逼北京的來龍去脈是這樣的。話說1840年英國發動了鴉片戰爭，清廷為這次戰爭付出了趁著的代價，不僅付出了2100萬銀元的戰爭賠款，而且還被迫開放了五處通商口岸。本來知恥近乎勇，但清朝並沒有反省，很多人都仍感覺自己敗的冤枉，如果讓林則徐來指揮就不會失敗。他們並沒有認識到真正問題所在，沒有認識自己跟工業革命國家之間的實力差距越來越大。故在戰爭結束以後，清廷仍然延續著戰爭之前的套路，整個國家就像沒事人一樣。

第二次鴉片戰爭的起因是因為換約的問題，此時距離第一次鴉片戰爭已經過去了十多年的時間。這次英法兩國的要求是增加通商口岸和雙方相互派遣大使，其實這些問題都可以在談判桌上解決。但是有一個問題一直談不攏，那就是跪拜的問題。英法兩國的代表需要到京師遞交國書，而清朝要求他們向清朝的咸豐皇帝行三跪九叩大禮。其實這個問題已經困擾了雙方很多年，清朝皇帝認為自己是全世界的中心、是天朝上國，因此要求各國代表都必須跪拜。問題是當時大英帝國軍事實力比清朝強大得多，而且西方人只有見耶穌聖像時才會跪拜，清廷的要求有些強人所難。在乾隆、嘉慶時期就曾經出現了這樣的問題，現在這個矛盾再度激化。英法兩國的交涉清朝一點也沒有讓步的意思，英法兩國認識到只有戰爭才能迫使清廷讓步。就這藉助亞羅號事件的發生，英法兩國發動了第二次鴉片戰爭。其實這次戰爭和鴉片沒有半毛錢關係，英法聯軍在攻陷了廣州

以後一路北上，他們看住了天津大沽口。此時清軍的統帥是僧格林沁，這是一個弓馬嫻熟的傳統將領，但已經不適應近代戰爭。起初英法聯軍十分的輕敵，僧格林沁擊敗了英法艦隊。不過這僅是暫時的，英法聯軍開始繞道進軍，清廷為了保住京師要求英法聯軍派代表來通州談判。英法聯軍派出了以巴夏禮為首的39人抵達通州，他們沒有想到這是一條不歸路。在通州談判期間，雙方的價碼根本不在一個等級，因而爆發了爭吵。戰場出身的僧格林沁不懂得什麼國際外交，他將英法這39人全部拿下。巴夏禮被關進了刑部大牢，其餘37人被關進圓明園。接下來僧格林沁率領3萬滿蒙騎兵衝擊8000多人的英法聯軍，結果清軍傷亡15000以上，英法聯軍只死了6個人。北京的咸豐皇帝聞訊以後，立刻帶領大臣和后妃2000多人逃往熱河，等英法聯軍攻入圓明園以後發現37人只剩下了17人，其餘那20人已經被活活餓死。剛剛從刑部大牢救出來的巴夏禮勃然大怒，他向英軍主帥額爾金提出了報復的要求。在報復的問題上，法軍主帥孟托班建議直接焚燬紫禁城，這是清朝皇帝權力的象徵。摧毀了它就等於重創了清廷，迫使他們屈服。而英軍主帥額爾金不同意，額爾金認為得罪他們的是清朝皇帝，而不是普通的老百姓。燒燬了紫禁城很有可能殃及北京城內的居民，這樣做得不償失。圓明園是清朝皇帝的私人園林，燒燬它是最合適的。就這樣英法聯軍先是洗劫了圓明園，隨後一把火燒掉了這座萬園之園。

圖中暗示三人，兩個在前邊的，喻指英法，後邊跟來的喻指沙俄。沙俄以調停有功，強迫清政府於同年11月14日簽訂中俄《北京條約》，割佔烏蘇里江以東約40萬平方公里之地。圖中方向，英法自東南方向攻入北京；1860年西洋兵是從大沽口登陸的，佔領天津，從天津鐵往北京，正是從東南方向鐵來。

讖曰：「西方有人，足踏神京，帝出不還，三台扶傾。」

「西方有人，足踏神京」，指英法聯軍打進北京，劫掠焚燬了圓明園。

「帝出不還」指咸豐帝離京逃至熱河卻未能回京，次年病逝於熱河。

「三台扶傾」指清朝依曾國藩、左宗棠、李鴻章三人，削平戰亂穩定社稷，開展洋務運動，扶起了大廈將傾的清朝。「台」，清朝的官亦稱為「台」，如「制台」、「撫台」、「藩台」、「道台」等。總督也稱為「制台」，管轄一至四省。曾、左、李都是總督，即「制台」，故稱「三台」。

頌曰：「黑雲黯黯自西來，帝子臨河築金台，南有兵戎北有火，中興曾見有奇才。」

「黑雲黯黯自西來，帝子臨河築金台」，「黑雲」指英法聯軍，以及沙俄。「河」指熱河，滿清的夏都。「帝子」是咸豐帝和他的兒子載淳，當時4歲，5歲即位。「臨河築金台」，駕臨熱河，在那裡施政。本句指西方的英法聯軍攻至北京，俄國趁火打劫，咸豐離京逃到熱河行宮。

「南有兵戎北有火」，南方有太平天國的戰亂，北京有英法聯軍火燒圓明園。

「中興曾見有奇才」，「見」同「現」，曾國藩出現；「中興」，指同治中興；出了曠世奇才曾國藩，才平定了太平天國，開展洋務運動，使清朝出現「同治中興」的局面。

金聖嘆：「此象疑有出狩事，亦亂兆也。」

第三十六象　己亥　乾下巽上　小畜
（慈禧太后，同治中興？誤國之「君」？）

「己亥」是六十甲子之第三十六，自然代表的是第三十六象。

第三十六象的卦，是「小畜」，下卦乾為天，上卦巽為風。《象》曰：「風行天上，小畜。君子以懿文德。」風在天上吹，風象徵無常，無常暫時遠離，故可以放心安穩地積畜美好的文德，修養自己，崇儉養廉，這正好象徵慈禧造就「同治中興」的氣象。另外，《象》曰：「小畜，柔得位，而上下應之，曰小畜。」這正正預言了慈禧太后大權在握，上上下下對她奉若神明，才有「老佛爺」之稱。慈禧因信了義和團那套打仗能刀槍不入故，義和團殺了洋人後不僅不做外交上的彌補，反而幹了件大事：向世界宣戰。結果一下子就被打跨了，義和團屍橫遍野，慈禧、光緒逃出京城往西安，回來後簽下《辛丑合約》賠款4.5億兩白銀（算上利息的話是9.8億兩），大清從此一蹶不振。從這點來說，説她是誤國之「君」不為過。

慈禧（1835年11月29日－1908年11月15日）即孝欽顯皇后，葉赫那拉氏，咸豐帝的妃嬪，同治帝的生母。1852年入宮，賜號蘭貴人（清史稿記載懿貴人），次年晉封懿嬪；1856年生皇長子愛新覺羅·載淳（同治帝），晉封懿妃，次年晉封懿貴妃；1861年咸豐帝駕崩後，與孝貞顯皇后兩宮並尊，稱

聖母皇太后，上徽號慈禧；後聯合慈安太后（即孝貞）、恭親王奕訢發動辛酉政變，誅顧命八大臣，奪取政權，形成「二宮垂簾，親王議政」的格局。清政府暫時進入平靜時期，史稱同治中興。1873年兩宮太后捲簾歸政。

1875年同治帝崩逝，擇其侄子愛新覺羅·載湉繼咸豐大統，年號光緒，兩宮再度垂簾聽政；1881年慈安太后去世，又因1884年慈禧發動「甲申易樞」罷免恭親王，開始獨掌大權；1889年歸政於光緒，退隱頤和園；1898年，戊戌變法中帝黨密謀圍園殺後，慈禧發動戊戌政變，囚光緒帝，斬戊戌六君子，再度訓政；1900年庚子國變後，實行清末新政，對兵商學官法進行改革。1908年，光緒帝駕崩，慈禧選擇三歲的溥儀做為新帝，即日尊為太皇太后，次日17點（未正三刻）在儀鸞殿去世，葬於菩陀峪定東陵。慈禧當權時期，清廷的中央集權以及中國主權面臨來自內部及外國的種種威脅，她從捍衛清帝國權威及其本身權力的立場出發，所作之舉措收效雖不盡成功，但放在歷史脈絡下做持平之論，多數允稱合理。為因應自鴉片戰爭以來，來自歐美列強的挑戰，以及鎮壓太平天國等民間反抗勢力。慈禧重用李鴻章、張之洞等漢族重臣，在地方上開辦洋務運動，是中國發展近代化工業的開始。在洋務自強運動成果的支持下，清廷得以弭平內部反叛勢力，在帝國體制下維繫中國相對穩定的局面，並且建設近代化陸海軍軍備，造就「同治中興」的氣象。

慈禧的改革手段其實非常高明，百日維新改革速度過快，根本只是一場鬧劇，不可能成功。在庚子年一場大禍之後，慈禧皇太后意識到時局已不容她堅持帝制傳統，所謂的「祖宗成法」，乃容許清廷推展多種新政措施。庚子後新政牽涉多端，其中犖犖大者包括：官制改定、準備立憲、廢科舉制度、禁止婦女纏足、興辦女學、新學、庚子退款建設教育事業等。

慈禧從1861年到1908年慈禧離世的這段時間裡，她在大部分時間裡是中國實際上的統治者。在她主政期間，中國第一所大學、第一條鐵路、第一支現代海軍、第一艘萬噸巨輪相繼誕生。同時，科舉考試八股文、凌遲處死方式等陳規陋習，也是她同意才廢除的。慈禧作為老派人一直不太喜歡洋人，尤其戊戌變法過程中，英美日等國都支持光緒，就更令她不滿。戊戌變法後不久，有一夥打著「扶清滅洋」旗號的人逐漸興起，自然吸引了慈禧的注意。這夥人就是義和團。一開始，清政府把他們當匪徒，欲剿滅之。打了一陣發現還挺難打。再加上他們主打滅洋旗號，慈禧覺得正可為自己所用，就改剿滅為招撫。而義和團為了顯示自己的勇猛，以及團結隊伍的需要，就跟慈禧及清政府的人使勁吹了吹牛，說自己的隊伍練過神功，可以刀槍不入。這時候，慈禧真的信了義和團這套說辭。等真打起仗來，義和團那幫人自信能刀槍不入，勇猛地用肉體跟洋人的洋槍洋炮硬碰，自然死得很慘。

慈禧以前被洋人欺負得很慘，於是在義和團殺了洋人後不僅不做外交上的彌補，反而幹了件大事：向世界宣戰，對內下達了戰爭動員令：「我國赤子，仇怒鬱結，人人欲得而甘心。此義勇焚燒教堂，屠殺教民所由來也。……彼憑悍力，我恃人心。」這樣一種與十一國決裂的態度（八國聯軍中的八國，外加被義和團燒了使館和教堂的荷蘭、西班牙、比利時三國），基本把大清國玩死了。之後號稱刀槍不入的義和團屍橫遍野，慈禧、光緒逃出京城往西安，回來後簽下《辛丑合約》，賠款4.5億兩白銀（算上利息的話是9.8億兩），大清從此一蹶不振。也就是說，慈禧懷著一腔悲憤準備與列強大戰三百回合，結果第一回合就被幹趴下了。從這點來說，說她是誤國之「君」不為過。

圖中一位貴婦人騎在馬上，揮舞雙拳，自東向西升階，馬前一位宮人面朝正南，提著燈籠升階，下面一位大臣面朝北方下跪迎拜。含有讖頌之意。騎在馬上的那位貴婦人是慈禧太后，她揮舞雙拳旋轉乾坤，左右清國大勢。馬前一位宮人面朝正南，提著燈籠升階，表示和慈禧太后一起西狩的清德宗載湉，面朝正南，表示他是君主，提著燈籠升階，表示光緒之意，因為緒是頭緒、開端的意思，宮人在馬前帶頭前行，所以是緒，燈籠發光，所以是光，合起來即表示光緒。下面一位大臣面朝北方下跪迎拜，表示兩宮到達西安府後，至光緒二十七年八月廿四日起駕迴鑾這近一年時間裏，全國各地諸侯、地方官紛紛前往西安覲見慈禧太后和載湉。

讖曰:「纖纖女子,赤手禦敵,不分禍福,燈光蔽日。」

「纖纖女子,赤手禦敵」,「赤手」喻指「弄拳(權)」,此句意指慈禧太后在她一生中大部分時間裡是中國實際上的統治者。

「不分禍福,燈光蔽日」,「燈光蔽日」喻指女人掌握皇權。「不分禍福」指歷史評價慈禧一直在變。從儒家立場的國史書把慈禧說成十惡不赦,只顧自己享樂不管國家死活,私生活還不檢點;後來隨著近代歷史研究,慈禧形象發生了反轉,他們會把慈禧和勵精圖治、救國救民、壯志未酬等好詞聯繫在一起。

頌曰:「雙拳旋轉乾坤,海內無端不靖,母子不分先後,西望長安入覲。」

「雙拳旋轉乾坤,海內無端不靖」,慈禧太后揮舞雙拳(權)旋轉乾坤,左右清國大勢,造就同治中興的氣象,天下暫得安定。但義和團殺了洋人後慈禧不僅不做外交上的彌補,反而幹了件大事:向世界宣戰。這是無端發生的禍害(不靖)。

「母子不分先後,西望長安入覲」,指西太后慈禧、光緒皇帝,雙雙逃到西安。

金聖嘆:「此象疑一女子能定中原,建都長安。」

（四十七） 光緒

1871.08.14

		日主		劫財		偏財
壬	合	丁		丙	合	辛
寅	合	亥		申		未
		正官		正財		食神

大運：

1943	1933	1923	1913	1903	1893	1883	1873
72	62	52	42	32	22	12	2
戊	己	庚	辛	壬	癸	甲	乙
子	丑	寅	卯	辰	巳	午	未
				1908年戊申十月癸亥二十一日癸酉，光緒帝暴崩，享年38歲。	1898年戊戌，光緒帝實行「戊戌變法」被袁世凱出賣而失敗，幽禁於西苑瀛台。		1875年甲戌1月丁丑，被兩宮皇太后立為帝。

斷時辰重點：八字中有六字合主，想多於做也。是一位無智無能的君主。由他的篤信六君子，魯莽變法等愚蠢事可知。

（四十八）　　袁世凱（狡猾奸險，無情無義）

己未、癸酉、丁巳、丁未。

比肩	日主	七殺	食神
丁	丁	癸	己
未	巳	酉	未
食神	羊刃	偏財	食神

四柱純陰遇沖刑，損人利己。地支雖然沒有沖刑害，但天干三行各自激戰。又命中缺木，木主仁，無木則無仁。木為印，命中無印，沒有父母長輩觀念，為大人物者賣國求榮，為常人或小人物者，不認父母，出賣兄弟朋友。

（四十九）　　溥儀

1906年2月7日（2月5日立春、3月6日驚蟄）

偏財	日主	偏印	偏財
丙	壬	庚	丙
午	午	寅	午
正財	正財	食神	正財

大運：

1985	1975	1965	1955	1945	1935	1925	1915
79	69	59	49	39	29	19	9
戊	丁	丙（庚金破格）	乙	甲	癸	壬（壬水破格）	辛（合了偏財）
戌	酉	申	未	午	巳	辰	卯
		1967年丁未10月庚戌17日甲寅，溥儀因尿毒症在北京逝世，享年61歲。	1959年己亥根據中華人民共和國主席劉少奇簽署的特赦令[3]獲得特赦，後成為全國政協委員。溥儀著有自傳《我的前半生》，於1964年甲辰4月戊辰由群眾出版社出版。	1945年乙酉8月甲申17日戊午，溥儀在瀋陽準備逃亡時被蘇聯紅軍俘虜。1950年庚寅8月甲申初被押解回國，在撫順戰犯管理所學習、改造。	1934年甲戌~1945年乙酉任偽滿洲國的傀儡皇帝。	1934年甲戌~1945年乙酉任偽滿洲國的傀儡皇帝。	1912年壬子2月壬寅12日戊午被迫退位。

斷時辰重點：壬、庚假從，人生多起落。亡國之君，受控於他人。偏財（丙火）雙掛，多次從於太陽之下，國民政府之青天白日、日本之金烏、後來新中國的東方紅太陽升，基本上嫁了三次。

(五十)　　　曹汝霖（大漢奸）
丙子、辛丑、丙申、戊子。

食神	日主	正財	比肩
戊	丙	辛	丙
子	申	丑	子
正官	偏財	傷官	正官

寒氣森森，天干丙辛又爭合水，去助濕寒之氣。又命中缺木，木主仁，無木則無仁。木為印，命中無印，沒有父母長輩觀念，為大人物者賣國求榮，為常人或小人物者，不認父母，出賣兄弟朋友。

（五十一）　　汪精衛

（大漢奸）：癸未、丙辰、戊申、丁巳。

正印	日主	偏印	正財
丁	戊	丙	癸
巳	申	辰	未
偏印	食神	比肩	劫財

身旺印旺且混雜，叛國求榮。在命理上，身旺印旺且混雜
之人，利己主義嚴重，投機，冒險，不按常規出牌，為了個
人利益，可以出賣父母，兄弟與朋友。又日支食神為用被
合為財，財為慾望。又命中缺木，木主仁，無木則無仁。

（五十二）　　杜月笙

（民初、上海黑幫教父）：戊子、庚申、乙丑、壬午（1888年
七月十五日）。

正印	日主	正官	正財
壬	乙	庚	戊
午	丑	申	子
食神	偏財	正官	偏印

陽氣（熱）屬仁，陰氣（寒）屬貪。陽多陽盛主仁，陰重陰盛
主貪。地支唯一陽氣午火受剋洩太過，形成命局陰寒之氣
過盛，奸猾詭詐。命局乙木弱且被庚金剋合不化，木受制，
木本主仁，木弱並受制，較易形成無仁。

第三十七象　庚子　震下巽上　益
（武昌起義，走向共和）

「庚子」是六十甲子之第三十七，自然代表的是第三十七象。

第三十七象的卦，是「益」，下卦震為雷，上卦巽為風。《象》曰：「損上益下，民說無疆。」正預示清朝宣統遜位，中國走向共和。

1911年10月10日武昌一聲槍響，全國革命星火燎原。但以幫會起家的「同盟會」以及各種革命團體，進行革命乃至取得成功的主要依託力量其實是清朝在各地的新軍（除上海、廣東和廣西是民兵商團起義外，其餘各地都是新軍起義）。新軍，是「甲午戰爭」慘敗後，清朝政府痛定思痛決定有別於八旗兵和綠營，按照西式方法操練、裝備和建制而建立的一支軍隊，是全國最有戰鬥力的一支軍隊，而最早體系化操練新軍建立一系列規章制度的，就是袁世凱。憑藉「小站練兵」，袁世凱建立了忠實於自己的一支強大軍隊，以及一批後來赫赫有名的「北洋系」將領：馮國璋，段祺瑞，王士珍，曹錕等。到了「辛亥革命」前夕，以當初袁世凱編練的新軍為基礎，全國的新軍完整編製達到14鎮（一「鎮」基本相當於現在一個師）、8個混成協（相當於旅）、4個標（相當於團），而其中無論是從戰鬥素質還是武器裝備，遙遙領先的，這就是袁世凱的「北洋六鎮」，戰鬥力當時在全國首屈

一指。相比之下孫中山其實是赤手空拳的，身邊除了一批熱血沸騰的革命志士外，沒有真正屬於自己的一兵一卒。

當時革命軍和北洋軍的戰鬥力差距到底大到什麼地步？我們以清軍反攻湖北軍政府佔領的武漢三鎮戰役為例。1911年10月30日，袁世凱仔細盤算好了局勢，在清廷的催促下，乘坐專車進駐湖北孝感，親自督戰北洋軍對起義的湖北軍政府發動全面進攻。與袁世凱同時抵達武漢前線的是被革命黨人稱為「軍神」的黃興。黃興抵達時，當時的湖北軍政府都督黎元洪專門讓人做了一面大旗上書「黃興到」三個大字，然後派人騎馬舉旗在武昌和漢口的街道上來回奔跑，沿途歡聲雷動。然而在袁世凱的強大軍事實力面前，根本就沒什麼用，同樣是新軍對新軍，北洋軍只用了2天就攻克了漢口。按照當時在漢口的英國傳教士埃德溫·丁格爾回憶：「革命軍中有許多軍官，然而看上去全無秩序。每個人都隨心所欲，各行其是。」

北洋軍攻克漢口，在與清廷進行各種討價還價和恐嚇威逼之後，如願成為「內閣總理」的袁世凱在11月17日，又命令悍將馮國璋率軍進攻漢陽，9天之後，漢陽陷落。攻克漢陽後，清軍完全可以一舉拿下武昌，徹底端了湖北軍政府的老巢，但袁世凱卻下令馮國璋停止攻擊。袁世凱需要湖北軍政府的存在，因為那是他和清廷討價還價的重要砝碼。在之後的時間裏，袁世凱的的軍隊將炮口對準武昌，一邊

和革命黨開始議和，一邊逼清廷退位。期間不開心時，就下令向武昌城開幾炮，震懾下革命黨。在袁世凱的軍事實力面前，革命黨人完全像是被他捏在手裏的小鳥，根本動彈不得。

按照孫中山自己親筆寫的《革命原起》中記錄，武昌起義那一天他並不在國內，而是在美國科羅拉多州丹佛的一家旅館裏睡覺。那天孫中山一覺睡到中午，醒來後得知了武昌起義的消息，但是孫中山卻並沒有選擇立刻回國。他曾說過自己最快20天就可以返回國內，親自參加戰鬥「以快平生」，但他之所以沒有那麼做是因為他認為此時他自己最大的作用不應是在國內的革命前線，而應是在「樽俎之間」去和西方列強應酬。去和西方列強應酬的最主要目的，就是要籌錢。孫中山首先寫信給美國國務卿要求會晤，但沒有得到任何回音。隨後他就離開了美國，到了英國，當時他希望能得到50萬英鎊的借款，但是，最終沒有拿到一分錢。隨後他又去了法國，他試圖向法國東方匯理銀行貸款，但又遭到了明確拒絕。無奈的孫中山只能取道回國，在1911年12月25日回到了上海，在孫中山還沒抵達上海之前，就有輿論在說，孫中山這次回來，帶回來很多錢，甚至還帶回了軍艦。而孫中山在抵達後回答《大陸報》採訪時說：「予不名一錢，所帶回者，革命之精神耳！」

革命當然需要精神，但沒有錢也是萬萬不行的。在臨時政府成立前，孫中山曾邀請民族實業家張謇擔任財政總長（後出任臨時政府實業總長），張謇給孫中山算過一筆賬，要維持臨時政府的運轉，每年至少需要1.2億元，但臨時政府的收入，只有4000萬，還有8000萬的巨大缺口。張謇說告誡孫中山，要各國承認臨時政府，一是看政府有沒有統一軍隊，二是看政府有沒有能力支配財政。為此孫中山只能發行軍用鈔票100萬，但因為政府信用不夠，很快失敗。隨後又發行中央公債1億元，結果只賣出去500萬元。各地財政都不支持中央政府，還反過來要錢。安徽都督孫毓筠派專使到南京來要錢，孫中山大筆一揮，批了20萬元，專使拿著總統孫中山的批條去財政部領款，得到的答覆是：庫存只有10塊大洋了。在這樣的情況下，孫中山只能與虎謀皮：向日本借款。1912年2月3日走投無路的孫中山會見了日本政界和財界的聯絡人森恪，森恪提出為防止俄國人南下，臨時政府可以將滿洲交給日本來保護，以此換取日本1500萬元的資助。面對這樣荒唐的要求，孫中山竟然答應了。然而日本政府的答覆更荒唐：錢不借，孫中山必須向袁世凱妥協，委託滿洲的問題我們倒是可以繼續談。

孫中山之所以做出那種冒天下之大不韙的事，是因為當時臨時政府的財政已經頂不住了，革命軍的部隊，每天到陸軍部領軍餉的都有數十次，武漢前線的部隊，已經出現了小規模的譁變。巧婦難為無米之炊，沒有錢，孫中山拿什麼來維持臨時政府？

沒有槍，沒有錢，那麼就比人心吧！孫中山作為革命的先行者和領袖，在當時應該是萬眾歸心吧？卻真的未必。1912年1月1日，孫中山宣誓就職臨時大總統，南京臨時政府成立。成立後的第四天，孫中山就以臨時大總統的名義發表《宣告各友邦書》，希望各國儘快承認南京臨時政府。一個月過去了，各國沒有絲毫反應。2月10日，美國駐華公使館參贊鄧尼正式回復孫中山，美國不承認南京臨時政府。和美國持相同態度的，還有俄國和日本。日本的態度，在孫中山借款時其實已表露無遺，他們甚至宣揚要用武力維持中國的君主政體。列強中，英國和法國沒有表態。但法國和俄國是盟友，英國和美國是盟友。早在孫中山去英法借款時，其實已經可以揣摩出這兩個老牌帝國主義的態度。那麼，不承認孫中山的臨時政府，列強希望承認誰？早在武昌起義的第二天，美國的《紐約時報》就發表了社論，那篇社論裡的一句話，其實已經表露了西方列強一致的態度：「只有袁世凱是唯一能將和平與秩序給予中國的人。」當時的英國駐華公使朱爾典，他當時態度鮮明地支持袁世凱。

外部勢力不支持，那麼內部呢？令人遺憾的是，不被國際社會承認，又面臨袁世凱的壓力，孫中山的同盟會那時已經開始慢慢發生了分裂。一方面，越來越多的革命黨人開始追名逐利，拉幫結夥，跑官要官，另一方面同盟會骨幹宋教仁、譚人鳳、陳其美等已經開始策劃成立新的政黨，而張謇、伍廷芳等立憲派也成立了一個叫「共和統一會」的

政黨組織。黎元洪和武昌首義的革命黨人之間甚至發生了流血衝突。當初同盟會的骨幹和各省都督之所以願意推舉孫中山為臨時大總統，很重要的一個原因還是出於現實考慮：可以利用孫中山的聲望帶來列強的承認，並帶來財政的援助。當這一切都沒有實現的時候，開始有人逼迫孫中山讓位了。雖然革命黨人對袁世凱始終抱有警惕，但在當時內憂外困的形勢下，很多人都已經無奈把信任票投向了他。

袁世凱恰恰擁有孫中山所缺少的。袁世凱26歲就領正三品銜代表清廷鎮守朝鮮（相當於朝鮮的太上皇了），在朝鮮12年間粉碎日本多次吞併朝鮮的圖謀，成績可圈可點。甲午戰爭後，袁世凱大力發展工礦企業，修築鐵路，創辦巡警，整頓地方政權，開辦新式學堂，包括編練新軍，各方面都頗具成效。可以說無論是從資歷、能力、經驗、實力、人脈等各個方面，當時全中國要找出一個能和袁世凱比肩的，確實很難。

革命需要理想和激情，但治國還是依靠理性和實踐。1912年2月12日，在袁世凱的全盤控制下，清廷頒佈了退位詔書。2月13日，孫中山向南京臨時政府參議院提出辭呈，並同時推舉袁世凱出任臨時大總統。2月15日，參議院召開選舉大會，17省代表投票選舉臨時大總統，袁世凱獲得17票。中國歷史上一個全新的，但依舊混沌和迷茫的時代，就此拉開帷幕。

圖中水落，元首被鬼托出，喻指清朝亡，袁世凱成為元首，得到了列強的支持。

讖曰：「漢水茫茫，不統繼統，南北不分，和衷和共。」

「漢水茫茫，不統繼統」，指武昌起義，在南京建立了民國政權。「漢水」指武昌，「不統繼統」指不講帝王血統的元首繼承了中華大統。

「南北不分，和衷與共」，中國不用分南、北政府，走向共和。

頌曰：「水清終有竭，倒戈逢八月，海內竟無王，半凶還半吉。」

「水清終有竭」，清朝終有滅亡時。

「倒戈逢八月」，1911年的武昌起義是陰曆是八月二十日。武昌的清朝新軍竟率領起義，是為「倒戈」。武昌起義拉開了辛亥革命的序幕，清朝迅速滅亡。

「海內竟無王」，一者指中國走向共和，為「議會制共和」，與君主制有別，不再是王室天下了。二者是說中國不久因袁世凱稱帝致使軍閥割據，故沒有統一的王帥。

「半凶還半吉」是字謎，隱藏「袁」字，指大總統袁世凱（與圖中元（袁）首相應）。「袁」上半部為「吉」，下半部形似「凶」。

金聖嘆：「此象雖有元首出現，而一時未易平治，亦一亂也。」

（五十三）　孫中山　（推背圖像三十七）

孫中山先生

八字根據孫中山先生母親楊太夫人
請算命先生批的訂婚庚帖遺物，準確可靠。

乾造：
丙寅
己亥
辛卯
庚寅

大運：
庚子
辛丑
壬寅
癸卯
甲辰
乙巳
丙午

從月支亥水起源，水木火土金，順流而行，至庚辛為止。五行循環不息。月令仁義禮智信俱備，可謂人格完美。月令仁義禮智信俱備，寒冬，大運早行金水，故須艱苦奮鬥。

第三十八象　辛丑　震下離上　噬嗑
（第一次世界大戰，把中國帶往新方向）

「庚子」是六十甲子之第三十八，自然代表的是第三十八象。

第三十八象的卦，是「噬嗑」，下卦震為雷，上卦巽為風。《象》曰：「頤中有物，齧而相合，即為噬嗑。」經過噬嗑，將間隔之物除去而後亨。第一次世界大戰對中國的影響十分深遠，引發中國人強烈的愛國與民族主義情緒，啟動了對近代中國影響深遠的五四學生運動，解放舊思想、舊道德、舊價值和肯定人權，符合「噬嗑」卦之「將間隔之物除去而後亨」之象。

第一次世界大戰對中國的影響十分深遠。雖然主要戰場是在歐洲而非東亞，但第一次世界大戰卻給予了日本入侵中國及介入中國政治的機會。日本佔領德國在山東的租借地，使中國喪失青島港的主權，打擊了中國民眾的自尊，激發起中國人的反日情緒及前所未有的民族主義思潮，許多知識份子在失望下轉向信奉馬克思主義。戰爭暴露了西方文明的弱點，使部分知識份子對歐洲文明失去信心，派赴歐洲的華工則帶回中國勞工運動的經驗。中國的參戰提升了其國際地位，擴大了參與國際社會的機會，一戰也促進了中國工業的發展，改善了出口貿易。因此，一戰在諸多層面深刻地影響了中國，「成為中國近代史上的一個里程碑及

重要轉折點」。所以《推背圖》這一象，既是在說國外事，其實也在說中國自家事。

一戰期間，列強在中國的勢力均勢瓦解，日本利用列強無暇他顧之際，欲使中國淪為其後院，鞏固其在東亞地區的利益。1914年9月，日本向德國宣戰，封鎖了德國租借地境內的青島，計劃從後方進攻德軍炮台，要派軍通過中國領土，並承諾日後將把膠州灣交還中國。袁世凱宣佈中立，並禁止兩軍在中國領土交戰，但在日本威脅下，承認山東東部為交戰區。日本派軍，在山東半島北岸登陸，但沒有集中兵力攻打膠州灣炮台，反而佔領濰縣，並西進佔領至濟南的山東鐵路全線，隨後佔領青島。德國投降以後，日軍仍駐紮於鐵路沿線。這時中國孤立無援，英國、俄國都默許日本的入侵，美國即使同情中國，也不願與日本對立。

一戰使中國一度喪失山東的權益，形成山東問題。1915年1月18日，日本呈交二十一條要求給總統袁世凱，保證如加接受，日本將控制在日的中國革命黨人。二十一條第1號，就是日本繼承德國在山東的權益。經過長期磋商，美國隨後介入反對，袁世凱堅決拒絕二十一條中第5號，5月4日談判破裂，日本繼而放棄第5號各條，於5月7日向中國發出最後通牒，威脅若不接受即開戰。當時在南滿與山東日軍共有6萬名，袁世凱自知並不具備對日開戰的力量，5月9日終於接受。1917年1月，英國請求日本海軍到大西洋助戰，日

本則要求英國支持日本享有德國在山東的一切權益，以及佔有赤道以北的德國領地。

日本向俄國、法國和意大利亦提出同樣要求，四國都秘密承諾，日後在和會支持日本的要求。戰後巴黎和會上，列強決定把膠州灣及德國在山東原先享有的一切權益，完全轉讓日本，中國代表團力爭無效。直至1921－1922年的華盛頓會議後，日本把膠州灣地區還與中國、將膠濟鐵路全部移交中國，並從山東撤出所有軍隊，中日方才解決山東問題。

日本入侵山東後，東南亞華僑開始抵制日貨，其後波及全國。日本在山東的權益得到列國確認後，鼓勵中國參戰，並以貸款利誘總理段祺瑞。1917年8月14日，中國對德、奧宣戰，日本決定經濟援助段祺瑞，同時禁止向南方國民黨提供任何貨款、武器或援助。1917年－1918年，日本向北洋政府提供八筆貸款，總數約14500萬日元，約合7250萬美元；貸款段祺瑞都用作擴充軍備。段祺瑞亦鞏固了在國會中的勢力，其參謀徐樹錚成立安福俱樂部，實力強大，收買了許多國會議員，佔據許多部門要職。日本雖然在財政上增強段祺瑞，但其政權1920年即被推翻。

一戰促使列強長期以來在中國維持的勢力均衡瀕於瓦解，為中國人尋求新的國家認同，以及積極參與國際社會提供

有利的國際條任，中國開始成為國際社會平等的一員。中國對德、奧宣戰，開始收復自鴉片戰爭以來失去的國家主權，廢除與德、奧兩國所定的一切不平等條約，收回兩國在中國的租界，並終止支付德、奧庚子賠款，取消兩國治外法權。中國戰後躋身巴黎和會，參與國際新秩序的建設，簽訂與奧地利條約，自動成為國際聯盟的一員。中國代表拒簽凡爾賽條約，敢於向西方舊世界說「不」，開創了中國政府在國際事務中向列強抗爭，維護中國主權的先例。駐美公使顧維鈞成為起草國際聯盟憲章的十五人委員會成員之一。中德兩國1921年訂立中德協約，則是近代中國與歐洲大國簽訂的第一份界定雙邊關係的平等條約。

一戰促進了中國的勞工運動。一戰期間，中國的赴歐華工中有近3萬人是受過教育的，他們在歐洲組織工會，成立許多勞工組織，如工會、勞工社、儲蓄會、讀書會、自治會等等，謀求改善福利，得到基督教青年會和晏陽初等中國知識份子提供教育，舉行過20多次罷工。華工受過工會組織洗禮，開始著重工人生活水平，回國後帶回勞工運動的經驗，組織和領導新工會，推動以後上海的工潮，五四運動期間協助上海工會的組織。在戰爭期間新興的工業和企業，造就了新的商人階層和勞動階層，也促進了中國勞工運動的發展。

一戰引發中國人強烈的愛國與民族主義情緒，啟動了對近代中國影響深遠的五四學生運動。二十一條激發的屈辱感使年輕人開始嚴肅思考民族存亡的問題，甚至思考傳統文明應否作根本徹底的改革。1919年巴黎和會決定依照戰時日本與英國、法國、意大利的秘密協議，讓日本繼承德國在山東的特權，這決定公然違背了公開外交、民族自決的威爾遜原則。5月4日北京12所學校3千多個學生在天安門集會反對凡爾賽條約，抗議北洋政府1918年與日本秘密勾結允許日本繼續佔據山東，示威者襲擊親日官員，燒燬內閣次長的住宅，要打倒曹汝霖、陸宗輿、章宗祥三個賣國。北洋政府逮捕了數百名學生，喚起全國性的愛國運動，200多個地區爆發學生運動，上海商人罷市一星期約40家工廠工人罷工，這是中國民族主義新的表達方式，結果中國代表拒絕了對德和約。五四運動成為中國思想革命的催化劑，部分極度失望的知識份子，在俄國十月革命影響下，轉向信奉馬克思主義。許多知識份子投身於文化改革，寄望以新文化運動挽救中國，主張解放舊思想、舊道德、舊價值和肯定人權，採用白話文和創作新文學。五四運動被視為中國的文藝復興、民族主義和文化改革，此後共同把中國帶往新方向。

圖中為門外有死屍，即指中國境外有亂，多人死亡，示第一次世界大戰。四死屍同向，一反向並只見一半，示第一次世界大戰為時四年半（1914年7月至1918年11月）。

讖曰：「門外一鹿，群雄爭逐，劫及鳶魚，水深火熱。」

「門外一鹿，群雄爭逐」，指中國國門之外。「鹿」指政權、霸權，故才有「逐鹿中原」這成語。「群雄」指西方列強。此句講的是第一次世界大戰爆發的歷史，西方列強在中國國門之外爭奪霸權。

「劫及鳶魚，水深火熱」，「鳶魚」即鳶飛魚躍，鷹在天空飛翔，魚在水中騰躍，表示萬物各得其所﹔是指一戰引發中國人強烈的愛國與民族主義情緒，啟動了對近代中國影響深遠的五四學生運動。五四運動被視為中國的文藝復興、民族主義和文化改革，此後共同把中國帶往新方向。「水深火熱」比喻人民生活處境極端艱難痛苦，第一次世界大戰確是給世界各國人民造成的深重災難。

頌曰：「火運開時禍蔓延，萬人後死萬人生，海波能使江河濁，境外何殊在目前。」

「火運開時禍蔓延，萬人後死萬人生」，火運指火器時代，即熱兵器時代。第一次世界大戰世界各國皆用火器全面開擊，戰火自陸地蔓延至天空和深水，殺死了大量參戰軍人和無辜平民﹔同時新文化運動挽救中國，主張解放舊思想、舊道德、舊價值和肯定人權，被視為中國的文藝復興，喚醒成千上萬的中國人，故曰「萬人生」。

「海波能使江河濁，境外何殊在目前」，「海波」指　黃海波浪，比喻外敵入侵，「江河」即長江、黃河，比喻中國。「濁」指江河渾濁，比喻外敵在中國渾水摸魚。

金聖歎：「此象兵禍起於門外有延及門內之兆。」

(五十四)　蔣介石

戊	己	庚	丁
辰	巳	戌	亥

77	67	57	47	37	27	17	7
壬	癸	甲	乙	丙	丁	戊	己
寅	卯	辰	巳	午	未	申	酉

7–16歲：	用神印星巳被酉合，求學期，欠作為。
17–26歲：	用神印星巳被申合，未開運。
27–36歲：	木火之運，崛起政壇。
37–46歲：	強印之運，真正掌權。
47–56歲：	巳印易變，起落反覆。
57–66歲：	甲辰運沖剋月柱，水庫沖刑而開剋用神，耗盡家當。
67–76歲：	丁火用神受七殺癸水攻剋，繼續低潮。
77–86歲：	丁火用神被合，1969己酉年巳亦被合，天地火皆弱化，車禍衰頹。1975乙卯年辰月木強剋土身亡。丁火主心，致死病因為突發性心臟病。

第三十九象　壬寅　下兌上　大遇
（日本侵華，抗日勝利）

「壬寅」是六十甲子之第三十九，自然代表的是第三十九象。

第三十九象的卦，是「大過」，下卦巽為風，上卦兌為澤。澤乃群眾聚集的紅塵世界，最怕大限臨頭，澤中如地層下陷等無常之風吹起，使澤水翻湧動盪，造成魚兒、鳥兒、野獸等隨波逐流，在不知不覺中墮入地獄，死的死、傷的傷，故這種現象會產生大過失！這正好預示日本對中國的侵略給中國帶來非常深重的災難。

近代日本對中國的侵略給中國帶來非常深重的災難，而且發動的兩次戰爭都打斷了中國發展的黃金時期。甲午戰爭正值中國的洋務運動，北洋艦隊全軍覆沒後也宣告了洋務運動的破產。抗日戰爭前也正值民國十年發展的黃金時期，民族工業蓬勃發展，但由於日本的侵略，中國的發展黃金期再一次被迫中斷。深受其害的中國人民對日本的侵略是深惡痛絕的。作為領導中國人民抗戰的兩支重要力量－中國共產黨和國民黨，他們對待日本侵略的態度直接決定了中國人民戰勝日本侵略者的信心與勇氣。在抗日戰爭前期、抗日戰爭進行時乃至抗日戰爭結束後，在對待日本侵略的態度上，兩黨的態度又是怎樣的呢？

首先，在中日戰爭全面爆發前日本對中國的局部侵略。1931年日本關東軍製造了「九一八」事變，進攻東北三省。僅僅在事變發生的兩天後，中國共產黨迅速作出了反應，正式發表宣言：「反對日本帝國主義強佔東北三省！」同時向全國人民發出了戰鬥號召：「只有廣大群眾的革命鐵拳，才能制止帝國主義的暴行，驅逐帝國主義滾出中國！」而此時共產黨還處在被國民黨反動派圍剿的困境中，在如此惡劣的環境下還能擲地有聲敢於在全國號召反對日本的侵略。而此時國民黨蔣介石將應該用於抗日的軍隊圍剿紅軍，還要求「以嚴格命令全國軍隊，對日避免衝突」，公開實行不抵抗主義。

在對日本宣戰的時間上中國共產黨1932年4月15日就發表《對日戰爭宣言》，公開對日本宣戰了。而國民黨則是在1941年12月9日珍珠港事件美國對日宣戰後，才正式發表對日宣戰佈告，時間上差了將近10年之久。

所以即使在1936年中日戰爭已是一觸即發之勢了，國民黨仍在積極反共。若不是張學良發動了「西安事變」扣留蔣介石，透過共產黨的斡旋下，在蔣介石同意「聯共抗日」的前提下釋放他，那麼蔣介石還不知道何時才能對日本的侵略表現出一個強硬的姿態。西安事變是發生在1936年的12月12日，當時主要是為了讓蔣介石改變內戰的策略，而在抗日這件事情上暫時停止一切的內鬥，然後兩黨合作共同抗

擊日軍。當時蔣介石的政策和張學良的意見有些相左，而張學良又在之前和周恩來進行了商討，這樣一來在蔣介石眼中張學良就不再忠心，於是便將張學良身上的職務全部撤了下去。在這種情況下，張學良在之前已經計劃好了，而楊虎城也是張學良的得力助手，他們兩個人共同將蔣介石扣留，並且還準備送往軍事法庭，後來還是和周恩來聯手，在這種壓制狀態下，蔣介石終於無可奈何的接受了國共再次合作的決定，同意了在民族大義面前先將內鬥放在一邊，共同努力先面對強大的外敵。這場西安事變結束了持續十年的內戰，國共二次合作終於開始了，促成了抗日統一戰線的形成。

1937年7月7日，駐華日軍在盧溝橋附近演習時，藉口一名士兵「失蹤」要求進入宛平縣城搜查。其無理要求遭到中國守軍嚴詞拒絕，日軍遂悍然向中國守軍開槍射擊，炮轟宛平城，製造了震驚中外的「七七事變」，又稱「盧溝橋事變」。這是日本軍國主義蓄謀已久的戰爭，標誌著日本全面侵華戰爭的開始。在抗戰全面爆發後，中國共產黨領導的八路軍和新四軍主導敵後戰場，開展各種游擊戰爭堅決打擊侵華日軍，國民黨的軍隊則主導正面戰場。國民黨在抗戰初期組織的幾場大會戰，如淞滬會戰、徐州會戰、武漢會戰等，為遲滯日軍的進攻步伐，將沿海工業設備遷往內地，為持久抗戰作必要的物質準備，確實是起了很大的作用，國民黨在這一時期也表現出堅決抗日的姿態。但1941年太

平洋戰爭爆發後，美英等國對日本宣戰，這時蔣介石的抗日態度開始發生了明顯的轉變，開始了「積極反共，消極抗日」的方針。反而共產黨在抗擊日本侵略的問題上態度一直是堅決的，為國共第二次合作也表現出了相當的誠意，將工農紅軍改編為八路軍，而且同為國軍戰鬥序列。其實之前在1940年百團大戰後，蔣介石已覺得共產黨的軍事實力不容小覷，便再開始將主要的兵力用於反共，封鎖陝甘寧邊區，敵後戰場逐漸變為主戰場。在1940年10月19日國民黨軍隊8萬餘人襲擊了項英率領的新四軍9000餘人，這就是震驚中外的「皖南事變」。

抗戰進行到1942年，由於國民黨的積極反共和消極抗日，八路軍的物資得不到供應和保障，又要抗擊日本的侵略，這也是抗戰形勢十分艱難的時候。及到了日本投降抗日戰爭勝利後，此時嚴懲戰爭罪犯成為各個受到日本侵略的國軍的首要任務，遠東國際軍事法庭也在審判發動世界大戰的甲級戰犯，中國共產黨也提出要將侵華日軍的主犯繩之以法。但蔣介石卻對此表現出一副無所謂的態度，拒絕了美軍邀請國民黨軍隊進駐日本本土的請求，而是正在策劃他的內戰計劃。更有甚者，當侵華日軍總司令岡村寧次對蔣介石提出了剿共的策略，蔣介石認為他是不可多得的反共專家，便免除了對他戰爭責任的起訴，使他成功地逃脫了南京軍事法庭的審判。

由此可見，共產黨和國民黨在對待日本侵略的態度上，共產黨表現出不變堅決的態度，而國民黨則是較搖擺不定甚至有是放縱日軍的態度。這也間接導致了在抗戰勝利後的短短四年，擁有強大軍事力量的國民黨被小米加步槍的共產黨打敗，退走台灣而失去了中原的政權。

抗日戰爭結束前後，國共間的衝突一直持續著。國共雙方開始在重慶展開談判並召開政治協商會議，然而談判很快破裂，內戰全面爆發。在戰爭初期國軍一度取得全面優勢，佔領中共所控制的張家口和延安等戰略要地。然而到1947年初在土地改革等政策幫助下，解放軍取得戰爭主動權，開始局部反攻以對抗國軍的重點進攻。及至1947年中在挺進大別山後，中國共產黨取得整場戰爭的主動權，戰局逆轉。解放軍在遼瀋戰役、淮海戰役、平津戰役中迅速擊敗國軍，渡過長江，並在控制中國大部分地區後，中國共產黨於1949年10月1日在北京建立中華人民共和國。

單純從人數上看，國民黨軍與解放軍大約是3.4：1，且都從日軍處獲得大批武器，在自動化武器、機動性上，佔有絕對優勢。經過一年的時間，1947年7月解放軍已有作戰部隊90萬、地方部隊60萬人和軍事機關40萬人，合計190萬人。解放軍在兩年內戰中雖損失兵力80萬人，但新徵兵110萬、45萬傷員歸來、改造俘虜80萬，再加上國民黨投降部隊，使解放軍總數達到280萬人，同期國共雙方的正規軍比例為

1.32:1，在總人數上基本持平。1949年2月，國民黨軍總兵力下降至204萬，其中能用於作戰的陸軍約146萬，此時解放軍總兵力已從開戰初的127萬增加至358萬。從以上數據可以看出，國民黨軍與解放軍在內戰中此消彼長，一個不斷減員，一個則越打越多。1949之前，國民黨在大陸時非常腐敗。究其原因，是因為國民黨官員貪污成風，對待百姓剝奪欺壓，弄得民不聊生。民能載舟也能覆舟，反之當時的共產黨從上至下艱苦僕素，處處為貧苦百姓著想，時時與群眾緊密聯繫。所以，共產黨是得民心故得天下。

圖中鳥在山上，暗示一個「島」字，島國作亂也；日沉大海，暗示日本軍國主義的沒落！

讖曰：「鳥無足，山有月，旭初升，人都哭。」

「鳥無足，山有月」是個島字，是在暗示侵略中國的國家是個「島」國。「山有月」是個「崩」字，暗示島國日本畢敗。

「旭初升，人都哭」是指日本軍國主義勢力開始強大，人人都在哭泣，中國四萬萬同胞遭受殘害，苦不堪言之狀。南京三十萬人大屠殺是日本殘害中國人，人數最龐大的一次慘案。

頌曰：「十二月中氣不和，南山有雀北山羅，一朝聽得金雞叫，大海沉沉日已過。」

「十二月中氣不和」，十二個月的中間為農曆六月，1937陽曆7月7日剛剛踏入陰曆六月（盧溝橋事變）。

「南山有雀北山羅」，「雀」指精衛鳥也，即南方有日本扶植的汪精衛政權；「羅」是愛新覺羅，即北面有日本扶植的偽滿州國政權。

「一朝聽得金雞叫，大海沉沉日已過」，預示一但到了雞年（1945年乙酉年），日本軍國主義者就日沉大海了！一九四五年是乙酉年。「大海沉沉日已過」指太平洋的海浪已然沉靜下來，日本的威勢就宛如日落西山一般。兩句預示著1945年的日本投降。

金聖嘆註解：「此象疑一外夷擾亂中原，必至酉年始得平也。」

第四十象 癸卯 巽下艮上 蠱
（中國共產黨）

「癸卯」是六十甲子之第四十，自然代表的是第四十象。

第四十象的卦，是「蠱」，下卦巽為風，上卦艮為山。「蠱」卦，從卦象觀之，為皿中因腐爛而生蟲的食物。八十年代不少中共的高幹腐敗貪污，把國家經濟弄得一團糟，就連中央領導人也不得不承認事態嚴重。當時的最高領導人鄧小平更多次警告：貪污腐敗可導致黨亡國破，前國民黨政府前車可鑒。蠱卦初六：「幹父之蠱，有子，考無咎，屬終吉。」象曰：「幹父之蠱，意承考也。」簡單的指出敗壞的開始是比較容易挽救的，能幹的兒子正在挽救前人敗壞了的事業，但是兒子必須勤奮努力才能逢凶化吉。「幹父之蠱」謂能矯正前人之過錯而處事，有才能也。又「幹」即幹部，幹事；「幹部」不正是中共慣用的名稱嗎？

中國共產黨，是中華人民共和國唯一的執政黨，創立於中華民國大陸時期，由陳獨秀和李大釗於1921年7月組織成立，初期接受共產國際的指導和援助，並與中國國民黨合作。第一次國共合作破裂後，兩黨進行了長達10年的軍事鬥爭。1940年代起中國共產黨逐漸擺脫外國勢力的影響，改由以毛澤東為首的本土派掌權。在抗日戰爭期間，與國民黨進行了第二次國共合作。1945年抗戰勝利後，中國共產黨率

領中國人民解放軍在第二次國共內戰中擊敗中華民國國軍，進而取得大陸地區及其絕大多數沿海島嶼的統治權，於1949年建立中華人民共和國。

中國共產黨的組織架構主要基於民主集中制，主張應共同維護已獲得共識的政策。中國共產黨最高機構是全國代表大會，每5年召開一次。中央委員會作為全國代表大會閉會期間的核心權力機構，通常1年召開1次會議。因此，多數職權和日常工作都由中央政治局和其常務委員會掌握。中央主要負責人自1993年開始會同時擔任負責黨內和民間事務的中央委員會總書記、負責軍事事務的中央軍事委員會主席和具外交禮儀性質的中華人民共和國主席，而其能有效掌握三個職位時常被外界稱作最高領導人。截至2019年，中國共產黨共有約9千萬名黨員、基層黨組織約佔一半則有。

中國共產黨宣稱其理想與目標是社會主義，並將自身視為代表工人階級領導工農聯盟和統一戰線的政黨。其中《中國共產黨章程》指出中國共產黨堅持馬克思列寧主義、毛澤東思想、鄧小平理論、「三個代表」重要思想、科學發展觀和習近平新時代中國特色社會主義思想等意識形態，並將中國共產黨表述為：「中國工人階級的先鋒隊，同時是中國人民和中華民族的先鋒隊，是中國特色社會主義事業的領導核心，代表中國先進生產力的發展要求，代表中國先進文化的前進方向，代表中國最廣大人民的根本利益。黨的最

高理想和最終目標是實現共產社會。」不過在毛澤東建立的計劃經濟體制被認為效率低下的情況下，中國官方在政治理念的執行層面仍然從務實出發的，但在思想上為了確保路線一致不變動，鄧小平等人遂提出在國家處於社會主義初級階段的條件下，應該先以逐步摸索的方式，來建設共產主義社會較為實際，利用此理由嘗試引入經濟改革，來發展資本主義生產方式（英語：Capitalist mode of production (Marxist theory)），於是中國大陸得以透過設立中國特色的社會主義為綱的操作方式，以「實踐是檢驗真理的唯一標準」這一口號而在20世紀末期順利轉型至社會主義市場經濟。

圖示為三個小孩玩飛盤，主要顯示「三個代表」。《中國共產黨章程》指出中國共產黨堅持馬克思列寧主義、毛澤東思想、鄧小平理論、「三個代表」重要思想。

讖曰：「一二三四，無土有主，小小天罡，垂拱而治。」

「一二三四」，《毛澤東選集》一至四卷。1959年6月30日上午，中共中央政治局委員、全國人大常委會副委員長林伯渠登上廬山。7月4日，廬山下雨，林伯渠看著窗外雨中美景，不由得吟詞一首《浪淘沙·廬山即景》：「牯嶺雨聲喧，氣象萬千。愛聽東谷水潺潺。日照香爐知何處？霧裡雲端。智慧何人先？卡爾（指卡爾•馬克思）開山。重巒疊嶂更新鮮。一二三四（指《毛澤東選集》一至四卷）大手筆，寶藏興焉。」

「無土有主」是無產階級主政，是土地公有制。古代「無」「毛」兩字通共。「無土有主」暗喻毛主義生出的社會主義。「社」字刪去「土」邊成一「示」字；「示」，地神祇也。

「小小天罡，垂拱而治」，北斗七星，成一天罡。一九四九年十月一日，中共在北京天安門舉行開國大典。七位歷史性人物（北斗七星，成一天罡）成一新政府（垂拱而治）：中央人民政府主席毛澤東，朱德、劉少奇、宋慶齡、李濟深、張瀾、高崗。「小小天罡，垂拱而治」，就是中共管治神州。

頌曰：「一口東來氣太驕，腳下無履首無毛，若逢木子冰霜渙，生我者猴死我雕。」

「一口東來氣太驕」，「一口」成一「日」字，即太陽。可看作與《東方紅》歌詞「東方紅，太陽升，中國出了個毛澤東。他為人民謀幸福，(呼兒咳呀) 他是人民的大救星」是異典同功。(《東方紅》是在抗日戰爭期間，人民用以表達對領袖毛澤東主席、對中國共產黨之激情的頌歌)。

「腳下無履首無毛」，蔣介石就是光頭，這一句暗示他丟盔棄甲狼狽(腳下無履)逃台的情景。

「若逢木子冰霜渙」，此句應重點解釋「木子」，大家就能知道這一句的完整意義了，當時金聖歎把「木子」解為「李」字，但結果不是這樣，其實「木子」應撤開，「木」撤為「十八」，「子」為三畫，所以「木子」應是「八十三」之意，無獨有偶，毛澤東逝世時享年83歲。所以本句的意思應是「在此毛澤東83歲的一生中，國家將發生很大的變化(「冰霜渙」)。

「生我者猴死我雕」，此象主共產主義的崛起和衰落。陳獨秀乃中國共產黨的首位黨魁。「獨」，獸名，即彌猴之一種，故曰：「生我者猴」。「雕」字，從象的角度看，乃是一姓「周」的「亻」立於「主」旁，所以「雕」字應指周恩來。中國現時雖然由中國共產黨執政，但它所實行的乃周恩來所支持的鄧小平所說的有中國特色的社會主義。

金聖歎註解：「此像有一李姓，能服東夷，而不能圖長治久安之策，卒至旋治旋亂，有獸活禽死之意也。」

（五十五）　　毛澤東　　（推背圖像四十）

癸	丁	甲	癸
卯	酉	子	巳

76	66	56	46	36	26	16	6
丙	丁	戊	己	庚	辛	壬	癸
辰	巳	午	未	申	酉	戌	亥

1. 一國之君（貴），權謀家，狠辣，有仇必報。（七殺一點貴為用）
2. 一代教主，政教合一。（子午卯酉將星全）
3. 矛盾思維與生俱來，又一生多疑。（地支子午衝勁）
4. 中國最大權力者。（印星有力貼身，駕殺而殺又貼身有力為用）
5. 刑尅妻子。（殺重）
6. 逢6之年必被架空。（丙奪丁光，被奪權）
7. 逢9之年必亂。（己年權被合）
8. 財星多被整治。（丙為巳，與酉合，毛不妥丙，故必整治酉財，我尅者，包括人民）
9. 丁火生子月為弱，運行火地則扶搖直上！
10. 局中金水多，故愛享樂。

（五十六）　劉少奇

劉少奇：

1898年11月24日（辰時）

壬	辛	癸	戊
辰	卯	亥	戌

4	14	24	34	44	54	64	74
1902	1912	1922	1932	1942	1952	1962	1972
甲	乙	丙	丁	戊	己	庚	辛
子	丑	寅	卯	辰	巳	午	未

命局特點：

此為一級命造：用神得令貼身天干外露

並非財政長首長或財富中人：用神非財星

促成大罷工，反對規管制度：傷官性質顯現

六位妻子：財星不弱，人浪漫

金運不順：顯示有從格機會

庚午運巨星殞落

關鍵1985乙丑年，文革冤得平反

一分為二： 干支氣勢：	辛對壬癸辰亥卯戌戊 水得令，上幹得黨，強。 土坐火庫次強。合癸。 亥卯半合木在地為勢。 辛金從水。
我與非我：	表裏傷官志統一，從得乾淨，壬補癸合的 不流通，從兒見兒格高，水木火不忌。
歲運作用， 浮沉升降：	4–13歲： 未入運。 14–23歲：未入運。 24–33歲：入運週期，合官有貴氣。 34–43歲：大運七殺合傷官，動亂之秋涉軍 　　　　　旅。 44–53歲：水庫大開，著作演說上位，壬乃 　　　　　命局主氣，得最高榮譽。 54–63歲：天剋地沖月柱，衝去壬水根基， 　　　　　國黨困境的十年。 64–73歲：庚運主辛權被奪，1969己酉土金 　　　　　年，辛金不從破格，凶運之下身 　　　　　亡。 　　　　　能當上政要元首者，一般要求最 　　　　　少連續行運卅年。

（五十七）　周恩來

政治家／偉人
軍事／外交／文化
極佳調解人(mediator)
創立建設新中國
強烈責任感{印：學習；官：自律}均可是責任感
自律／謙遜
隨時可以妥協
甘當二號人物
對人喜愛和信任

劫財	日元	正印	傷官
丙(有機會燒傷人)	丁 (照明)	甲 (權)	戊
午	卯	寅	戌
比肩	偏印	正印	火庫

印貼身又不為忌，必入名校，愛讀書，遇良師。
戊土年干，已隔開，不洩火氣。戊土坐戌火庫有力，寅丁
戌暗三合火局土超強！
二行成象，木火從旺到火，不能洩火氣，所以，金運差！
寅非午火月（火極強旺月份，不是火最強的局），亦不會太
熱的月份。
從旺格，一分為二，把它不旺的分開便是。

大運：

戊申	戊戌	戊子	戊寅	戊辰	戊午	戊申	戊戌
1970	1960	1950	1940	1930	1920	1910	1898
70	60	50	40	30	20	10	0
壬	辛	庚	己	戊	丁	丙	乙
戌	酉	申	未	午	巳	辰	卯
金運合丁。	金運丙子，辛發出亂文革，主席難相處辛酉運：搞經濟。	金運財運建設國家。	開創新期中國火運身旺。	開創新期中國火運身旺。	開創新期中國火運身旺。	成長期，木生火木運。	成長期，木生火木運。

時辰淺論：

庚子時： 可做生意。

辛丑時： 可做生意，不夠錢周轉。

壬寅時： 壬可從，合正官，公務員，守法。

癸卯時： 癸從要勝（從了殺仍是殺，會成就七殺的人）。不甘當老二，妥協，謙遜。

甲辰時： 亦一級，但格調不合。

乙巳時： 陽刃，好鬥。衝動，不是外交家，不謙遜。

丙午時： 木火通明文明象。火力旺合政治，救國，合當二號人物，謙遜。

丁未時： 永遠在競爭裡(competition)，無丙火可做外交家。

戊申時： 傷官，說話得罪人，對要求語言藝術的外交家不合。

己酉時： 金不上干，食神洩弱火力，低格調。

庚戌時： 正財庚從亦可，但火力弱，不成外交家。

辛亥時： 轉乙卯月令，格低。

火旺(月令，或局中火旺)炎上，搞生意，政治，立志救國正常。

火向外發射 一》外交。木火通明謙而禮，言詞得體。

丙丁火也有時粗暴，對家人會火爆。可多帶他／她出外見人，因火主禮，對外人便會收斂。

如果財星潛藏年支，絕非搞經濟之才。

(五十八)　朱德

丙	乙	己	丙					
戌	未	亥	戌					
	乙,丁,己	壬,甲	戊,丁,辛					
2	12	22	32	42	52	62	72	82
1888	1898	1908	1918	1928	1938	1948	1958	1968
庚	辛	壬	癸	甲	乙	丙	丁	戊
子	丑	寅	卯	辰	巳	午	未	申

從三柱看，丙火有戌庫和未中丁火有氣有力；己土有丙火
貼身生不弱；乙木有暗三合強。木火土流向止於土，有從
旺格調。從旺忌剋洩。擬定丙戌時最好。木火力平衡。凶
物為辛，但辛丑運，夠力，可！

一分為二：	木火土從旺
干支氣勢：	木火土從旺
	一極命
我與非我：	乙木我，丙火傷官雙掛，己偏財
	妻宮乙，比肩，食神，偏財

歲運作用，	庚子：
浮沉升降：	辛丑：
看大運上落	壬寅：
	癸卯：
	甲辰：
	乙巳：
	丙午：
	丁未：
	戊申：
	己酉：
十神十力，	傷官不守成規，屢出奇兵取勝。偏財仗義疏財。
性格論命：	
生剋制化，	從旺忌剋洩。金運走畢一生偉大的路。從木火，正合毛澤東命理要求。
用神玄機：	
陰陽五行，	身體不弱，壽90歲。
體質屬性：	

第四十一象　甲辰　離下離上　離
（林彪把毛澤東造成神，文化大革命）

「甲辰」是六十甲子之第四十一，自然代表的是第四十一象。

第四十一象的卦，是「離」，下卦離為火，上卦離為火。離卦之象乃二火相疊，含有兩個太陽，為大地蒼生帶來嚴重災難之意。東方紅太陽毛澤東和林彪背向，林彪在文化大革命中陰謀奪取最高權力，但他的政變被粉碎，此事件客觀上宣告了文化大革命的失敗。此後，周恩來主持中央日常工作，使各項工作有了轉機。

林彪是中共建國的大功臣，他是中共十大元帥中最年輕的一位，且其軍事奇才還曾被蔣介石比喻為「當代韓信」。國共內戰時期，率領期任東北野戰軍在遼瀋戰役、平津戰役重創國民黨軍，一路從東北打到海南島。中共建政後歷任國防委員會副主席、國防部長、中央軍委副主席等要職。

深得毛澤東信賴的林彪，甚至在文化大革命初期被毛欽定為唯一接班人，並將此寫入《共產黨章程》與憲法草案之中，有如離卦「天有二日」之象。這樣的一位戰功彪炳、威震華夏的大人物，為何會在文革展開後短短的幾年內，便與毛澤東反目，最後被冠以「叛國叛黨」的罪名，還落得了個墜機蒙古的屈辱下場？

中共建國後，林彪晉陞為中共十大元帥，排名第三，且是十名元帥裡唯一不到五十歲的。這時候的林彪儘管在輩分與政治權力上還嫌稚嫩，但已儼然一副政壇新星的態勢。林彪真正掌握黨政大權，是要到文化大革命初期的時候，原因是：在林彪的帶動下整個中國掀起了轟轟烈烈的毛澤東「造神運動」。

文化大革命的鬥爭浪潮，很快就蔓延到劉少奇、鄧小平這些黨政幹部，以及朱德、彭德懷這些軍事將領身上。隨著上述這些「前輩」的失勢倒台以及毛澤東的有意扶植，林彪的權勢便扶搖直上，一舉成為全中國的第二號人物。1969年，文化大革命正酣之時，中共政治局在毛澤東的主導下，將「林彪同志是毛澤東同志的親密戰友和接班人」這樣的字眼載入了《共產黨章程》之中，林彪接班的態勢愈趨明朗，其聲勢亦如日中天。

林彪雖曾多次請求把黨章中提到他的部分刪除，毛未接受，精明如林彪自然不會沒有「伴君如伴虎」的自覺。看著昔日的同志劉少奇、鄧小平，以及昔日長官朱德、同僚彭德懷等紛紛被打倒失勢，林彪自然不會毫無警覺。早在 1950 年韓戰爆發時，他便因反對毛澤東派遣志願軍參戰，而與毛澤東有所不合。而為了避免毛澤東的猜忌，林彪一方面在維持在政治上消極的態度，另一方面則試圖營造一種和毛澤東緊密結合的形象。或許因為如此，林彪在文革初期始

終被許多黨內同志看作是與毛澤東關係密切的「國王人馬」，且林彪實際上為了取得毛澤東的信任，對於毛澤東的許多鬥爭作為，不是默許便是從旁協助。例如毛澤東在1969年打倒劉少奇、鄧小平時，掌握軍權的林彪就沒有表達明顯反對之意。

由於林彪擔憂毛澤東會像對付劉少奇、彭德懷等人一樣清算、鬥倒自己，對毛澤東早已又怒又懼的林彪，便授意其子林立果與部屬吳法憲等人去做相關的「因應」準備（反革命武裝政變手令，企圖謀害毛澤東；另有一說是林立果與林彪部屬私自串聯反毛），然而東窗事發後，林彪擔心遭到清算與報復，便在1971年9月13號那天夥同妻兒連夜搭機出逃，卻不幸墜機在蒙古戈壁，機毀人亡。

對於此事件，毛主席批示：

一、中共中央正式通知：林彪於 1971 年 9 月 13 日倉皇出逃，狼狽投敵，叛黨叛國，自取滅亡。現已查明：林彪背著偉大領袖毛主席和中央政治局，極其祕密地私自調動三叉戟運輸機、直升飛機各一架，開槍打傷跟隨多年的警衛人員，於 9 月 13 日凌晨爬上三叉戟飛機，向外蒙、蘇聯方向飛去。同上飛機的，有他的妻子葉群、兒子林立果及駕駛員潘景寅、死黨劉沛豐等。在三叉戟飛機越出國境以後，未見敵機阻擊，中央政治局遂命令我北京部隊立即對直升

飛機迫降。從直升飛機上查獲林彪投敵時盜竊的我黨我軍大批絕密文件、膠捲、錄音帶，並有大量外幣。在直升飛機迫降後，林彪死黨周宇馳、於新野打死駕駛員，兩人開槍自殺，其餘被我活捉。對林彪叛黨叛國事件，中央正在審查。現有的種種物證人證業已充分證明：林彪出逃的罪惡目的，是投降蘇修社會帝國主義。根據確實消息，出境的三叉戟飛機已於蒙古境內溫都爾汗附近墜毀。林彪、葉群、林立果等全部燒死，成為死有餘辜的叛徒賣國賊。

二、林彪叛黨叛國，是長期以來，特別是黨的九屆二中全會以來階級鬥爭和兩條路線鬥爭的繼續，是林彪這個資產階級個人野心家、陰謀家的總暴露、總破產。九屆二中全會上，國民黨老反共分子、托派、叛徒、特務、反革命修正主義分子陳伯達敢於那樣猖狂進攻，反黨，反「九大」路線，反馬克思主義、列寧主義、毛澤東思想，主要原因就是依仗林彪這個黑後臺。陳伯達路線，實際上是林彪、陳伯達路線。在九屆二中全會以前，第一個堅持設國家主席、陰謀策劃向黨進攻的是林彪。在九屆二中全會上，第一個站出來「採取突然襲擊，煽風點火，唯恐天下不亂，大有炸平廬山，停止地球轉動之勢」的，也是林彪。

圖中有一男子，左手叉腰，一腳踏地，一腳踏圓環，古人說「天圓地方」，故圓環象徵天。故一腳踏地，一腳踏天，是顛倒乾坤的表現。預示文化大革命時期顛倒是非黑白，天翻地覆。

讖曰：「天地晦盲，草木繁殖，陰陽反背，上土下日。」

「天地晦盲」是指天昏地暗的境象。

「草木繁殖」，「繁殖」是「育」，林彪字「育榮」，故「草木繁殖」暗喻林彪。

「陰陽反背」，林彪提出「打倒一切」的口號，顛倒是非黑白，使全國陷入一片動亂之中，天翻地覆，正是「陰陽反背」的天下大亂場景。

「上土下日」，即光陰被掩蓋在土裡，預示了文革時期黑暗絕望的事實。

頌曰：「帽兒須戴血無頭，手弄乾坤何日休，九十九年成大錯，稱王只合在秦州。」

「帽兒須戴血無頭，手弄乾坤何日休」，這句話中的「帽兒」是指「帽子」，諸如：「走資派」、「臭老九」、「牛鬼蛇神」、「叛徒、工賊」、「反革命分子」等等。「帽兒須戴」指「給人扣帽子」。這一句中「血無頭」是指流血、無頭，意指「掉腦袋」。「手弄乾坤何日休」意思比較明白，是指顛倒乾坤、遊戲乾坤，遊戲中華的意思。

「九十九年成大錯」，「九十九」是指「九」加「十」，再加「九」，等於「二十八」。由1949開國大典至1976年共二十八年，故這句象徵在1976年文化大革命結束。

「稱王只合在秦州」，「秦州」是指中國。過去古人寫詩還會用「長安」、「洛陽」、「神州」等名詞指中國。「稱王只合在秦州」意思是說：文化大革命是全國大動亂之內亂，成王敗寇也只限於中國內政的事。

金聖嘆：「此像一武士握兵權，致肇地覆天翻之禍，或一白姓者平之。」

（五十九）　　林彪　　（推背圖像四十一）

辛	戊	辛	丁
酉	子	亥	未

69	59	49	39	29	19	9
甲	乙	丙	丁	戊	己	庚
辰	巳	午	未	申	酉	戌

時柱辛酉：傷官得氣勝財官，金水思想，陰氣重，革命家。

1. 生命力強橫
2. 現代政治家、軍事家、革命家
3. 開國元勳，一級命造，歷史留名
4. 20歲起搞革命
5. 戊申運戊寅年寅月曾經受傷至得神經系統病，金木交戰結果，故生時該今辛金有力
6. 帶兵統帥，軍旅名稱與4、7有關（先天五行2-7火，4-9金，有火金得用之象）
7. 最大起落火、金運年，因戊日主微微身弱，故發跡必靠火（印），金以破敵衝鋒
8. 冒出頭多丑、酉流年
9. 婚姻美滿

第四十二象　乙巳　艮下離上　旅
（天安門事件）

「乙巳」是六十甲子之第四十二，自然代表的是第四十二象。

第四十二象的卦，是「旅」，下卦艮為山，上卦離為火。這是地心仍在沸騰的驚人活火山噴口，凡親眼目睹過火山爆發的人，都會感到震撼，立刻覺知我們所立足的世界，它是多麼的不穩定！火山旅卦乃火在山上，勢不久留之象。記得吾爾開希在天安門事件中打斷李鵬的發言而說：「現在的問題，不在於要說服我們這些人。我們很想讓同學們離開廣場，廣場上現在並不是少數服從1多數，而是99.9%服從0.1%；如1果有一個絕食同學不離開廣場，廣場上的其他幾千個絕食同學也不會離開。」他的發言確實違背了火山旅卦的大智慧的。

圖中是強弓、免了、琵琶仙 (神仙)。胡耀邦生於一九一五年乙卯兔年。圖中女子是「美人自西來」的「西方女子琵琶仙」自由民主女神。「長弓 (弓) 在地 (疆)」成一「彊」字,「彊」乃強而有力的弓弩,代表強力武器。這圖正正暗示「天安門事件」。

天安門事件導火線是八九年四月二十二日胡耀邦出殯,北京百多萬人民和學生上街送喪,後來便演變成天安門事件一百萬市民、學生集結進行示威抗議,批評黨中幹部在鄧小平改革開放政策中貪污腐化。八九年六月四日前後,二十七軍、三十八軍及其他軍團重重圍城,狀若勤王,又若伐主,數十萬大軍對峙,火箭飛彈坦克齊齊列陣,內戰一觸即發。幸而大型軍士衝突最後沒有爆發,故是「危而不危」。

天安門事件導致時任中共中央總書記趙紫陽被免去所有職務，包括政治局常委胡啟立在內許多同情抗議活動的中共官員也被降級或免職，中共上海市委書記江澤民被提拔為新任中共中央總書記和第三代領導核心。許多參與八九民運的人士則流亡海外，並被政府禁止返回中國大陸。這次風波後，中共黨內強硬派抬頭，改革開放政策停滯，直到1992年鄧小平南巡後才重新恢復；原先在1980年代逐漸開放的人權、民主政策等政治改革也暫止進行。中共中央機關報在運動中期稱其為「動亂」，後譴責為「反革命暴亂」。至今六四事件在中國大陸仍為敏感話題被嚴格限制。

讖曰：「美人自西來，朝中日漸安，長弓在地，危而不危。」

「美人自西來」是天安門事件的象徵性：自由民主女神，也暗示這事件背後有美國的邪惡勢力在。

「朝中日漸安」，「朝中日」暗示日正當天，「天安」門的名字隱藏在這句讖文裡面。「漸」，可解為沾濕，和澤的意義是相通的。另外，古時浙江又稱「漸江」。有「江」，有「澤」，「江澤文」原來就隱藏在這字裡行間。

「長弓在地，危而不危」，「長弓（弓）在地（彊）」成一「彊」字，「彊」乃強而有力的弓弩，即代表強力武器；數十萬大軍對峙，火箭飛彈坦克齊齊列陣，內戰一觸即發。幸而大型軍士衝突最後沒有爆發，故是「危而不危」。

頌曰:「西方女子琵琶仙，皎皎衣裳色更鮮，此時渾跡匿朝市，鬧亂君臣百萬般。」

「西方女子琵琶仙」是天安門廣場出現的一個西方「自由民主女神」。

「皎皎衣裳色更鮮」，「皎皎衣裳」是身通體潔白的「自由民主女神」，「色更鮮」是天安門響起的「血染的風采」，故暗示天安門事件。天安門事件後，國家「更」新改革開放不正是「色更鮮」了嗎？

「此時渾跡匿朝市，鬧亂君臣百萬般」，天安門事件雖然過去，但其影響甚為深遠，那股要求平反六四動亂(鬧亂)的力量一直潛藏在朝野及民間，令朝野及民間都百萬般撕裂。

金聖嘆:「此象疑一女子當國，服色尚白，大權獨攬，幾危社稷，發現或在卯年，此始亂之兆也。」

第四十三象　丙午　巽下離上　鼎
（一國兩制，中國和平統一方針）

「丙午」是六十甲子之第四十三，自然代表的是第四十三象。

第四十三象的卦，是「鼎」，下卦巽為風，上卦離為火。「鼎」卦之像是鼎穩穩地立著，下面有火在燒，風在助燃，火風互相旺發，此即「火風鼎」卦所顯現的一片鼎盛穩定之象。「鼎」卦的《卦辭》：「鼎：元吉，亨。」「元」即是一，有統一、「一國」的喻意。「亨」者，有矛盾對立方可言亨通，故表示「二」，有「兩制」的喻意。鼎卦之「元吉，亨」者，即可解讀為「一國」、「兩制」的合二而一，即矛盾統一。所以「鼎」卦正正暗喻著中國和平統一方針：一國兩制。

一國兩制意指「一個國家，兩種制度」，是中華人民共和國第二代領導人鄧小平在1980年代為了實現中國統一之目標所提出的憲法原則，最早是為了改變中華民國政府撤退至台灣後的海峽兩岸關係，當時蔣經國則以一國良制（One China, Better System)回應鄧小平後來相繼適用於過去分別為英國和葡萄牙殖民地、實施資本主義制度的香港及澳門，將兩地變為特別行政區。鄧小平主張中華民國持有的南京條約等大清與列強所簽之條約無效，在中國和平統一時只有中華人民共和國能夠代表一個中國，並且是中國唯一合法政府，而中華人民共和國也多次對外主張其對港澳之主

權政策，並且要求其他國家應該要認識到一國兩制政策。1990年代起，港澳保留資本主義經濟和社會政治制度，繼續擁有自己的政治管治制度、法律體系、金融經濟政策事務以及對外關係50年，而中華人民共和國其他地區則繼續實行中國特色社會主義制度，他簡而言之地説：「讓那裏（香港）馬照跑、舞照跳，保留資本主義生活方式。」

在香港特別行政區的憲制文件《中華人民共和國香港特別行政區基本法》第一章第五條中便提到：「香港不實行社會主義制度和政策，保持原有的資本主義制度和生活方式，五十年不變。不過，針對香港和澳門分別在2047年以及2049年過後是否有政策改動，中華人民共和國政府以及官方文件上從來沒有公開表示。

在1988年6月3日，鄧小平在會見「『九七』年代的中國與世界」國際會議全體與會者時指出：「對香港的政策，我們承諾了一九九七年以後五十年不變，這個承諾是鄭重的。為什麼説五十年不變？這是有根據的，不只是為了安定香港的人心，而是考慮到香港的繁榮和穩定同中國的發展戰略有著密切的關聯。中國的發展戰略需要的時間，除了這個世紀的十二年以外，下個世紀還要五十年，那麼五十年怎麼能變呢？現在有一個香港，我們在內地還要造幾個「香港」，就是説，為了實現我們的發展戰略目標，要更加開放。既然這樣，怎麼會改變對香港的政策呢？實際上，五十年只

是一個形象的講法，五十年後也不會變。前五十年是不能變，五十年之後是不需要變。」

中華人民共和國政府自1979年計劃將一國兩制方針擴展至由中華民國政府實際管轄的台灣地區，並且作為其在台灣問題上的主要統戰訴求。中華人民共和國政府還向中華民國政府提出一國兩制並且如同香港和澳門賦予特別行政區的地位，其中特別行政區內除了可以自行處理文化、經濟、外交、國防事務以及制訂國際貿易政策，並且讓中華民國政府得以繼續保留權力、不會解散於台灣設置的民意機關、能夠參與世界貿易組織等團體和有限度保留自身軍隊(不會對中國大陸構成威脅)等特別規定，但是種種提議都遭到中華民國政府拒絕。其主要原因在於中華民國不同於香港和澳門過去被視為英國以及葡萄牙的殖民地，除了現時仍然有17個主權國家願意提供外交承認而將其視為主權國家外，實際上其所統治的台灣地區在政治、外交、經濟和軍事等方面都享有自主性和獨立性。面對這一情況，中華民國政府繼續維持現狀(有外交承認是中華民國的主權國家象徵)，而且中華民國政府在憲法上至今仍未宣告放棄大陸地區的主權。

習近平在2012年中共十八大就任中國共產黨中央委員會總書記後，開始重新提起一國兩制。在2014年9月6日會見新黨主席郁慕明及新同盟會長許歷農時表示「和平統一、一國

兩制是我們解決台灣問題的基本方針，不是主權與領土的再造」，並且表示會充分考慮現實情況後具體實現之。對此，時任行政院長江宜樺重申拒絕一國兩制的立場，朝野政黨也表示無法接受。

一國兩制政策提到儘管在香港回歸和澳門回歸並且作為中華人民共和國的領土一部分後，中華人民共和國長期統治的中國大陸地區仍然施行中國特色社會主義以及民主集中制。中華人民共和國政府依照《中華人民共和國憲法》第三十一條的規定能夠在國家有其必要時設立特別行政區，並且全國人民代表大會將會根據具體情況制定特別行政區自治區域內施行的法律規定。而為此所個別制定的中華人民共和國特別行政區基本法則作為特別行政區的最高法律，並且作為特別行政區地方性法律的基礎以實行高度自治。而全國人民代表大會常務委員會亦表示經由全國人民代表大會全體會議通過的基本法本身有憲制性質，這也使得基本法又有「小憲法」之稱。

圖中一老一少，一貧一富，大的似乎想打小的，小的抬手抵擋，這是十分動態的，故知「一國兩制」這條路是一路走一路的你來我擋，非一朝一夕可和諧共處安定下來，故才有讖文「始艱危，終克定」的預言。此象還在進行中。

讖曰：「君非君，臣非臣，始艱危，終克定。」

「君非君，臣非臣」，預示說的是「一國兩制」中的特殊關係：既是一國（有君臣之名），但又互不隸屬（君非君，臣非臣）。

「始艱危，終克定」，中國和平統一的「一國兩制」方針，開始的時候充滿了艱難和危險，最終這些危險還是會被克服安定下來的。例如習近平在2012年中共十八大就任中國共

產黨中央委員會總書記後，開始重新提起一國兩制，又在2014年9月6日會見新黨主席郁慕明及新同盟會長許歷農時表示「和平統一、一國兩制是我們解決台灣問題的基本方針，不是主權與領土的再造」，並且表示會充分考慮現實情況後具體實現之，但對此，時任行政院長江宜樺重申拒絕一國兩制的立場，朝野政黨也表示無法接受。所以確是「始艱危」，信耶？

頌曰：「黑兔走入青龍穴，欲盡不盡不可說，唯有外邊根樹上，三十年中子孫結。」

「黑兔走入青龍穴，欲盡不盡不可說」，「黑兔」者癸卯，「青龍」者，或暗示「一國兩制」中國和平統一方針得在2023（癸卯）及2024（甲辰）年間得到突破，開啟兩岸統合之契機，台灣回巢（「穴」就是巢穴）實現兩岸統一。而在「一國兩制」根基上，便縱兩岸是合一了，看似『已盡』，但是這也「不是主權與領土的再造」，所以亦是還未盡，故這一句「欲盡不盡」，正好道出了「一國兩制」之微妙不可思議處，這就是「不可說」三個字的秘密了。

「惟有外邊根樹上」之句，即在進一步演繹「一國兩制」，暗示「一國兩制」之出現。例如香港是由英國的殖民地（「外邊根樹」）回歸祖國了，但香港同時又仍然是留在「外邊」，不由中國直接管轄。

「三十年中子孫結」,「三十年中」中兩岸三地終於可以團結起來了(子孫結)。「三十年中」其實也在暗喻「一國兩制」的,「三十」為30,再乘以天地之成數10,為300年。「三十年中」即一半,便為150年。即暗喻99年界限街以北的租借期再加「五十年不變」,這正好暗喻著香港由殖民地到正式回歸祖國(子孫結)的完整故事。不知道鄧小平是《推背圖》高手,抑或是冥冥中都要順天應運!

金聖嘆:「此象疑前象女子亂國未終,君臣出狩,有一傑出之人為之底定,然必在三十年後。」

(六十)　　鄧小平　　(推背圖像四十三)

鄧小平命造
(1904—1997)

乾造:(真從格、忌火土)

甲辰
壬戌
戊子
甲寅

大運:

6　癸酉
16　甲戌
26　乙亥
36　丙子
46　丁丑
56　戊寅
66　己卯
76　庚辰
86　辛巳

滴天髓云:從得真者只論從,從神又有吉和凶。

六六、六七年火流年文革遭難。

八零、八一年金流年大運控制大局。

九二年今水流年,南巡講話,確立經濟新模式。

時柱甲寅：七殺一柱雙掛有力為用，月干壬水坐申子辰水
局強有力，戊土從水木。

9. 此為一級命造：用神貼身天干外露
10. 能抓住經濟搞好經濟改革，用神偏財星
11. 早年加入革命黨，做反，非正星用事（七殺、偏財）
12. 高智慧，提創新思維：一國兩制，社會主義制度下的資
    本主義新中國（食傷月令）
13. 庚辰運庚申辛酉，人生最高點，1980/81（金上幹完成變
    身）
14. 戊寅運丙午丁未年，人生最黑暗階段（從格忌火土破）
15. 百煉鋼繞指柔，矮小。（戊土，從水主智）
16. 人生名句：不管黑貓白貓，抓到老鼠是好貓。（水是老
    鼠、寅是貓，水是黑、金是白。）

第四十四象　丁未　坎下離上　未濟
（習近平時代，一帶一路）

「丁未」是六十甲子之第四十四，自然代表的是第四十四象。

第四十四象的卦，是「未濟」，下卦坎為水，上卦離為火。「未濟」卦是初凶後吉之象，起初陰陽不得正位，運程差，須耐心突破難關，終可成功。這和頌詩中「否極泰來九國春」是對應的，還是強調本象的主角聖人，在這個歷史階段經受磨難，但終能化凶為吉，為世人敬仰。

自從秦始皇一統江山，到清朝康乾盛世，兩千多年間，中國一直是世界頭號經濟大國；兩百多年前，西方崛起，稱霸世界；中國逐漸衰落，淪為弱國。但歷史進程總是呈現盛極而衰、否極泰來的週期律。像2008年，美國爆發金融海嘯，西方頹勢顯現；中國進一步崛起，成為世界經濟火車頭。2010年中國取代日本，躍居全球第二大經濟體；2013年取代美國，成為世界第一貿易大國。有研究者認為，《推背圖》第44象所說「群陰懾服，百靈來朝」，以及「四夷重譯稱天子，否極泰來九國春」，正應了當今中國的復興。「一帶一路」戰略的實施，亞投行的成立，杭州G20峰會的舉行，皆可視作第44象的註腳。

絲綢之路經濟帶和21世紀海上絲綢之路，簡稱「一帶一路」，是中華人民共和國政府於2013年倡議並主導的跨國經濟帶。其範圍涵蓋歷史上絲綢之路和海上絲綢之路行經中國大陸、中亞、北亞和西亞、印度洋沿岸、地中海沿岸的國家和地區。「絲綢之路經濟帶」簡稱「一帶」，是中國國務院總理李克強外訪時向各國推廣的區域經濟合作戰略。從中國大陸出發，沿著陸上絲綢之路以歐洲為終點：一是經中亞、俄羅斯到達歐洲；二是新疆經巴基斯坦到印度洋、中亞與西亞到達波斯灣和地中海沿岸各國。中國大陸試圖與這些國家及地區發展新的經濟合作夥伴關係，計劃加強沿路的基礎建設，也計劃消化中國大陸過剩的產能與勞動力、保障中國大陸的能源（如哈薩克石油）與糧食供給，並帶動西部地區的開發。「一帶」連接亞太地區與歐洲，中間經過的中亞地區，像上海合作組織中的中國大陸、俄羅斯、哈薩克、吉爾吉斯、塔吉克和烏茲別克都在絲綢之路上，其他5個觀察員國及3個對話夥伴也在絲綢之路沿線，絲綢之路經濟帶的核心區域包括西北的新疆、青海、甘肅、陝西、寧夏，西南的重慶、四川、廣西、雲南。

「21世紀海上絲綢之路」簡稱「一路」，則是沿著海上絲綢之路。中國大陸由沿海港口過南海到印度洋，延伸至歐洲，或是從中國大陸沿海港口過南海到南太平洋。21世紀海上絲綢之路的主要航點包括：泉州、福州、廣州、海口、北海、河內、吉隆坡、雅加達、可倫坡、加爾各答、奈洛比、

雅典、威尼斯。以發展中國大陸和東南亞、南亞、中東、北非及歐洲各國的經濟合作。21世紀海上絲綢之路，是2013年10月習近平總書記訪問東協時提出的戰略構想。中國大陸著眼於與東協建立戰略夥伴十週年這一新的歷史起點，為進一步深化中國大陸與東協的合作，提出「21世紀海上絲綢之路」的戰略構想。官方聲言，新疆和福建會成為「一帶一路」的最大贏家，並獲得前所未有的發展機遇。福建獲批21世紀海上絲綢之路核心區。新疆被定位為「絲綢之路經濟帶核心區」。同時亦包括江蘇、浙江、福建、廣東、海南及山東6個沿海省份。

2013年9月，中共中央總書記、中國國家主席習近平到訪哈薩克，提出共同建設「絲綢之路經濟帶」。習近平在同年10月於印度尼西亞國會演講時提出共同建設21世紀「海上絲綢之路」。同年11月中共十八屆三中全會把「一帶一路」升級為國家戰略。2015年2月1日，由中共中央政治局常委、國務院副總理張高麗領導的推進「一帶一路」建設工作領導小組正式成立。首任組長為張高麗，副組長為王滬寧、汪洋、楊晶、楊潔篪。同年3月，中國總理李克強在亞洲和歐洲訪問時進一步推廣「一帶一路」，並將其寫進政府工作報告中。28日，中華人民共和國國務院授權國家發改委、外交部、商務部等三部委聯合發佈《推動共建絲綢之路經濟帶和21世紀海上絲綢之路的願景與行動》白皮書。

2017年5月14日與15日，「一帶一路國際合作高峰論壇」於北京舉行。14日論壇場地在國家會議中心，中共中央總書記、國家主席習近平出席了開幕式，且發表了題為「攜手推進『一帶一路』建設」內容的演講。130多個國家和70多個國際組織代表出席。15日論壇場地在北京市郊雁棲湖，由29個國家的國家元首或政府首腦及各國際組織代表參加了領導人圓桌峰會。這次圓桌峰會由習近平主持，中共中央政治局常委、國務院副總理張高麗也作了發言。

一帶一路的影響，是中國將在全球事務中邁向主導地位，並且建立以中國大陸為中心的貿易網路。

圖示為一位正襟威儀的聖人，坐北朝南，接受一個身背弓箭的男子的參拜，此象乃中國盛世，四夷來朝之兆，一大治也。

讖曰：「日月麗天，群陰懾服，百靈來朝，雙羽四足。」

「日月麗天，群陰懾服」，「日月麗天」這一句，解讀出習近平的夫人和女兒的名字：「麗」即指彭麗媛；「日月」合而為「明」，就是習明澤。此則預言如此靈驗，自然令人驚嘆。

「百靈來朝，雙羽四足」，它所對應的，正是習近平時代。2015年11月7日，習近平和馬英九在新加坡舉行歷史性會談。當晚，中共中央機關報《人民日報》的官方微博發表微評《習馬會有感》說：「北京今年的初雪，迎來了『雙羽四腳』的習馬會。」

頌曰：「中國而今有聖人，雖非豪傑也周成，四夷重譯稱天子，否極泰來九國春。」

「而今中國有聖人，雖非豪傑也周成」，當今中國出了聖人，中國人千年期盼的聖人出現了。

「雖非豪傑也周成」，指聖人不是豪傑、不是強勢人物，要經過周折、波折，周行磨鍊才能成功。「周」是周折、波折，從今天局勢來看，中美貿易戰就如「否極泰來」的「否」運階段，費盡周折。至於中美貿易戰勝負誰屬，下面兩句及下一象就有了答案。

「四夷重譯稱天子，否極泰來九國春」，「四夷重譯稱天子」代表習近平大力整頓軍（身背弓箭的人）中貪腐勢力，所以具有軍權的都臣服在習近平座下。

「否極泰來九國春」：「否極泰來」強調了習近平當前在中美貿易戰經歷磨難，但是終能走出劫數，那時中國一片春色生機，將要迎來盛世了。這樣，不就是勝負之數已十分清楚了嗎？

金聖嘆：「此象乃聖人復生，四夷來朝之兆，一大治也。」

第四十五象：戊申　坎下艮上　蒙
（美國發動中美貿易戰）

「戊申」是六十甲子之第四十五，自然代表的是第四十五象。

第四十五象的卦，是「蒙」，下卦坎為水，上卦艮為山。「水在山腰上，形成山嵐」，就會霧濛濛，這就是「山水蒙」卦之象，表示暗昧不見天日，微昧闇弱，未曾開通之象。這是對中美貿易戰最佳之預告。貿易戰反映的就是「全球第一」的美國擔心會被中國趕上，這是本卦所預示第一個「暗昧」之象。在中美國貿易戰雙方互徵關稅之際，中共黨媒和中國官媒2019年5月22日高調報道習近平的江西考察，是要用中共革命理想開始「新的長征」克服國內外的重大挑戰和困難，這「重大挑戰和困難」是本卦所預示第二個「暗昧」之象，國家主席習近平在告訴民眾準備過艱苦暗昧的日子。有報張報道稱：「在華為和其他科技公司面臨被封殺的同時，習近平更強調中國的『自力更生』。」《卦辭》：「六四、困蒙，吝。」困於暗昧，不自力更生，德業不進，是終窮矣！「我勸天公重抖擻，不拘一格降人材」，但願天祐中華，免生靈塗炭！

古希臘歷史學家修昔底德認為，公元前5世紀雅典崛起引起陸地霸主斯巴達警惕和戰爭是一種普遍的歷史模式，即既有霸主面對新興強權的挑戰多以戰爭告終。今天中美關係

正處於「修昔底德陷阱」的困境。因為很多西方經濟預測稱，到了2030年全球最大10個經濟體中將有7個是現在的新型興市場國家，根據購買力平價匯率和名義GDP計算，中國到2020年就將超越美國，成為全球最大經濟體。不過由於現代的國際環境同歷史上的國家關係已經有了本質的區別，中美競爭走向軍事戰爭的可能性微乎其微，因為兩個國家皆擁有核子武器。而取而代之的，就是今天正在開打的「中美貿易戰爭」了。

還記得日本二戰落敗後重建金融、經濟和科技，都需依靠美國。在1970至1980年代中日本經濟騰飛成為隨美國後的第二大經濟體，日本家用電器、電視、汽車等產業產品質量都勝過美國，日本每年對美國出口順差，日資紛紛到美國投資及收購美國公司。當時日本一本暢銷書名為《日本可以說不》的內容是「日本已經崛起，不用經濟、外交、政治都唯美國馬首是瞻」。結果在美國聯同歐洲國家打壓下，日本在1985年簽訂《廣場協議》，日圓三年內升值一倍，日本經濟隨即衰落，出口下跌，樓價飆升。到1990年樓市泡沫爆破，經濟由繁榮走向低迷，日本經濟學者稱1986至2016是日本「迷失的30年」。所以，誰發展得快美國都視之為威脅。

這次中美貿易戰一開始，美國即提出超越中國三條底線的要求，欲置中國經濟於萬劫不復境地：

第一，美國要求中國全面開放經濟，包括金融、農業兩個領域。中國只有世界7%可耕地，卻保障了世界20%人口生存及溫飽，已是奇跡。現時，中國每年要大量入口黃豆等農產品。若然開放農業市場，中國糧食產業很可能「全軍覆沒」，被美、加機械化農業的廉價農產品壟斷市場。這威脅到國家安全，在全球化時代，只有極少數國家（如美國得天獨厚的自然條件）糧食能自給自足，中國亦難做到，但中國仍需要有一定程度的糧食自足，市場不受嚴重干擾，否則如何養活龐大的人口？美國要求中國完全開放農產品市場，中國萬萬不能接受。同樣，中國的金融市場，距離成熟還很遠，人民幣尚未完全國際化。要求中國馬上全面開放金融，任由華爾街和國際大鱷興風作浪，等於間接威脅中國的國家安全。

第二，美國要求中國像美國一樣以私有制、民營企業為主。可是，中國民企實力（例如通訊業），遠遠不足以跟美國跨國企業競爭，隨時成為國際資本的點心。美國要求中國追隨西方價值觀，走「美國模式」的發展道路，而中國堅持走「中國特色的社會主義發展道路」，即由國企擔任重要角色的市場經濟，如此才能保持國家的競爭力。美國要求中國政府完全不干預市場，全面「國退民進」，中國是沒可能答應的。這不表示中國要像以往般搞計劃經濟，而是國企與民企相輔相成，卻遭美國反對。

第三、政治上美國採用聯邦制、美式自由民主的政府，這是美國的獨特國情。中國一向認為：各國國情不同，不應干預別國內政。中國與美國國情不同，各有發展道路，而中國走「中國特色的社會主義道路」，創造了經濟奇跡。但美國以其霸權主義，強要中國走西方的道路。這一條底線，中國萬萬不會退讓。

中美貿易戰定會持續下去直分出勝負為止。中國會繼續與美國談判，同時會更依重透過「一帶一路」等計劃發展與其他國家的經貿合作(請看上一象)。「一帶一路」的基建儘管有很多負面西方報章的報道，但事實上「一帶一路」是真的在推進，有很多項目，包括絕大部分五年前開展的項目現在都接近尾聲。所以說在「一帶一路」的國家這方面，中國會投入更多資金和人力，這又能否成為中國在中美貿易戰中的「一線生機」呢？

圖示為兩位武士胸口畫有「心」字，是代表中國、台灣一起打敗美國發動的貿易戰侵略。另外「心」字，也暗喻「芯」片。美國先後禁止美國芯片元件及相關軟件賣給中國中興通訊及華為，影響中國發展5G通訊的進程，這場「5G芯戰」使中國科技發展面臨新的挑戰瓶頸。中國「芯」的發展可以借助台積電等台企力量，中國大陸若和台灣強化合作，中央又加大知識產權保護力道，中興與華為的危局反而是復興的前兆。

讖曰：「有客西來，至東而止，木火金水，洗此大恥。」

「有客西來，至東而止」可解釋為美國戰略中心轉向亞太，至東亞為止步，甚至今天的不惜一切發動中美貿易戰。

「木火金水」，美國要求中國全面開放經濟，包括金融（金）、農業（木）兩個領域。美國又先後禁止美國芯片（火）元件及相關軟件賣給中國中興通訊及華為等企業，影響中國發展5G通訊（水）的進程，這場「5G芯戰」使中國科技發展面臨新的挑戰瓶頸。而「中國製造2025（火）」公佈了重點「新一代人工智能（水）發展規劃」，對此美國貿易代表辦公室 (USTR)2019 年初提交給川普的 301 調查報告，是為了顛覆中國目前的核心國策《中國製造 2025》，以阻止中國各個前沿領域的技術進步。另外，「木火金水」也暗喻著「稀（希）」土，在中美國貿易戰中，在美國打壓中國科技企業後，中國上下造勢欲動用稀土來反制美國，這與《推背圖》這裡的預言一致。

「洗此大恥」喻幾百年前中國被譏諷為東亞病夫，當經過中美貿易戰這一戰，中國將正成為世界第一經濟大國，《推背圖》預示說「洗此大恥」。

頌曰：「炎運宏開世界同，金烏隱匿白洋中，從此不敢稱雄長，兵氣全消運已終。」

「炎運宏開世界同」，「世」在甲骨文和金文中有30年之意。「炎運」即火運，解作2030年。

「金烏隱匿白洋中」指「白底（白洋）紅日（金烏）」的日本國旗。為什麼中美貿易戰要提到日本呢？日本固然是美國在亞太區盟友之一。但《推背圖》在這裡是為了說明中美貿易戰的本質，教大家領會美國昔日擊毀日本半導體的啟示。「日本正經濟侵略美國」、「這是一場新的珍珠港偷襲」，1980年代這類的評論充斥美國報章，日本戰後騰飛的經濟發展威脅美國，其中日本的半導體成為了美國的眼中釘。後來的歷史相信大家也知道，《廣場協議》間接造成日本泡沫經濟；連同《日美半導體協議》嚴重削弱日本半導體產業競爭力，自此日本失去半導體市場領導地位，成為日美貿易磨擦下的最大犧牲品。美國著名新聞記者兼評論家白修德在1985年的一個訪問中表示道：「我們在日本戰敗後協助日本重建，協助他們脫離貧困，找來了美國的專業人員教導他們建造電子與機械。他們現在卻反過來用向我們發動攻勢。我希望日本會知道，我們的寬容是有限度的。」1987年的特朗普，當年他仍在商界大展拳腳，忘於建立自己的商業王國，他在電視節目小莫頓唐尼的脫口秀中如此評論過日本：「日本正有系統地吸美國的血 —— 吸美國的血！這是一個很大的問題，這個問題會愈來愈嚴重，日本人正嘲笑著我們。」這句在30年後，重新出現在特朗普的口中，《推背圖》其實暗中預示了，不過這次目標不是日本，而是中國：「中國成為了美國的大問題，中國正在嘲笑著美國。」

「從此不敢稱雄長，兵氣全消運已終」指中國在2030年已超越美、日，成「為世界經濟超級大國。

金聖嘆：「此象於太平之世復見兵戎，當在海洋之上，自此之後，更臻盛世矣。」

第四十六象　己酉　坎下巽上　渙

第四十六象

讖曰：

黯黯陰霾，殺不用刀。

萬人不死，一人難逃。

頌曰：

有一軍人身帶弓，只言我是白頭翁。

東邊門裡伏金劍，勇士後門入帝宮。

金聖歎曰：此象疑君王昏瞶，一勇士仗義興兵為民請命，

故曰萬人不死一人難逃。

（六十一）　　特朗普。他是「萬人不死，一人難逃」之白頭翁

(Donald John Trump，1946年6月14日丑時8歲入運)

乙	己	甲	丙
丑	未	午	戌

大運：

2024	2014	2004	1994	1984	1974	1964	1954
78	68	58	48	38	28	18	8
壬	辛	庚	己	戊	丁	丙	乙
寅	丑	子	亥	戌	酉	申	未
	2020庚子 庚辰、辛 巳月，金 確有凶象						

「有一軍人身帶弓」，是指武漢。還有「萬人不死，一人難逃」，看來《推背圖》下一象，已在演出了。是，黯黯陰霾，殺不見刀。仍在發展，最後兩句仍要看。

白頭翁＝皇。Coronavirus冠狀病毒的英文詞頭Corona直譯為「皇冠」。

白頭翁，可以是特朗普，只要他也感染了。

一人難逃，也可以是他，只要他感染了，以他年歲，定難逃一劫！

丙戌、甲午、己未、乙丑（辛金凶物深藏）

2020年，辛丑大運，庚子年，庚辰、辛巳月，金確有凶象。

中美大戰，也比國運。難得客觀的美國人。美國人在Twitter瘋傳中！(https://mp.weixin.qq.com/s／aoTrbFZR_tii8I_wxtJ5gg)

一分為二：	木火土三行成象。 凶物：辛金。像
干支氣勢：	午月，午戌暗合火局，木火土氣勢滂薄。 一級命造。
我與非我：	己：妻宮己土比肩，competition。 甲：正官，理性管理。 乙：七殺，愛勝，榮登美國總統。
歲運作用，	辛金上干，七殺被合，易生凶災。
浮沉升降：	甲木下降，寅午戌有一耗而盡之象。
十神十力，	正官表面規矩，七殺爭勝不守成規。
性格論命：	火土，精力旺盛，野心大，宜從政，搞生意。
生剋制化，	看凶物上干大運，辛丑運。

用神玄機:	
陰陽五行， 體質屬性：	火旺氣魄壯。身強體健。
合沖克刑，	辛丑運，言論獲大眾接受，運用才智贏大選。
突變神機：	2016丙申年，正印護持，巳申雖合無礙。 2018戊戌，戊奪己光，應稍收斂。 2019己亥，火力稍弱，巳辛丑暗三合破，言論可能惹反感，亥未木氣加強，影響甲官，管治可能有波動。 2020庚子，子午沖，衰神敗，水為財星，財政，國民可能出問題。 2021辛丑，雖歲運並臨，無大礙。 2022壬寅，甲木下降，管治力波動。 2023癸卯，2022的延續。

附錄：

(二)   五行工種表

行業：	五行	理解
中醫	木	和草藥有關，主培元，自療
西醫	金	外科和刀具有關，爭第一（氣）
員警	火	擎槍
律師	金	只認錢，無情，爭第一（氣）
老師	木，火	單木無火，寒酸秀才
會計師	水	弄假賬
	木	老實算帳佬
電腦人	火	無火不成功
	水	程式師
演藝人	火	普及大眾
飲食業	土	關乎脾胃
管理人	金	金自律，律人，有要求
運動員	木	筋骨有關
	土	肌肉型
游泳員	水	顧名思義
營養師	土	關乎脾胃
顧問	金，水	管理，流程

業務推廣	水	潤下，放下身段才能當服務行
智囊	水	主智
宗教人	木，火	文明，暖人，普及
五行人	木，火 + 水	具説服力，有智，能貪能偏

（三） 十神類象表

<table>
<tr><td colspan="5" align="center">十神類象表</td></tr>
<tr><td rowspan="2"></td><td colspan="4" align="center">一看天幹要知主五行金木水火土，五合;一看地支要知支藏主氣，
三合，三組系統(四正，四驛馬，四華蓋)</td></tr>
<tr><td></td><td>同性</td><td>異性</td><td></td></tr>
<tr><td rowspan="10">十神十刀</td><td>我生:</td><td>食神</td><td>傷官</td></tr>
<tr><td colspan="2">理性適應力，顧全大局，發揮才華，表現，説話，求生力。邏輯，科學家，有節制，專業人士。爵星，快樂星。顯露才華。</td><td>不守規矩，破壞一切規範，具創意感性適應力，過則口舌招尤。自由隨心，會傷及官(規律)，藝術人。Fully enjoy，夫妻宮最好坐食傷。兩頭挂(統一)最易出口傷人。</td></tr>
<tr><td>生我:</td><td>偏印</td><td>正印</td></tr>
<tr><td colspan="2">屬靈力，條件性時有時無的照顧，不守時，20/80大刀闊斧，靈活，不死讀書，重效率，合國際學校。多學。</td><td>理性思維力，無休照顧，依規矩，守時，嚴謹，小心。追求完滿，不宜興趣班。</td></tr>
<tr><td>我克:</td><td>偏財</td><td>正財</td></tr>
<tr><td colspan="2">量化收入，快錢，豪爽，享受，用錢如用兵，策略性發揮，投機力。</td><td>靠正職搵錢，incremental monthly，constant收入，掌控力，照顧力，和錢談情，不捨，儉樸。</td></tr>
<tr><td>克我:</td><td>七殺</td><td>正官</td></tr>
<tr><td colspan="2">要勝力，挑戰，爭鬥型。常覺有無情外力逼我，磨難我，逆境，令人好強，遇強越強。擇日不選。(女性)兩頭挂(統一)最易碰上壞男人。</td><td>有情管理，守規矩，保守型，自律力，責氣。</td></tr>
<tr><td>同我:</td><td>比肩</td><td>劫財</td></tr>
<tr><td colspan="2">同行者，合作力，competition，跟不上我即拆伙，合team work，群組工作。不怕勝對手，只怕豬隊友!</td><td>陰陽有情，重視朋友，講友情。劫財在妻宮，重視朋友多餘妻子。分享力，和友一起便開心。真性情，推心置腹，兩脅插刀。</td></tr>
</table>

智理文化系列

《八字十式實戰篇之推背圖名人命例》

作者
溫民生

編輯
中華智慧管理學會

封面設計
曾慶文

美術統籌
莫道文

美術設計
曾慶文

出版者
資本文化有限公司
地址：香港中環康樂廣場1號怡和大廈33樓3318室
電話：(852) 2850 7799
電郵：info@capital-culture.com
網址：www.capital-culture.com

鳴謝
宏天印刷有限公司
地址：香港柴灣利眾街40號富誠工業大廈A座15字樓A1, A2室
電話：(852) 2657 5266

出版日期
2022年7月第一次印刷